汉语国际教育本科专业学科建设论

王立新　冉启斌　主编

南开大学出版社

天　津

图书在版编目(CIP)数据

汉语国际教育本科专业学科建设论 / 王立新，冉启斌主编. —天津：南开大学出版社，2016.10
ISBN 978-7-310-05242-4

Ⅰ.①汉… Ⅱ.①王… ②冉… Ⅲ.①汉语－对外汉语教学－本科－学科建设－文集 Ⅳ.①H195.3－53

中国版本图书馆 CIP 数据核字(2016)第 237836 号

版权所有　侵权必究

南开大学出版社出版发行
出版人：刘立松
地址：天津市南开区卫津路94号　　邮政编码：300071
营销部电话：(022)23508339　23500755
营销部传真：(022)23508542　　邮购部电话：(022)23502200

*

天津午阳印刷有限公司印刷
全国各地新华书店经销

*

2016年10月第1版　　2016年10月第1次印刷
230×160毫米　16开本　17.875印张　2插页　247千字
定价：48.00元

如遇图书印装质量问题，请与本社营销部联系调换，电话：(022)23507125

前　言

"汉语国际教育"作为本科专业是从 2012 年正式开始设立的。从原来的"对外汉语教学"到"汉语国际教育",这一名称的改变既是新的形势发展的必然结果,也是这一学科本身赋予了新的内涵、迈入新的境界的体现。

"汉语国际教育"本科专业是新生事物。如何办好"汉语国际教育",使之胜任于新的使命,是汉语国际教育界同人一直在探索思考的问题。2013 年 10 月召开了"全国高校汉语国际教育/对外汉语本科专业建设研讨会"。会上经多所高校联合倡议,发起并成立了"全国高校汉语国际教育本科专业负责人联席会"。联席会作为全国高校本专业建设交流与合作的平台,致力于为"汉语国际教育"本科专业的日臻完善共同努力。随后由华东师范大学对外汉语学院承办的"首届全国高校汉语国际教育本科专业负责人联席会"于 2014 年在上海召开。

2015 年 11 月,南升大学汉语言文化学院承办了"第二届全国高校汉语国际教育本科专业负责人联席会"。这次会议以创新性思考为核心,以推动学科继续发展为理念,主题设定为"理论与实践的互动:汉语国际教育本科专业人才培养方案优化和专业课程体系建设"。

本次会议旨在通过有关论题的研讨进一步促进汉语国际教育本科专业的发展完善,会议分议题包括:

1. 汉语国际教育本科专业的人才培养模式创新;
2. 汉语国际教育本科专业的人才培养目标与理念创新;
3. 汉语国际教育本科专业人才培养的知识结构、能力结构及其指标体系;
4. 汉语国际教育本科专业的课程体系与课程比例结构;

5. 汉语国际教育本科专业的核心课程体系；

6. 与汉语国际教育有关的其他论题（如：汉语国际教育本科专业的实习实践模式、汉语国际教育中面向留学生的人才培养问题等）。

本次会议邀请到联席会主席单位、副主席单位、会员单位的院长、主管教学的副院长、系主任或专业负责人以及部分相关教学单位代表约 80 人出席。参会代表在各个论题上进行了充分的交流。会后决定将论文裒集成书，由南开大学汉语言文化学院资助，南开大学出版社出版。论文集除包括"汉语国际教育"的课程设置、培养模式、专业建设、课程教学等议题外，也收录了和"汉语国际教育"学科相关的少部分其他论文。全书内容主要以"汉语国际教育"学科建设为中心，因此定名为《汉语国际教育本科专业学科建设论》。

我们希望论文集既作为"汉语国际教育"学人覃思探索的一个印迹和纪念；也能为海内外更多从事"汉语国际教育"的同人提供参考借鉴。

是为序。

编者

2016 年 9 月

目 录

课程设置

汉语能力：本土汉语教师的立身之本
　　——兼谈汉语国际教育留学生本科的课程设置 …………叶军/ 3
浅议汉语国际教育本科专业的课程设置 ……………………白宏钟/ 13
汉语国际教育本科专业的二外非英语课程设置理论与实践
　　——以吉林华桥外国语学院为例 ………………………曲文吉/ 19
普通本科院校汉语国际教育专业课程设置锥指
　　——以河南省平顶山学院为例 …………………………卓俊科/ 28
与《国际汉语教师标准》相衔接的汉语国际教育本科课程体系初探
　　——以苏州大学汉语国际教育专业为例 ……陶家骏　王建军/ 38

培养模式

汉语国际教育本科专业本硕连读培养模式研究
　　——以武汉大学为例………………………………………萧红/ 55
地方高校汉语国际教育专业培养模式的探索
　　——以聊城大学为例……………………………………李登桥/ 64
国际化进程中的汉语国际教育本科专业人才培养模式探讨 ····郑瑜/ 77
汉语国际教育专业本科生的教师职业能力培养
　　——以华中师范大学为例………………………………王洪涌/ 83
整合校内优秀资源，培养合格国际人才
　　——中央民族大学国际教育学院对外汉语专业商务方向
　　本科生的培养 ……………………………………………江傲霜/ 92

专业建设与课程教学

基于专业综合评价的汉语国际教育专业建设实践与成效‥原新梅/ 107
汉语国际教育实践教学探索与研究
　　——以华中师范大学为例……………………………李炜/ 127
汉语国际教育本科专业中国古代文学欣赏课程的
　　教学设计与思考……………………………………梁晓萍/ 136
教学辅助资源和隐性课程设计在培养高级读写能力方面的作用
　　——以华东师大汉语国际教育（留本）为例………周子衡/ 144

中国文化及其教学

汉语国际教育专业国内本科生文化意识的培养……………陈芳/ 153
汉语国际教育中的文化教学刍议………………………………刘佳/ 160
短期汉语古典诗词课教学琐谈…………………桑宝靖　桂香/ 170

非母语者汉语习得与教学

日本学生汉语疑问句语调习得的实验研究…………温宝莹　韩亚娟/ 185
基于结构特征的"比"字句偏误考察……………王红厂　刘登美/ 200
试析对外汉语教学中教学角度的切入和情境设定的合理运用
　　——以范围副词"都"与"也"的辨析
　　　　及副词"更"的讲解为例………………李聪聪　冉启斌/ 212

语言文字研究

"美轮美奂"的社会使用调查、分析及相关思考…………王吉辉/ 225
评注副词"大不了"的语义功能及语法化………董淑慧　宋春芝/ 242
汉字难、易漫谈…………………………………………………王国栓/ 253

对外汉语教材研究

重新认识《英华合璧》
　　——一百多年前一部理念超前的教科书………………郭利霞/ 265

课程设置

汉语能力：本土汉语教师的立身之本
——兼谈汉语国际教育留学生本科的课程设置

叶军　　华东师范大学

【内容提要】 随着汉语国际教育的蓬勃发展，汉语教师本土化成为汉语国际教育的必然趋势。本文通过对东南亚非母语汉语教师的调查研究，发现目前海外本土（非母语）汉语教师，尤其是发展中国家的本土教师在汉语语言水平、语言知识和教学技巧等方面均存在不足，而其中汉语语言能力又是制约本土汉语教师汉语教学能力最重要的因素。研究表明（Medgyes，1994）非母语教师在其学生的母语文化中教学，相对于母语教师在语言知识、难点把握、学习策略、文化等方面具有优势，但如果没有足够的汉语语言能力，这些优势也无从谈起；因此对本土汉语教师的培养应特别重视其汉语能力的建构。国际汉语教师（非母语教师）是否具有近母语的汉语能力，在以下两方面有较为突出的表现：一是语言使用的准确性、得体性和文化敏感性；二是多种书面语体理解与表达能力。就汉语国际教育（留学生本科）的课程设置而言，应与该专业中国学生的课程设置和教学内容有显著的不同，可以通过基础汉语系列、汉语知识与汉语教学系列、文学文化系列等三大课程系列，促使外国学生的汉语能力得到有效的发展和提高。

【关键词】 国际汉语教师教育　本土化　汉语语言能力　课程设置

一 教师本土化是汉语国际教育的必然趋势

随着国际汉语教育的蓬勃发展,海外汉语师资缺乏的问题日益突出。目前国家汉办每年向海外派出几千名汉语教师和汉语教师志愿者,成为缓解当前汉语师资不足的主要办法。从中国国内派出教师和志愿者固然可以解师资缺乏的燃眉之急,但由此引发的问题也越来越突出,主要表现在以下四个方面。

(1) 公派教师和志愿者在海外赴任国工作时间大致只有 1~3 年,对海外学校(特别是刚刚建立汉语教学项目的学校)来说,汉语教学工作缺乏连续性,尤其不利于在当地形成稳定的、有经验的汉语师资队伍,不利于国际汉语教育事业的可持续发展。

(2) 公派教师和志愿者不懂赴任国语言,对赴任国的国情与文化不了解,文化上的不适应对国际汉语教师的工作质量产生不利影响。

(3) 长期大量地向海外输出教师,容易引发海外社会的一些负面反应。

(4) 汉语教师志愿者回国后大多不能继续从事汉语教学工作,造成人才的浪费。

英语作为世界上使用最广泛的语言,其师资的情况对汉语国际教育工作具有参考意义。随着英语学习者数量的不断增长,非母语英语教师数量也在不断增长,甚至"非母语教师(在所有英语教师中)占据压倒性的大多数"(Árva & Medgyes,2002)。可见,培养大批熟悉当地自然、文化环境,了解当地教育状况,能够将教授汉语作为他们终生职业的本土汉语教师,逐步实现汉语教师的本土化,是国际汉语教育深入发展的必然趋势。

二 本土汉语教师的现状和特点

根据对泰国、印度尼西亚、柬埔寨等三个国家共 80 名非母语本土汉语教师的调查及访谈,我们发现东南亚非母语本土汉语教师具有以下特点。

这些教师以年轻人为主，平均年龄在 30 岁左右。他们中有六成获得过学士及以上的学位。虽然是汉语教师，但是他们中多数人的专业方向和汉语或者汉语教学并不相关，而且他们很少在自己的国家接受过正规的师范类以及汉语教学方面的培训。虽然如此，教师这个职业依然是他们中多数人择业的第一选择。这些非母语汉语教师多数都在中小学中任教，多数人有 1~5 年的教龄，他们每周平均要进行 15 个小时的汉语教学。他们以让自己的学生掌握汉语技能为自己教学的主要目标。而对于自己学生的学习能力，他们给出的评价是"中等"。这些非母语教师中，多数都有母语使用者同事，而且母语教师在学校汉语教师中的比例达 40% 以上。有将近半数的非母语教师同他们的母语使用者同事之间在教学上有一定的合作，而且他们也认识到这种合作的重要性，因为他们意识到这两类教师在教学风格上有着很大的不同，可以做到相互补充和促进。虽然他们认为自己（作为非母语教师）在教学上更为成功，但是他们仍然希望自己的教学机构中能有更多的母语教师。这些非母语教师多数没有在以汉语为主要语言的国家和地区学习的经历，他们也很少有机会和母语是汉语的人进行交流，因此他们对自己的汉语水平给出了中等的评价。他们认为自己在语言要素（语法、语音、词汇）方面存在较大的困难，而这些困难对于他们的教学也产生了一定的影响。但是他们对自己的语言水平在未来能够进步充满了信心。

上述情况表明，在 Medgyes（1994）所提到的语言教师专业素质的三个方面，即"语言水平""语言知识"和"教学技巧"上，本次调查中的非母语汉语教师的情况都不令人满意。第一，教师对自己汉语水平的评价普遍不高，初级和中级占 70% 以上（多数为中级）；第二，多数教师并非汉语或汉语教学专业出身，仅有 28.8% 接受过汉语教学培训，汉语知识较为贫乏；第三，教师比较年轻，平均教龄 3.7 年，教学经验比较缺乏，仅有 21.3% 的教师接受过师范培训，教学技能不足。以上三方面数据均大大低于非母语英语教师的水平，因此专业素质偏低是目前非母语本土汉语教师存在的最大的问题。

尽管本土教师，尤其是非母语本土教师在汉语语言能力方面与母语教师相比有一定差距，但这并不妨碍他们同样可以成为优秀的国际汉语教师。

Medgyes（1994）认为，非母语教师主要有六个方面的优势。

（1）非母语教师通常是成功的目的语学习者，为他们的学生提供了良好的学习者范例。

（2）虽然每个语言学习者的学习策略各不相同，但是成功的学习者具有相似的特征。作为曾经的学习者，非母语教师能够教授学习策略。

（3）非母语教师在教学中更加重视对语言知识的教学。

（4）非母语教师与其学生母语相同，无论在语言上还是文化上，对学生的问题更加敏感，"非母语教师"的"语感"能预测语言学习中的难点。

（5）由于有着相同的语言学习经历，非母语教师通过自我认识（self-awareness），对学生需要的了解更深入，教学目标更实际，对学生的要求也更严格。

（6）非母语教师能够自如地使用学生的母语解决教学问题，从而节约时间，提高课堂教学效率。

除了上述优势之外，非母语教师由于其跨文化及双语的背景和经历，在学生的母语文化中任教比国内派出的教师在语言交际、课堂管理等方面更加自如。

三 国际汉语教师的基本能力

《国际汉语教师标准（2012版）》将国际汉语教师应该具备的基本能力概括为"汉语教学、中华文化传播和跨文化交际三项基本技能"（国家汉办/孔子学院总部，2012），与国际汉语教师职业相衔接的汉语国际教育硕士专业学位也将培养目标定位为"主要培养具有熟练的汉语作为第二语言或外语教学技能、良好的中华文化传播技能和跨文化交际能力，适应孔子学院发展和汉语国际推广工作，胜任多种教学任务的高层次、应用型、复合型、国际化专门人才"（全国专业学位研究生教育指导委员会，2015）。

尽管国际汉语教师的基本能力体现在三个方面，但这三大能力无一不是建立在汉语能力的基础之上。第一，目的语（汉语）语言能力（口语能力和书面语能力）是汉语作为第二语言/外语教学能力的前提和保障。与其他技能型教学不同，语言教学中教师的语言具有最直接的示范作用，教师也需要凭借丰富的目的语语言知识和良好的目的语语感去及时、准确地评估学习者的语言行为，对偏误进行纠正；因此很难想象汉语能力不足的教师能够胜任国际汉语教学工作。第二，只有具备必要的汉语能力才能直接阅读从古至今的各种类型的中华文化经典，更加广泛、深入地接触并理解中华文化。第三，跨文化的敏感性在很大程度上依赖于相关语言的语感和与社会、文化等相关的语言表达（形式和意义）的敏感性。

《国际汉语教师标准》规定"教师应具备符合职业需要的汉语交际能力"（国家汉办/孔子学院总部，2012）。那么，什么样的汉语能力是符合职业需要的呢？我们认为，国际汉语教师（非母语教师）应具有近母语的汉语能力，具体可以体现在下列几个方面。

1. 语言表达内容的广泛性和深入性

汉语教师不仅要具有满足日常生活交际需要的通用汉语能力，而且需要在一定程度上掌握诸如学术、科技、商务、新闻、文学等专业汉语能力，既能就一般性的话题与人进行没有障碍的交流，也能满足话题拓展、深入和交际情境多样化、复杂化的需要。

2. 语言交际功能的多样性和复杂性

汉语教师不仅要口语流利，也应该具有良好的汉语书面语交际能力。这意味着汉语教师既能够与人展开互动对话，又能独立进行阅读、演讲和写作；能够比较自如地驾驭描述、叙述、评述等语言功能；具有多种汉语书面语体的理解和表达能力。

3. 语言形式的准确性

在有准备的情况下，汉语教师的汉语语言行为在语音、词汇、语法、汉字等诸多方面应表现出较高的准确性。

4. 语言运用的得体性

汉语教师应能够根据交际对象、交际情境和交际内容的不同，恰当地选用不同的语言形式，表现出语言运用的得体性。

5. 语言的社会、文化敏感性

汉语教师应该对汉语的多种地域变体（汉语方言及方言口音）、社会变体（如性别、年龄、职业等）以及中国文化中常用的文化符号和文化典故具有一定的敏感性。

四 汉语国际教育（留学生本科）的课程设置

就目前的本土化国际汉语教师培养来看，汉语语言能力的培养还不能达到教师标准的要求。首先以研究生教育层面的汉语国际教育硕士（以下简称汉硕）为例，汉硕留学生的入学汉语标准是HSK（汉语水平考试）5级，而实际执行中，HSK3级甚至更低的学生也被录取了。不少汉硕留学生入学1年以后也不能达到HSK5级，而汉硕的学制仅2年，如果连基本语言能力都不能保证，何谈其他教学能力的培养？照道理说，语言能力的培养不应该是研究生阶段的任务，在本科阶段夯实基本语言能力的基础才是解决问题的关键所在。

目前汉语国际教育专业的本科留学生入学汉语水平一般定在HSK3级，不过，最近为了吸引并鼓励发展中国家的青年学习汉语并加入国际汉语教师的行列，为发展中国家培养本土汉语教师，孔子学院专门设立奖学金，开始资助零起点汉语水平的汉语国际教育专业本科留学生，学制5年。这是国际汉语教师教育的新的机遇，同时也是对本科阶段外国学生汉语语言能力发展及相应课程教学的新的挑战。如果本科阶段能够抓住汉语语言能力发展这一关键，本土汉语教师的培养将突破目前语言能力上的瓶颈，甚至可以实现汉语国际教育硕士6年制（零起点）或5年制（HSK3级起点）本硕连读的目标，提高本土汉语教师培养的效率。

那么，本科阶段如何有效地提高学生的汉语语言能力呢？首先，应该确立以发展语言能力为主、教学能力和文化传播能力的培养要紧紧围绕语言能力发展这条主线的培养思路。其次，从课程设置、教学内容和教学方法等方面，为学习者汉语语言能力的提高提供全方位的保障。就课程设置而言，可以通过设置基础汉语、汉语知识与教学、文学与文化等三大系列课程，全面提升本科留学生的汉语语言能力。

（一）基础汉语系列

基础汉语系列就是一般学校所开设的从初级至高级的各种课型（如综合、精读、泛读、口语、听力、写作等）的通用汉语课程。通过基础汉语系列课程，全面发展学习者的汉语听、说、读、写技能，建构口语和书面语能力。对于以培养汉语教师为目标的汉语国际教育专业留学生本科教学来说，基础汉语系列课程应该突出以下特点。

1. 一二年级高强度、大密度的语言训练

由于汉语国际教育专业大量课程都以学习者较高的语言水平为前提，要尽可能在较短时间中迅速提高学习者的通用汉语能力，如用 2 年时间，让学习者从零起点达到高级汉语程度；因此，要加大一二年级语言课程的密度和强度。密度方面，周课时数从目前的 20 课时左右提高到 30 课时左右；强度方面，增加作业量，尤其是利用留学生在中国（学习者的目的语环境）的有利条件，将课内与课外相结合，语言学习与语言运用相结合，使学习者更多地暴露在真实的汉语环境之中，更多地接触汉语、使用汉语。

2. 以书面语能力为核心的高级汉语能力的培养

目前的高级汉语教学存在重量轻质、经验主义等倾向。所谓重量轻质，就是单纯通过增加教材的文本（课文）长度和生词量来体现所谓高级，而不是抓住语体这个核心，重点发展书面语交际能力。所谓经验主义，就是对以书面语为代表的高级汉语缺乏系统认识，不知道高级阶段到底要教什么，没有系统的语言教学点，完全凭感觉教学，大大影响了教学效果。美国外语教学学会（the American Council on the Teaching of Foreign Languages，ACTFL）提出的从任务／功能、内容／情境、准确度和文本类型等四个维度评价人的语言水平的观点（Hadley, 2009），对于我们系统认识高级汉语具有很好的启示作用。高级汉语教学可以从功能拓展（从描述、叙述到评述）、内容扩展（从日常领域到各个专门领域）、准确度的提高、文本图式的扩充等方面寻求突破。冯胜利等学者在汉语书面语研究和书面语教学研究方面的成果（冯胜利、胡文泽，2005；冯胜利，2013），为高级汉语教学（尤其是书面语教学）提供了切实可行的思路和办法。

（二）汉语知识与教学系列

汉语知识与教学系列是指诸如"现代汉语""语言学概论""汉语语言要素（语音、词汇、语法、汉字）教学"等以传授汉语语言学知识和汉语教学知识为主的课程。

应该特别强调，这类针对外国学生教学的语言知识类课程与面向中国学生的课程应该有很大的区别。中国学生本身就是汉语的母语使用者，已经具有一定的汉语知识，只不过这种知识不是一种显性的知识，而是处于隐性状态。传统的面向中国学生的汉语知识课程是通过语言事实引导中国学生将已有的隐性知识转化为显性知识，对外国学生则不然。外国学生并不具备完备的汉语语言知识，学习汉语语言知识是其提高汉语语言能力的重要方法；因此，相应的语言知识和语言教学类课程既要完成传授汉语语言知识的任务，又要担负起帮助学生进一步提高汉语语言能力的责任。

可以采取知行合一的方式开展这一系列课程的教学。所谓"知"就是通过显性的汉语知识的学习，逐步培养学生的汉语意识／语感（awareness），进而内化为汉语能力。所谓"行"就是通过偏误分析和语言诊断，增强学生对自身语言行为的监控能力；语言矫正既可以提高教学能力，又可以提高自身语言表达的准确性和流畅度。

（三）文学文化系列

文学文化系列指"中国古代文学""中国现当代文学""中国文化通论"等文学、文化类课程。有人认为这类课程跟语言能力发展没有关系，其实不然，文学、文化经典作品的阅读和学习是高级汉语能力发展的必要途径和重要手段。

上文提到，高级汉语教学的核心是书面语能力的建构，而中国从古至今的文学、文化经典作品正是汉语书面语最好的范本，也是学习书面语最好的材料。经典作品所包含的大量文化知识、所反映的文化价值观，能帮助学生掌握中国文化常识，建立中国文化意识，理解中国文化的核心价值。

文学、文化类课程的内容应该以作品阅读为主，辅以必要的文学、文化史知识。作品阅读是根本，文学、文化史知识不应喧宾夺主。作品阅读应该选择各类汉语经典，不仅包括古代的传统作品，也包括大量现、当代作品；既有文学经典，又有哲学、历史、政治、艺术、风俗等方面的经典作品，尤其应该选择中国中小学教科书中所选用的经典篇目。

经典阅读课程应强化学生自主阅读，提倡诵读，通过各类作品的大量阅读丰富学生的阅读经验，积累书面语语感，从而提高学生的汉语书面语（阅读）能力。还可以通过布置相应的课程作业（如阅读笔记、读书报告、课题研究等），进一步提高学生的写作能力，尤其是论文写作能力。

语言知识的获得和语言能力的培养一脉相承，文学文化素养的养成与语言能力的发展也是相辅相成的。汉语国际教育专业留学生本科教学的课程设置，如基础汉语、汉语知识和教学、文学文化这三大课程系列只有紧紧围绕汉语语言能力这一本土国际汉语教师的核心能力展开，才能从根本上保证本土化国际汉语师资培养的质量和效率。

参考文献：

[1]冯胜利,胡文泽. 对外汉语书面语教学与研究的最新发展[M]. 北京：北京语言大学出版社，2005.

[2]冯胜利. 汉语书面语的历史与现状[M]. 北京：北京大学出版社，2013.

[3]国家汉办／孔子学院总部. 国际汉语教师标准（2012年版）[Z]. 2012.

［4］全国专业学位研究生教育指导委员会编. 专业学位类别（领域）博士、硕士学位基本要求［M］. 北京：高等教育出版社，2015.

［5］Medgyes. *The Non-native Teacher* [M]. London: Macmillan, 1994.

［6］Árva, V. & Medgyes, D. Native and non-native teachers in the classroom [J]. *System*, 2002, 28 (3).

［7］Hadley, Alice Omaggio. 在语境中教语言 *Teaching Language in Context* [M]. 北京：外语教学与研究出版社，2009.

浅议汉语国际教育本科专业的课程设置[①]

白宏钟　　南开大学

【内容提要】本文主要借鉴《国际汉语教师标准》和《全日制汉语国际教育硕士专业学位研究生指导性培养方案》探讨汉语国际教育本科专业的课程设置，提出汉语国际教育本科专业的课程设置要突出跨学科的性质，应包含汉语言文字学、语言学及应用语言学、中外文化、传播学、跨文化交际、教育学等六个主要板块，其中又应以汉语言文字学为重点，并要确保实习课程的设置及其质量。

【关键词】汉语国际教育　本科　课程设置　培养方案

随着各院校的"对外汉语"专业纷纷更名为"汉语国际教育"，这一本科专业的建设和发展已进入了一个新阶段。在这个新阶段，培养方案显然也应根据新形势做出相应的调整，并在课程设置中体现出来。

目前汉语国际教育本科专业尚无全国统一的培养方案，考虑到这一专业旨在培养从事汉语国际教育工作的人才，特别是有相当一部分毕业生会成为国际汉语教师或继续攻读汉语国际教育硕士，因此在课程设置上可以借鉴国家汉办所制定的《国际汉语教师标准》和汉语国际教育硕士的课程体系；从职业和专业发展的角度来看，则更要考虑如何满足《国际汉语教师标准》的要求以及和汉语国际教育专业硕士的课程进行对接。有鉴于此，本文将主要从与《国际汉语教师标准》

[①] 本文的完成得到了南开大学 2014 年校级教学改革一般项目"活页化中国国情教学"的资助。

的要求及汉语国际教育硕士培养方案相关的角度来探讨汉语国际教育本科专业的课程设置问题。

一 《国际汉语教师标准》与汉语国际教育本科专业的课程设置

《国际汉语教师标准》由国家汉办组织制定，由五个模块组成。分别为：①语言知识与技能，包括"汉语知识与技能"和"外语知识与技能"两个标准；②文化与交际，包括"中国文化和中外文化比较"与"跨文化交际"两部分；③第二语言习得理论与学习策略；④教学方法，包括"汉语教学法""测试与评估""课程、大纲、教材与教辅材料"和"现代教育技术与运用"等四个标准；⑤综合素质。五个模块中所描述的技能主要涉及汉语本体、语言学及应用语言学、中华文化、跨文化交际、教育学等领域，具体到各个模块，所涉及的专业范围则非常之广。如仅在"模块二：文化与交际"中的"标准三：中国文化"下，就要求教师应了解中国历史文化、中国主要哲学思想与宗教文化、中国文学与艺术、中国民俗文化以及中国国情的基本知识，并运用于教学。可以说，对跨学科知识素养和应用能力的高水平要求，是《国际汉语教师标准》的突出特点。

汉语国际教育本科专业所培养的学生在毕业后，有相当一部分人会通过就业、担任海外汉语教师志愿者等方式成为国际汉语教师，因此从职业发展的角度来看，汉语国际教育本科专业在课程设置上要考虑如何满足《国际汉语教师标准》的跨学科要求，因此要同样注意突出跨学科性质。具体而言，课程体系中至少应包含汉语言文字学、语言学及应用语言学、中外文化、传播学、跨文化交际、教育学等六个主要板块。

《国际汉语教师标准》所要求的知识面非常广，所涉及的知识领域也相当多，国内现有的本科专业选课系统很难完全满足这一要求，即使选课系统可以满足，学生也难以修完如此之多的课程。因此对这一要求的满足，主要是寄希望于学生的自学和自我积累。但目前，随着慕课（Massive Open Online Course，MOOC）和翻转课堂（Inverted Classroom）等新教学方式的兴起，学生通过学校的选课系统和网络选课，修满《国际汉语教师标准》所涉及的知识领域的课程已并非不可能。同样，这些新教学方式也可以为跨学科课程的设置提供新的思路和手段。

二 汉语国际教育硕士培养方案与汉语国际教育本科专业的课程设置

汉语国际教育硕士专业学位设立于2007年，"培养目标为适应汉语国际推广工作，胜任汉语作为第二语言／外语教学的高层次、应用型、复合型专门人才"[①]。目前共有三个相关的培养方案，其中2007年版针对在职专硕，2010年版针对外籍专硕，对本文有借鉴意义的主要是针对全日制专硕的2009年版培养方案。2009年版培养方案[②]在课程设置上有两个突出特点，即跨学科性质浓厚和实用性强，主要设置有汉语作为第二语言教学、跨文化交际、中华文化传播、教育与教学管理、教学案例等类课。

汉语国际教育本科专业与汉语国际教育硕士专业学位研究生的专业性质基本一致，因此后者的培养方案对于汉语国际教育本科专业具有借鉴意义。从培养目标上来看，汉语国际教育本科专业应当强调培养学生语言和文化传播的综合能力，培养能适应汉语国际教育的复合型人才，因此应在课程设置中突出跨学科特点。

汉语国际教育硕士课程设置的实用性特点突出，这是其作为专业学位研究生教育的性质所决定的。而汉语国际教育本科专业课程设置则不宜过于强调应用性，因为本科是打基础的阶段，相当一部分毕业生将在毕业后进入研究生阶段继续深造，因此课程设置应当理论与应用并重，尤其要重视基础课程的设置。我们对此有一定的体会：在南开大学汉语言文化学院研究生招生的实际工作中，有相当多的学生跨

---

① 见国家汉办网站。
② 即《全日制汉语国际教育硕士专业学位研究生指导性培养方案》。

专业报考汉语国际教育硕士并被录取，这一部分学生随后基本都表现出了在汉语本体知识、语言学基础理论方面的欠缺。此外，也有一些语言类专业出身的考生，由于种种原因，汉语本体知识和语言学基础理论也有欠缺，不得不在入学后和非语言类专业出身的同学一起参加语言类课程的补修。这一情况提醒我们，汉语国际教育本科专业要特别重视汉语本体知识和语言学基础理论方面的课程设置。

在汉语言文字学、语言学及应用语言学、中外文化、传播学、跨文化交际、教育学这六个主要板块中，从实际需要来看，又应当以汉语言文字学方面的课程为重中之重。尽管汉语国际教育以中华文化的传播作为重要任务，但现阶段汉语国际教育中的中华文化传播不宜脱离语言传播活动。汉语教学是汉语国际教育中一切工作的基础，因此在汉语国际教育本科专业的课程设置中，汉语言文字学的课程应占有最重要的位置。这一板块课程的比例应得到保证，课程设置要全面，以求为本专业的学生打下最重要的专业基础。

三　汉语国际教育本科专业与汉语国际教育硕士的课程体系对接

从表面来看，汉语国际教育硕士在学制上显然是汉语国际教育本科专业在研究生教育阶段的延续。但二者目前在课程体系上并没有形成良好的对接。这主要是由于汉语国际教育硕士专业学位研究生的设立稍早于国内"对外汉语本科专业"更名为"汉语国际教育本科专业"。现阶段汉语国际教育本科专业在课程设置改革时要考虑和汉语国际教育硕士课程体系的对接，但这种对接并不意味着汉语国际教育硕士培养方案中设置了的课程汉语国际教育本科专业就不能设置。由于本科阶段的基础性，汉语国际教育本科专业的课程设置首先要从专业培养方案自身需要出发，而在具体设课方向上则可以借鉴汉语国际教育硕士的课程设置。汉语国际教育硕士的课程设置在今后进行调整时，也要考虑到汉语国际教育本科专业的课程设置情况。

许多同行认为，汉语国际教育既然名称中有"教育"，自然应体现出教育学科的一些特点。汉语国际教育硕士在课程体系中安排了教育与教学管理、教学案例类课程，这一点值得汉语国际教育本科专业借鉴。有一部分汉语国际教育本科专业的学生一毕业就要走上教学岗位，如若在本科阶段有相关的课程和实习，则对他们会有巨大的帮助。但是这类课程一旦在本科阶段设置，必然会和汉语国际教育硕士乃至国家汉办汉语教师志愿者行前集训的部分课程形成重复，这一问题在此前已有许多反馈。笔者以为，同样的课程在汉语国际教育本科、汉语国际教育硕士以及国家汉办汉语教师志愿者行前集训中重复的问题，主要应当依靠三者互相承认选课及其成绩有效的方式来解决。如果采用这种方法，汉语国际教育硕士和国家汉办汉语教师志愿者培训的选课自由度和学习效率就会大大提高。

四 汉语国际教育本科专业课程体系的指向性及实践性

根据对南开大学汉语言文化学院毕业生的调查，无论是对外汉语专业的本科毕业生，还是更名后的汉语国际教育专业的本科毕业生，在求职的过程中都遭遇了一定程度的尴尬。许多用人单位不认可对外汉语/汉语国际教育专业，不愿录用这一专业的毕业生。甚至有的中小学在招聘语文教师时公开宣布，不招收对外汉语/汉语国际教育专业的毕业生。一些同学据此对我们的课程体系有所质疑，希望能根据就业市场的需求进行一些调整。

笔者认为，现在各高校的选课系统大都支持跨专业、跨院系选修，从就业的实用角度考虑，学生在校期间可以根据自己的求职意向，选修一些相关的课程，但要求本专业在课程设置上做出调整是不现实、不合理的。汉语国际教育本科专业的设置，目的在于培养汉语国际教育的基础人才，而各培养单位的性质、师资、条件也都是与此相适应的，因此开设超出培养单位能力范围的课程是不现实的。汉语国际教育专业毕业生目前所面临的就业困境，主要还是由于就业市场需求与毕业生数量之间的矛盾造成的。国内就业市场对汉语国际教育基础人才需求不多，而国内开设汉语国际教育本科专业的院校相对较多，每年毕业生数量超出实际需求,导致大量毕业生只能跨专业求职。解决这一问题,需要各开设汉语国际教育本科专业的院校根据市场需求调整招生数量,而有意开设汉语国际教育本科专业的院校则应做好充分的调研,避免盲目开设。

目前确实需要特别关注的,是实习课程的设置和质量。作为培养教育教学人才的专业,汉语国际教育本科专业的课程设置必须保证学生有一定课时的对外汉语教学实践,原则上这个教学实践的时间至少应是一个完整的学期。从这一角度来说,笔者认为汉语国际教育本科专业的开设单位应当同时也是专业的汉语国际教育部门,这样才便于为学生提供面对外国留学生的教学实习机会。

总之,汉语国际教育本科专业的课程设置应当注重跨学科性质,保证汉语言文字学、语言学及应用语言学、中外文化、传播学、跨文化交际、教育学等六个主要板块在课程设置中有充分的体现,其中又应以汉语言文字学为重点,同时还要重视并保证学生的教学实习及其质量。

参考文献:

[1]国务院学位委员会办公室. 全日制汉语国际教育硕士专业学位研究生指导性培养方案[Z]. 2009.

[2]国家汉语国际推广小组领导办公室. 国际汉语教师标准[M]. 北京:外语教学与研究出版社,2007.

[3]白宏钟. 汉语国际教育硕士培养与国际汉语教育的本土化[J]. 国际汉语教育,2014(2).

汉语国际教育本科专业的二外非英语课程设置理论与实践

——以吉林华桥外国语学院为例

曲文吉　　吉林华桥外国语学院

【内容提要】 随着全球格局的变化，世界各国在政治、经济、文化上的交流进一步加强。全球化的新趋势、新挑战促使汉语国际教育专业向国际化发展，拓宽视野，加大立足于"走出去"的专业人才培养，因此，对跨文化复合型人才外语能力的培养就显得尤为重要，同时二外非英语能力也亟待提升。本文以吉林华桥外国语学院为例，从人才培养目标、课程设置、跨文化交际能力等方面探讨地方外语类院校汉语国际教育专业二外非英语课程设置的问题。

【关键词】 汉语国际教育专业　二外非英语　课程设置

汉语国际教育专业是近年来为社会所关注的国内高校文科的热门专业之一，该专业前身为对外汉语专业。2012年，教育部新颁布的本科专业目录中，对外汉语与中国语言文化、中国学专业正式合并，并更名为"汉语国际教育专业"。目前全国开设汉语国际教育专业的高校已经由1985年最初控制设点时的4所高校（北京语言大学、北京外国语大学、上海外国语大学、华东师范大学），激增到目前的363所。面对汉语国际教育专业的快速发展，一些高校尚缺乏培养汉语国际教育实践型、复合型专门人才的经验，而地方院校的汉语国际教育专业则更多是模仿较早开设此专业的四所高校的办学模式。地方院校因受学校性质、办学类型以及教育资源等因素的影响，在短时间内很难达到重点院校的办学水平，加之目前汉语国际教育专业毕业生就业形势不容乐观，地方性院校实在不宜再继续效仿重点院校的成功办学模式，而是要在汉语国际推广背景下，着眼于提高毕业生的市场竞争力，结合社会市场需求和本校条件，走出一条具有地方院校特色的汉语国际教育专业办学新路，实施"错位"发展，重新设计具有个性化的人才培养目标，构建符合个性化人才培养目标的课程体系。培养目标决定课程体系构建，该专业培养的是能在国内外从事汉语教学且跨文化交际能力强的人才。因而，在汉语国际教育专业本科教学中，外语教学是汉语国际教育专业本科教学中极为重要的方面。然而由于人们对外语类课程在此专业人才培养目标实现中所处的重要性认识不同，致使各个高校对汉语国际教育专业外语课程的设置也有很大的差异。准确把握汉语国际教育专业本科阶段人才培养目标，是科学构建外语课程体系的关键所在。本文主要以吉林华桥外国语学院在人才培养过程中，通过市场调研，使课程构建贴近人才市场所需，不断探索和修订人才培养方案的教学实践为例，探讨地方院校外语类高校汉语国际教育专业本科二外非英语课程设置的得与失。

一　汉语国际教育专业本科人才培养目标决定外语类课程设置

在设立对外汉语专业之前，国家为了解决对外汉语教学的师资，从1961年开始，教育部连续几年从大学中文系选拔应届毕业生，分别进修英语及非英语语种（法语、阿拉伯语、西班牙语），进修期限为3年，以此来培养专业的外语素质，然后再派往国外从事汉语教学工作。可见，对外汉语师资的培养，从一开始就把外语确定为专业外语的性质。专业外语不能等同于外语专业，专业外语是为了满足专业的特殊需要而开设的外语，要求学生通过一定的学习和训练达到该专业所需要的外语水平，是因适应专业所需而在特定时间段进行的一种强化外语课程的学习，其开课时间、课程设置、学习深度都无法与外语专业相比。1985年最早设立对外汉语专业的4所高校都根据对外汉语专业的特点，要求学生毕业时外语必须通过专业四级，力求达到八级，把专业英语作为学生的必修课，有的还开设了二外非英语。这4所高校把该专业培养目标设定为"专门培养熟练驾驭汉英双语，能在国内外将汉语作为第二语言进行教学的师资，以及从事中外文化交流的专门人才"（程娟，华学诚，2013：12），因而外语类课程设置都具有专业外语的性质，贴近英语专业。由于许多高校借全球"汉语热"的东风，纷纷开设对外汉语专业，而办学理念、办学定位、办学条件各异，对该专业所开设的课程无法统一，外语类课程设置更是难以达到专业外语的水准。大部分地方院校，外语教学的课程设置仅限于大学公共英语，外语类课程教学水平低，更多的一些是在开设"大学英语"的基础上，追加一些后续课程，如"英汉翻译""英语视听说"之类课程，然而由于学生缺乏扎实的专业英语基础，这些后续课程很难收到理想的效果。笔者所在学校在2005年设立对外汉语专业之初，受当时的认识局限以及师资的限制，设定的人才培养目标为："本专业培养具有系统扎实的汉语言文学知识和良好的英语语言素质，熟悉对外汉语教学规律并能从事对外语教学的高层次师资队伍以及能够把握中国文化精华，从事对外文化交流的高级人才。"认识到外语能力培养在本专业的重要性，外语类课程开设了英语课。英语设课跟上述地方院校的情况差不多。理念上认识到外语教学应该4年不断线，因此在第一至第七学期都开设英语课，英语课程学时占总学时的31.3%，学生毕业时英语水平要求到达大学英语六级；但未能充分利用我校外语语种齐全的优势资源，未开设二外非英语，课程设置也与其他地方院校雷同，因此缺乏办学专业特色。总结首轮办学经验，学校在进行新一轮的人才培养方案修订时，对课程设置进行了重新审定。此后几年，随着地方教改的深入，围绕我校应用型人才培养目标，紧紧把握汉语国际教育国际化发展趋势，对外语类课程进行了较大幅度改革调整，结合地方经济的发展需求，打造体现地方院校自身办学特色的人才培养方案。

二　地方院校建设有自己特色的汉语国际教育本科专业

汉语国际教育本科专业建设需要在人才培养目标定位、课程设置、师资队伍建设、实践教学、毕业生就业走向等方面进行深入探讨，使专业建设沿着国际化需求的轨道发展。专业建设重中之重是课程体系的构建，根据地方经济发展所需，专业所在高校的办学定位，应面向国际化人才培养制定人才培养目标，并在此目标下建构专业课程体系，这是实现汉语国际教育本科专业人才应用型、实用性的保障。地方院校的人才培养目标不可能跟重点大学的培养目标完全相同，社会市场需求也决定了同一专业人才的培养必须具有差异性，各高校培养目标应具有个性化，形成"错位"发展，以满足社会市场多元化的需求。目前许多地方高校把汉语国际教育专业人才培养目标单一化地定位为国际汉语教学，缺乏地方院校办学特色以及专业创新，在课程设置上，也是整体效仿某些重点院校的成功模式。这在某种程度上也是一种捷径，但如果不考虑地方院校办学定位、实际教育资源，短期内很难达到重点院校的办学水平，造成人才培养趋同化，致使地方院校的毕业生在与重点院校毕业生的比较中很难取得竞争优势；造成专业特色不明显，实践教学渠道狭窄且不通畅，学生就业与专业的契合度相对较低。所以，如果不考虑地方院校自身的特点，全盘复制他人的成功模式就有点儿削足适履了。地方院校着实不应再继续效仿重点院校的成功办学路线，而应利用自己的优势学科，在专业上扬长避短，整合学校资源，走出具有自己特色的专业建设道路。在汉语国际推广的新形势下，地方院校要建设有自己特色的汉语国际教育本科专业，就必须根据 2012 年国家汉办的《国际汉语教师标准》，联系地方院校的实际，在课程设置中彰显地域特色，积极推进教学改革，针对目前国内外市场，培养能够从事中外交流、教学能力强、外语能力强的复合型人才。面对社会市场对汉语教学人才需求水准的不断提升，只掌握单一一门英语的汉语教育本科毕业生已不再为市场所看好。而在具有较强英语运用能力的前提下，再掌握一门二外非英语语种，即具有双外语能力的人才越来越受到青睐。可见，二外非英语外语能力在汉语国际教育本科专业人才能力结构中已占有绝不可小觑的位置。在汉语国际教育专业建设的国际化进程中，必然要求学生具有较高的外语水平和外语应用能力。无论他们毕业后从事中外文化交流还是汉语教学，都需要较强的外语基础。在开设大量专业外语课程时，要考虑到改变现在汉语国际教育专业外语语种单一现象，马庆株先生曾提出"增加外语教学的语种是汉语走向世界的需要，是增强中国同世界各国人民友好关系的需要，对促进世界多极化格局的形式也有重要的意义"。现有资料显示，目前大部分地方院校汉语国际教育专业都是以英语作为第一外语，限于二外非英语师资困难的现状，开设二外非英语难以普遍实现。如何"根据不同语区学习者的特点来进行有效的汉字、语音、词汇、语法教学"（程娟，华学诚，2013：12），这是陆俭明先生面对汉语国际教育专业外语教学提出的新课题。地方院校的汉语国际教育专业可以利用学校的资源优势，以其他非英语语种作为外语，或开设二外非英语，来满足不同国家对汉语人才的需求，进而形成具有专业特色的"错位"发展格局，也有利于学生具备多元化的就业竞争优势，拓宽就业渠道，使汉语国际教育专业本科学生能在汉语国际推广中承担重任。不言而喻，具有双外语能力的汉语国际教育本科毕业生"对外"的实力增强，可更快、更好地适应海外各种环境下的工作。

三 汉语国际教育本科专业的"专业+英语+二外非英语"的课程设置

著名教育家潘懋元先生指出："专业培养目标，既要体现高等教育的总目标，又要结合各层次与学科的培养目标，还要根据专业特点来确定。"这是确立专业人才培养目标的最基本的原则。此理念体现在国家指导性文件与时俱进的修订的过程中。教育部在1998年颁布的《普通高等学校本科专业目录和专业介绍》中，把对外汉语专业目标规定为："本专业注重汉英（或另一种外语或少数民族语言）双语教学，培养具有扎实的汉语和英语基础，对中国文学、中国文化及中外文化交往有较全面了解，有进一步培养潜能的高层次对外汉语专门人才；以及能在国内外有关部门、各类学校、新闻出版、文化管理和企事业单位从事对外汉语教学及中外文化交流相关工作的实践型语言学高级人才。"（中华人民共和国教育部高等教育司，1998）此专业是一个非常特殊的专业，具有交叉性，培养外语能力强的复合型、实践型的语言学人才。时隔 14 年，世界经济形势发生了巨大变化，中国在国际上的地位也不断提升。2012 年教育部高等教育司再次颁布的《普通高等学校本科专业目录和专业介绍》有了与时俱进的修订，明确汉语国际教育专业人才培养目标："本专业主要培养掌握扎实的汉语基础知识，具有较高的人文素养，具备中国文学、中国文化、跨文化交际等方面的专业知识与能力，能在国内外各类学校从事汉语教学，在各职能部门、外贸机构、新闻出版单位及企事业单位从事与语言文化传播交流相关工作的中国语言文学学科应用型专门人才。"（中华人民共和国教育部高等教育司，2012）汉语国际教育专业是在汉语国际推广背景下，培养国际汉语师资和中外文化交流的应用型专门人才的专业。专业培养的人才定位是应用型，具有汉语教学能力、中华文化传播能力、跨文化交际能力；要培养学生具备这三种能力，实现在汉语国际推广中的作用；而强化外语能力是首要的，是培养这三种能力的工具。事实上，在当今大多数的地方院校中，都并没有真正实现上述目标。无论从其宏观的人才培养方案到具体的课程设置，都把对外汉语专业的人才培养目标简单地定位为对外汉语教学。因此，课程设置趋同化，与中国语言文学专业相差无几。大都采用"汉语言文学课程+外语+对外汉语教学类课程"的模式，缺乏特色。无法实现具有国际视野的应用型人才的培养目标，所培养的人才难以适应社会和市场的需求。我们必须根据新形势下人才培养目标重新对课程设置进行审慎周密的思考，改变目标定位雷同的现状。地方院校应立足于地方，紧扣办学目标，发挥各自学校的学科优势，挖掘校内资源构建课程体系。笔者所在的学校是吉林省一所文科重点院校，2005 年就创办了对外汉语（后改为汉语国际教育）本科专业，当时是省内第一个也是唯一经教育部批准设有本科汉语国际教育专业的院校。同时，我院也是吉林省外语语种、特别是小语种最多的院校，也是拥有外教人员最多的院校（60余人）。学校设有英语、俄语、日语、韩语、德语、法语、葡萄牙语、西班牙语、意大利语、阿拉伯语等10个外语语种，双语专业翻译设有专业翻译硕士点（英语、日语、朝语、俄语），拥有全国高校独一无二的综合性大型语言文化实践基地——地球村，内设中国村、联合国村和其他10种语言国家村。在地球村的语言实践教学，可以使学生身临其境地在语言中感受文化，在文化中熏陶语言，培养国际意识，提高语言文化交际能力。2013年，地球村成为国家级实验教学示范中心，并被联合国教科文组织命名为世界多元文化教育基地。我校汉语国际教育专业依托本校外语学科门类齐全且师资力量雄厚的优越条件，发挥吉林省地处东北亚中心的地缘优势，利用吉林省长吉图开发开放先导区的建设规划中将语言类人才发展规划列为首位的优势政策，将专业定位为立足长吉图、面向东北亚、走向日韩俄，为国家社会培养应用型汉语国际教育人才。这个定位既符合学校实际，又满足专业要求。专业建设按照"夯实基础、强化外语、综合提升、打造特色"的思路，旨在培养具有国家民族意识和国际视野，具有扎实的汉语基础理论和基本知识，具有较高的人文素养，具备较强的汉语教学及创新能力，具备较强的跨文化交际能力，具有较好的中华才艺技能和计算机技能的复合型、外向型高级应用型专门人才。根据专业培养目标，修订人才培养方案，建立科学合理的与之相适应的专业课程体系。几年来共5次修改人才培养方案，一方面科学整合课程内容，优化课程结构，并与外教、校外专家、毕业生、在校生以及用人单位研讨，合理地设置了两个语种"知识、能力、素质"三大教学模块的课程比例，以符合应用型双外语背景汉语国际教育人才培养的需要。2014年完善后的人才培养方案"专业+英语+二外"课程设置突出，强化学生英语学习4年不间断；同时开设多门小语种第二外国语课程，外语类课程占总学时约四分之一（总学时2083，外语类416）。学生在学好第一外语（英语）前提下，按照个人意愿选择就业方向的目的语，即韩语、日语、法语、意大利语、葡萄牙语、俄语等，实现针对国别定向培养的目标，培养国别化汉语"种子"教师。

此培养模式不仅与我校的应用型定位相一致，亦符合行业对汉语国际教育人才的需求。第二外语语种（韩、日、法、葡萄牙、意大利语）的课程设置门类增多，且二外开设增至 7 个学期（220 学时），聘请外院的专业语种教师担纲授课。第二外语的教学目标是结合汉语国际教育专业的实际需要，选择专业性质接近的教材，找准定位，明确培养目标，有针对性地、量体裁衣式地推进第二语种的教学，着重突出其对汉语国际教育的辅助作用，体现"对外"的工具性。

由于课程符合本专业应用型人才培养目标要求，符合经济社会发展和学生自身发展的需要，2013 年麦克斯调查数据显示，我校就业竞争力指数最高的专业是汉语国际教育专业，达到 96.3%。在 2014 年学校教学质量评价处组织的教学质量评价调查中，汉语国际教育专业的课程设置一项，学生满意度为全校最高，达到 100%。

四 余论

目前在国家外派汉语教师及志愿者中，约 90%为非汉语国际教育专业出身的人才，而 10%专业人才中，具有非英语小语种基础的汉语教师尤为缺乏（许琳[国家汉办主任]，2012）。绝大多数外派汉语教师仅具有英语能力，在非英语国家面临着较为严重的语言交流障碍，已经限制和影响了汉语教学的实际效果。不少国家希望我们派出具有较好施教国语言能力的汉语教师。如果不能及时解决谙熟英语且具有小语种基础的汉语教师匮乏的问题，势必影响汉语国际教育事业的顺利发展。世界迫切需要高素质的、具有非英语小语种基础的应用型汉语国际教育人才。

参考文献：

[1]程娟,华学诚.对外汉语专业建设的理论与实践：全国高校对外汉语专业建设研讨会论文精选[M].北京：北京语言大学出版社，2013.

［2］中华人民共和国教育部高等教育司.普通高等学校本科专业目录和专业介绍［M］.北京：高等教育出版社，1998.

［3］中华人民共和国教育部高等教育司.普通高等学校本科专业目录和专业介绍［M］.北京：高等教育出版社，2012.

［4］许琳.第十一届世界汉语教学研讨会开幕致词［Z］.沈阳，2012.

普通本科院校汉语国际教育专业课程设置锥指

——以河南省平顶山学院为例

卓俊科　　平顶山学院

【内容提要】 囿于师资及生源质量问题，普通本科尤其是 2000 年以来升本并开设汉语国际教育专业的学校发展较为艰难。以平顶山学院为例，我们在课程设置方面也曾出现培养目标杂糅，课程设置不规范、不科学，缺乏针对性等问题。为了生存及发展的需要，我们探索了一条适合本院特色的课程设置之路：为满足外派东南亚汉语志愿者教师和培养国内中小学师资的工作需要，我们有针对性地开设了泰语、柬埔寨语基础课程，强化了英语口语交际和课堂教学用语的课程；同时还开设了独具特色的区域文化课程、手工实践课程、海外交际课程等，压缩了汉语言文学教育的基础课程，为汉语国际推广工作开拓了新的路径。

【关键词】 汉语国际教育　本科教学　课程设置　平顶山学院

汉语国际教育专业是根据教育部《普通高等学校本科专业目录和专业介绍（2012 年）》和《普通高等学校本科专业设置管理规定》所整合设立的专业，自 2013 年起，原"对外汉语""中国语言文化"和"中国学"等三个专业合并，改称"汉语国际教育"专业。对外汉语教学由针对外国来华留学生教学人才培养需要的单轨转型为在原有留学生教育的基础上增加了"汉语走出去"的推广战略的双轨，并且"汉语走出去"已经成为我国汉语国际教育的重心。"汉语国际教育"专业双轨发展的战略，对汉语国际教育人才培养目标提出了新要求，即承担着培养具有扎实的汉语理论基础与较高的外语水平，具有丰富的中国文化知识与较强的跨文化交际能力，充分了解中国国情，能从事教育、文化传播与文化交流，适应汉语国际推广工作，胜任多种教学任务的高层次、应用型、复合型、国际化专门人才的重任。就目前我国汉语国际推广发展及相应人才需求的格局来看，对走出去开展文化传播与跨文化交际能力的培养是更为迫切的。

汉语国际推广就是以汉语及中华文化的其他载体如器物、技艺、思想观念等为基本内容，通过教育、贸易、文化交流等形式，以实现汉语及相关文化信息的海外传播并产生有效影响的一种国际交流活动。汉语国际推广工作的关键是汉语言文字应用能力的教育与提升，核心是中华文化的传播与作用力的增强，本质是促进世界文化的多样化发展。截至 2015 年 12 月，世界上已有 134 个国家总共建立了 500 所孔子学院和 1000 多个中小学孔子课堂。我国各省每年派出 5000 多人（含港台地区约 100 人）的海外汉语教学队伍。但这些师资相对于每年新增约 10 万学习者的需求规模，只是杯水车薪。因此，我们要不断探索汉语国际教育专业人才培养模式，培育汉语国际教育高质量人才，进而服务于我国的汉语国际推广战略。有鉴于此，我们对汉语国际教育进行了积极探索，取得了一些成果。

一 普通本科院校汉语国际教育专业的发展现状

2015 年，全国开设汉语国际教育专业的院校有 267 所，排名前十位的主要是专门类的汉语国际教育院校和 985 及 211 院校，如表 1 所示。

表1 2015年专门类的汉语国际教育院校排名

排名	学校名称	所属省市
1	华中科技大学	湖北
2	南京大学	江苏
3	南开大学	天津
4	山东大学	山东
5	中国传媒大学	北京
6	华东师范大学	上海
7	暨南大学	广东
8	北京外国语大学	北京
9	郑州大学	河南
10	西南大学	重庆

资料来源：http://www.51lzw.com/news-13334-1.html

相对于这些部属或重点院校，普通本科院校主要是省、市属二本院校。这类院校一方面没有开展本专业教学的师资，另一方面也没有办学的经验，同时也没有培养对象的就业出口，可以说汉语国际教育专业的开设完全是因形势而被动开设的。但是为了专业生存与发展的需要，他们也必须不断探索发展路径。他们大多将汉语国际教育专业设置在中文系或文学院，培养目标多数参照汉语言文学教育师范专业，而与汉语言文学教育专业最大的不同就是英语课程的增加和一般性汉语国际教育专业课程的增加，从发展理念上依然是传统的汉语言文学教育专业的延伸。由于发展理念和方向的不明确，汉语国际教育专业在这类院校多数处于边缘地带：不仅专任教师发展空间狭窄，学生也感受不到自身的价值，在就业选择上，他们既竞争不过外语专业，也无法和传统中文专业竞争。可以说，汉语国际教育专业在这些二本院校就是食之无味弃之可惜的"鸡肋"。

不过，随着我国汉语国际推广市场的不断扩大，这些二本院校的汉语国际教育专业又看到了希望，海外的汉语教学或者中外科技文化交流工作的需要为本专业的学生提供了丰富的就业岗位。在国家汉办近三年来每年派出的5000多名汉语教师中，有一半以上来自全国各地的二本院校。在这一发展势头下，二本院校汉语国际教育专业的发展又呈现出了新的生机。为了适应国内外人才市场的需求，这些二本院校在专业发展上做出了以下几个方面的努力。

第一，基于自身原有的专业设置，有效利用现有资源，探索性地开展汉语国际教育工作。普通本科院校的汉语国际教育多是在原有的汉语言文学教育专业的基础上，充分调配现有师资，适应专业的社会需求。因此，课程设置与传统中文专业差别很小，最大的不同就是英语课程的学时数量成倍增加，直接表现为中文专业与英语专业的简单叠加。当然，课程设置也有一些体现汉语国际教育自身特点的对外汉语教学法、中华才艺及跨文化交际等相关内容，但由于师资短期内更新的困难，课堂教学环节依然根据教师原有的专业兴趣自行发展，理想的课程设置往往难以落实。

第二，努力接轨专门类的汉语国际教育院校的课程设置，培养壮大汉语国际教师队伍。普通本科院校常常通过与专门类的汉语国际教育院校的交流实现师资引进，同时推动原有教师队伍的专业多元化转型发展以增强自身办学能力。然而，与专门类的汉语国际教育院校不同，普通本科院校的汉语国际教育专业毕业生从事汉语国际教育研究和教授留学生的几率几乎为零，他们的就业方向主要有两种：一是成为国际汉语教师，就平顶山学院来说，主要是赴东南亚国家的汉语志愿者教师；另一类是从事国内中小学的教育教学工作。这样的职业方向使得此类院校在课程设置环节上更注重"两个贴近"：一个是贴近国内中小学语文教学的实际，开设大量的传统汉语言文学教育专业课程；另一个是贴近海外中小学汉语课堂教学实际，增设东南亚国家生活及课堂教学用语、东南亚国家社会文化、志愿者教师汉语教学法等选修课程。

第三，紧密结合地方文化和现有特色专业，通过汉语国际推广基地建设，丰富学生知识结构。与专门类的汉语国际教育院校和211及985院校不同，普通二本院校主要分布在普通地级市，为了实现专业自身发展，凸显自身特色就成为重要路径。以平顶山学院为例，我们在汉语国际教育的专业发展过程中，在课程设置上注重学生对平顶山地域文化的学习与传授能力的提升。在传统文化课程之外增设了平顶山历史文化、平顶山曲艺文化、鹰城雅乐等凸显地方文化特色的课程，在保证学生传统文化认知水平的同时，彰显学生和学校的独特文化气质。同时，我们还借助学校担纲建设的河南省汉语国际推广基地这个平台，增加学生的技能实践教学环节，通过与音乐、美术、体育、艺术设计等专业的联动，培育并提升学生的个人才艺，以利于学生今后在国内及海外教学工作的顺利开展。

在当前形势下，普通本科院校既要满足社会需求，加大汉语国际教育专业的招生与培养工作，同时还要面对师资、科研及就业的多重压力，发展极为艰难。不过，对学生而言，学校的办学层次和水平所决定的这种课程设置，在给予学生学习压力的同时，也充分挖掘了其学习潜力，使得他们在海外教学、国内中小学教学，研究生应考及其他准入考试中，都能取得优于其他专业学生的成绩。应该说，这种课程设置本是一种不得已的选择，但从实践效果来说还是具有积极意义的。

总之，普通本科院校和它这种独特的课程设置体系下培养的学生，承担了我国汉语国际教育的很大一部分工作，他们未来的发展路径需要我们积极关注。

二 平顶山学院汉语国际教育课程设置述略

汉语国际教育不是传统中文专业的延续，但也与其关系密切。目前，我校汉语国际教育专业执行的是2012年版培养方案，课程设置主要包括四个模块，分别是语言文学模块（外国语言文学模块）、文化与技能模块、教学法模块及海外交际模块。具体课程主要有"现代汉语""古代汉语""比较文学""艺术概论""跨文学交际""课程教学法""中国概况""汉语文化研究""中国才艺""中国人文地理""演讲与口才"等。

平顶山学院作为一所河南省省属二本院校，有着新建本科院校大而全的综合性特征，也面临着大而全的发展瓶颈。汉语国际教育专业开设于2007年，隶属于文学院，是文学院所开设的三个专业之一。汉语国际教育专业是在全球汉语热的大形势下建立和发展起来的，既缺乏学科基础，又缺少办学师资，办学经验更谈不上，完全是为因应外部汉语推广和内部学科扩展的需要而进行的专业设置。不过，先天的不足并没有阻断它的发展路径，我们在经过广泛深入的考察学习、大力的人才引进，以开放性的教学模式，探索出了一条符合自身发展的办学路径。以年招生50人的规模，每年为国家培养汉语志愿者教师20余人，其他各类教学工作者20余人，实现了毕业生的充分就业。我们在课程设置上形成了以语言文学课为基础课程，以汉语国际推广教学法为关键，以文化和技能类课程为着力点，以海外交际类课程为辅助的模块化的、有特色的教学体系。

（一）语言文学课程

在汉语国际教育的课程设置上，我们采取模块化设置，主要分作语言文学模块（外国语言文学模块）、文化与技能模块、教学法模块及海外交际模块等四大部分。在整个汉语国际推广中，语言文学课程是基础课程。

以语言文学类课程模块为基础是汉语国际推广的基本要求。在汉语国际推广工作中，语言是核心要素，因为语言既是交际和思维的工具，更是文化的载体。正如西方学者布洛克（Maurice Bloch）所说："言说的一方所采用的符号，本身就规定着对方的话语形式，因此使用一定的符号也就接受了其中的观念。"从这个角度上说，语言符号承载着一定的观念。因此，语言推广的意义不仅仅是传播一种语言，更是传播一种观念和文化。中国的汉语国际推广正是汉语、中华形象和中华文化与世界沟通与交流的过程，也是影响世界并接受世界影响的过程。

除了汉语文学基础课程之外，我们还注重通用外语——英语的教学。英语作为一种国际通用语，已经成为海外交际的基本工具。这一点明确体现在孔子学院教师及汉语志愿者教师选任资格条例中。良好的英语交流能力，是开展汉语国际推广的重要前提。同时，英语课程的设置对不从事海外汉语教学的学生在国内就业、资格准入等方面都有着重要作用。

此外，由于我校的汉语志愿者教师多数派往泰国、尼泊尔、柬埔寨等国，我们还尝试在第三学年起开设泰语、柬语等小语种课程，目的是增强学生在海外生活的适应性。

同时，我们还开设了文学基础课程，目的在于提升学生的文学感受力和鉴赏理解力，这在塑造学生人格方面也会产生积极的影响。再者，海外汉语教学也需要文学基础知识，开设中外文学课程有助于丰富学生的文化底蕴，提升学生在海外的教学能力。

（二）传统文化与技能课程

汉语国际教育的本质就是为了增进文化交流和文化认同，营造良好的国际环境，因此，文化内涵及文化技能的训练也是汉语国际教育专业的核心课程。文化知识的学习包含着文化认知、文化理解、文化认同三个层次。如果没有有意识的学习，身处本民族文化中的人依然会存在不同程度的缺失，具体表现为：知识面狭窄，对于母语文化的认知停留在器物、民俗事象等层面；理解不到位，对民族文化的精神与内涵不能准确把握；文化主体意识薄弱，或盲目坚守文化自大，或在强势文化面前不自信，缺乏文化情感立场的坚定性。所以，对于一名汉语国际教育专业的学生来说，学习中华文化知识，除了要在知识层面得到提升外，还要实现对中华文化的恰切理解和理性认同。这是从事海外汉语教学所必须具备的，同时也是个人发展的重要保障。对所有人来说，传统文化的学习与技能的掌握都是必要的。

有鉴于此，我们在课程设置上主要通过传统文化课程、传统文化的现代形态、地域文化课程、传统中华才艺、中国武术等方面的教学使学生能够对中国文化有从内涵到外延的认知，主要是要求学生在掌握中国传统文化基本脉络的前提下，突出领会中华文化特色，包括民俗文化、人文地理、饮食文化、哲学智慧、宗教文化等方面的知识。当然，文化教学也不能只是停留在过去，我们不仅要对传统文化引以为傲，还要凸显当下中国文化的基本特质，要突出我们的文化自信。不能让海外汉语接受者对中国文化的认知仅仅停留在封建时代的中国文化上。

（三）教学法课程

中国语言文学与文化有着自身的特点，无论是语言本身的音义符号特征，还是中国文化的人格化特征，都与西方文化有着本质的不同，这要求我们在教学过程中要注重教学法的传递。

传统的汉语言文学对于母语为汉语的人来说并没有太大的学习困难，但是对外国人特别是汉文化圈之外的外国人来说，汉语言文学与文化的学习困难重重。这要求我们必须注重有针对性的教学方法的探讨和学习。这个教学法的内容包括两个方面，一方面是适合中国语言文学与文化在学习和传播上的特点，另一方面是适合海外学习者的接受习惯。中国的语言文学的传承，从国内教育的历史来看，诵读法是非常重要的方法，西汉时期的语言文学教育就是从"讽书"——背诵开始的，之后的《千字文》也是要求学生诵读记忆的识字文本。这种灌输式的教学法已经被中国人传递了几千年，适合中国语言文学的基本特征，也被中国人所广泛接受，但在海外的教学中并不适用，主要就是因为它不适合海外学习者的接受习惯。因此，我们在海外汉语言文学的教学法上加大了教学力度，以期有效提升教学效果。

此外，我们在教学法上还注重国别差异。在基本的教学法的前提下，提出有针对性地按国别设计的教学法。这也是我们的一个特色。我们不生产标准件，我们要铸造特色产品。

（四）海外交际能力课程

汉语国际教育的核心不是教育本身，而是促进国际间的友好往来，缔造和谐的国际关系，维护国家和地区安全，促进各国和平发展。因此，从事海外汉语教学的教师要有良好的海外交际能力。海外交际能力的获得不仅仅在于语言技能的掌握，更在于人际的沟通。一个微笑、一个小礼物都能够给我们赢得良好的海外形象。我们要从中国传统的社交礼仪入手，加强对学生的教育培训。我们主要开设了"演讲与口才""交际礼仪""公共关系学"等课程，目的就是为了培养学生的海外交际能力。

同时，这些交际课程的设置对于不从事海外教学的同学也有着重要作用。现在大学生多为独生子女，社会交往能力普遍缺乏，交际类课程的设置可以有效地提升他们的社会交往能力。

三 针对可能的留学生教育的课程设置

汉语国际教育不仅包括走出去的汉语国际推广，还包括引进来的留学生教育。就目前来说，平顶山学院还没有自己招收的留学生，但我们在 2010 年已经建成了自己的汉语国际推广基地，具有招收留学生的资质。因此，我们在汉语国际教育专业的课程设置上也充分考虑到了这个问题。

我们的汉语国际教育专业跟国内专门类院校在师资和办学实力上都有很大差距，但我们也有自己的特色——地域文化类课程和传统技能类课程的设置。平顶山有着悠久的历史文化，春秋时期这里是周王朝的封国——应国，有着发达的手工铸造业。我们就根据这个特点，在汉语国际教育专业内开设了平顶山地域文化专题课程，让我们的学生能够在汉语国际教学中凸显平顶山的地域文化特色。同时，我们这里还有唐宋官窑——唐花瓷、汝瓷制作基地，我们也将这种陶瓷制作技艺作为我们的专业选修课，引导学生掌握陶瓷烧制的相关技术，形成我们的特色。平顶山学院还有国内第一家雅乐团，通过对先秦礼乐制度的复原，将高古敦厚的雅乐呈现在世人面前。为了在汉语国际教育人才培养环节充分体现我们学院的特色，我们在汉语国际教育专业也开设了中国古典音乐鉴赏课程。在目前我们派出的孔子学院教师和汉语志愿者教师队伍中，这两个课程也是培训阶段的必修课程。我校的外派教师在海外的教学中通过对平顶山地域文化的宣传，吸引了许多中国文化爱好者，取得了可喜的成绩，也对平顶山城市形象的海外宣传起到了积极作用。

总之，对普通本科院校的汉语国际教育本科专业培养工作来说，我们面对的困难更多、更大、更复杂，课程设置上更是充满了纠结，但有一点是可以确定的，那就是所谓的"不科学"的课程设置虽然增加了学生的学习难度,但也让他们逐渐养成了超强的适应力。更为可喜的是,一部分学生还在不断的学习中掌握了扎实的文化知识、过硬的文化技能、深厚的文化素养、自觉的文化传播意识和海外交际传播能力,成为合格的国际汉语教师。可见,汉语国际教育在课程设置上除了要符合专业设置的目标要求之外,还要不断探索新的、有特色的发展路径。

参考文献:

[1]崔永华. 对外汉语教学设计导论[M]. 北京:北京语言大学出版社,2008.

[2]陈莉等. 汉语国际教育本科专业外语课程设置研究[J]. 扬州大学学报(高教研究版),2013(3).

[3]邓守信. 作为独立学科的对外汉语教学[A]. 汉语研究与应用(第1辑)[M]. 北京:中国社会科学出版社,2003.

[4]国家汉语对外推广领导小组办公室. 汉语国际教师标准[M]. 北京:外语教学与研究出版社,2007.

与《国际汉语教师标准》相衔接的汉语国际教育本科课程体系初探

——以苏州大学汉语国际教育专业为例

陶家骏　王建军　苏州大学

【内容提要】汉语国际教育本科专业作为新兴专业，已在国内院校得到广泛的设置。由于各校情况不一、条件各异，在专业定位、培养目标、课程设置等方面存在着一些差异和不足。本文以苏州大学为例，从与国家汉办/孔子学院总部颁布的《国际汉语教师标准（2012）》这一权威行业标准相衔接的角度，对汉语国际教育本科专业的课程体系进行了相应的探讨，以提高其科学性与合理性，从而推动汉语国际教育教师的培养。

【关键词】《国际汉语教师标准（2012）》　汉语国际教育本科专业　课程体系

一　汉语国际推广背景下的汉语国际教育本科专业课程建设问题

随着我国经济快速发展、综合国力和国际地位不断提升，"汉语热"在全球持续升温，对外汉语教学也逐渐向全方位汉语国际推广转变。在此背景下，2012年教育部将原"对外汉语""中国语言文化"和"中国学"专业合并为"汉语国际教育"本科专业。

该专业如何确立自己的办学目标与方向，如何进一步优化人才培养结构和课程设置，如何为国家培养优秀的"从事与语言文化传播交流相关工作的中国语言文学学科应用型专门人才"成为学界研究关注的焦点。

汉语国际教育专业（前身为对外汉语专业）本科早在1985年就已建立，苏州大学也于2000年开设了这一专业。目前国内各级别高校大多开设了这一专业，培养了大量专业人才，但由于办学环境、师资条件等方面的差异，不少院校对于该专业的专业定位和培养目标不明确，课程体系存在缺乏针对性、创新性不足、设置不规范等问题，亟待科学合理地加以解决。

以苏州大学文学院为例，在设置对外汉语专业之初，基本沿用的是汉语言文学（师范）专业的培养计划和课程体系，只是去除了语文教学论、心理学、教育学等师范课程，增加了对外汉语教学概论以及英语课程。由于当时文学院尚无留学生，专业课教师普遍没有对外汉语教学经验，课程设置较为随意，缺乏专业性和系统性。类似的问题不仅存在于当时的苏大，在很多院校也都普遍存在。

针对汉语国际教育专业本科专业建设和课程体系设置中的种种问题，国内不少学者都提出了各自宝贵的意见和建议。比如，蒋可心（2006）指出，作为培养对外汉语方面高层次专门人才的对外汉语教学专业，不仅要开设相应的汉语言文学的课程，也应开设相应的教育学、心理学、文化学的课程。只有这样，才能完成专业培养目标所赋予的任务，满足社会对人才的知识结构和能力结构的需要。原新梅、孙小兵（2007）指出了对外汉语专业建设存在专业定位与培养目标不够明确、课程结构体系存在随意性、对实践教学重视不够、毕业生就业率低等突出问题，并就这些问题提出了专业建设的基本内容与思路。王丽、朱宏（2013）指出目前国内各院校的汉语国际教育专业在课程体系和课程设置上差别很大，教学质量参差不齐，并提出了"完善专业培养目标，创新培养模式""改革教育教学理念，优化课程设置""重视汉语教师专业技能培训"等建议。

以上这些成果大多来源于专家的个人实践和体会，可谓真知灼见，具有一定的建设性和可操作性；但遗憾的是，现有研究都未引入行业标准，缺乏客观依据，系统性和科学性有待提高。

二 国际汉语教师行业权威标准——《国际汉语教师标准》解读

自 2004 年 11 月全球首家孔子学院在韩国成立以来，伴随着孔子学院在世界各地生根开花，汉语国际推广事业蓬勃发展，使得国内外对汉语教师的需求持续增长。这一需求包括两个方面：一是绝对数量上的市场需求的增加，二是对国际汉语教师的各方面素质、技能的需求也越来越高。汉语国际推广事业能否持续发展，关键在于高素质的国际汉语教师。为促进国际汉语教师专业的发展，建设高素质的国际汉语教师队伍，基于国际汉语教学的特点和规范管理的需要，国家汉办/孔子学院总部于 2007 年颁布了《国际汉语教师标准》。

《国际汉语教师标准（2007）》首次对国际汉语师资制定了详细的标准和要求，为打造一支高素质的国际汉语教师队伍发挥了重要的作用。但是，随着汉语国际推广事业的蓬勃发展，《国际汉语教师标准（2007）》已不能满足新形势下各方面对国际汉语教师的需求，为此，国家汉办/孔子学院总部在借鉴国内外有关外语教师标准及其最新研究成果的基础上，组织来自 100 多个国家的千余名专家学者和一线教师参与修订工作，推出了《国际汉语教师标准（2012）》。

《国际汉语教师标准（2012）》设置了五个模块：①汉语教学基础；②汉语教学方法；③教学组织与课堂管理；④中华文化与跨文化交际；⑤职业道德与专业发展。每个模块下还有次级标准和具体内容，涵盖了国际汉语教师素质与技能的各个方面，对汉语国际教育具有重要的指导意义。国家汉办/孔子学院总部在 2014 年 10 月制定了"'国际汉语教师证书'考试大纲（试行）"，该考试即依据《国际汉语教师标准（2012）》，通过对以上五个模块标准能力的考查，评价考生是否具备国际汉语教师能力。

邵滨、邵辉（2013）指出，《国际汉语教师标准（2012）》在《国际汉语教师标准（2007）》原有的框架上进行了凝练，突出了汉语教学方法、教学组织与课堂管理、中华文化与跨文化交际这三项基本技能，更加注重学科基础、专业意识和职业修养，增强了实用性、操作性和有效性。新标准的五个模块构建了衡量与评价国际汉语教师的知识、能力和素质的基本框架，形成了较为完整、科学的教师标准体系，为国际汉语教师的培养、培训、能力评价和资格认证提供了更科学的依据。

三 《国际汉语教师标准》与苏州大学汉语国际教育本科专业课程体系建设

（一）与《国际汉语教师标准》相衔接的教改指导思想

苏州大学文学院在汉语国际教育专业及课程体系建设中，在注意吸收借鉴国内一流高校专业建设经验的同时，较早就注意到了国家汉办/孔子学院总部颁布的《国际汉语教师标准（2007）》的重要性，积极按照这一行业标准并结合自身实际对专业课程与教学内容体系进行改革。但由于《国际汉语教师标准（2007）》的具体内容相当繁杂，在操作中难度较大，因此，我们只是根据这一标准对原有课程体系进行了微调。《国际汉语教师标准（2012）》对2007年版标准进行了精简和凝练，将原标准585项基本内容简化为58项，指导性和可操作性明显增强。我院已将该权威行业标准作为汉语国际教育专业及课程体系建设的指导原则，并积极参照这一标准开展专业建设，帮助学生积极为即将在全球实施的"国际汉语教师证书"考试[①]做准备。

[①] "国际汉语教师证书"考试由教育部国家汉办/孔子学院总部主办，考试依据《国际汉语教师标准（2012）》，通过对汉语教学基础、汉语教学方法、教学组织与课堂管理、中华文化与跨文化交际、职业道德与专业发展等五个标准能力的考查，评价考生是否具有国际汉语教师能力。作为国际汉语教师的权威认证考试，该考试将成为孔子学院（课堂）选拔和评价汉语教师、志愿者（目前每年选拔并外派大约一万名教师、志愿者）的重要参考标准，也是海内外学校、教育机构选聘和评价汉语教师的重要参考依据。

（二）建立与《国际汉语教师标准》相衔接的专业课程与教学内容体系与实践的意义

我校从 2013 年开始逐步建立与《国际汉语教师标准（2012）》相衔接的汉语国际教育专业课程与教学内容，力图将权威国际汉语教师行业标准与汉语国际教育本科人才培养目标相结合，探索和制订新型的培养方案。该方案在实施过程中几经微调，直到 2015 年方尘埃落定。据笔者了解，此举在国内高校中颇具领先性。与过去的方案相比，新方案具有以下几大优势。

（1）明确了本专业人才培养的专业定位与培养目标，即培养德、智、体全面发展的高素质的汉语国际教育教学、科研以及跨文化交际与管理的高层次人才，使之达到《国际汉语教师标准（2012）》的各项要求。

（2）围绕《国际汉语教师标准（2012）》并结合本院实际情况建立了科学完备的课程与教学内容体系，避免了课程体系和教学内容缺乏系统性和针对性、创新性不足、课程设置和教学内容随意性等一系列问题，从而能够科学地规范和指导专业人才培养，使之更好地适应新形势下汉语国际化的发展趋势。

（3）根据这一课程体系的要求，我院近几年来加大人才引进力度，从北京师范大学、南京大学、新加坡国立大学、荷兰乌特勒支大学等国内外知名高校引进了多名高水平博士，打造了一支专业过硬、经验丰富的高层次国际汉语教育专业师资队伍，弥补了长期以来我院在专业师资方面的不足，教学质量和学生满意度得到了极大的提升。

（4）首次建立了科学合理的、与《国际汉语教师标准（2012）》相衔接的汉语国际教育本科课程和教学内容体系。此举具有极为重要的影响和示范作用，必将引起国内各大院校的关注，具有很高的推广价值，也将有助于提升本校在该专业领域的知名度与排名。

（三）与《国际汉语教师标准》相衔接的汉语国际教育专业课程与教学内容体系

表 1 是我院初步建立的与《国际汉语教师标准》相衔接的汉语国

际教育专业学分要求以及课程与教学内容体系（2015级国际汉语教育专业培养方案）。

表1 苏州大学文学院2015级汉语国际教育专业学分要求

课程类别	课程性质	学分	
通识教育课程	通识选修课程		4
	新生研讨课程	≦2	
	公共基础课程	44	
大类基础课程	大类基础课程	40	
专业教学课程（含实践环节）	专业必修课程	47	
	专业选修课程	21	
开放选修课程	公共选修课程	4	
	跨专业选修课程	0	
总学分		160	

有关苏州大学文学院汉语国际教育专业课程与教学内容体系（2015级使用）详情，请参见本文附录部分。

我院初步建立了与《国际汉语教师标准和专业介绍（2012）》相衔接的、较为科学完备的汉语国际教育专业课程与教学内容体系，其中一些课程还需要进一步优化和调整，比如对于培养学生"具备汉外语言对比的能力""具备分析和处理学习者偏误的能力"方面有必要开设相关课程。应当承认，新方案尽管较具针对性和实用性，但与南京大学海外教育学院、南京师范大学国际文化教育学院等省内兄弟院校相比，仍存在着不小差距，如专业技能课程偏少、课程分布不平衡等。未来我校将根据《国际汉语教师标准（2012）》对课程体系不断加以健全和完善，从而推动本学科人才培养向更高水平、更高层次迈进。

四 余论

目前，在汉语国际教育本科专业的健康和可持续发展方面，尚有如下问题亟待解决。

（一）汉语国际教育本科专业与汉语国际教育硕士专业的学科性质与定位的统一问题

汉语国际教育本科专业与汉语国际教育硕士专业名称相同，但学科性质却不同：

根据教育部《普通高等学校本科专业目录和专业介绍（2012年）》，国际教育本科专业（专业编码：050103）属于"文学"（专业编码：05）这一学科门类下的"中国语言文学类"（专业编码：0501）。

根据教育部《学位授予及考研专业目录（第四版）》，汉语国际教育硕士专业（专业编码：045300）则是隶属于"教育学类"（专业编码：04）下的专业学位。

因此，根据目前的专业目录，从学科性质上看，两者有着本质的区别；而从社会认知角度和专业实际情况来看，两者专业名称相同，汉硕专业事实上就是本科专业的深化，由此造成了很多误解，比如有些公务员招考条件有教育类但不承认汉硕；而汉语国际教育本科毕业生在小学任教评高级教师职称时，有些地方又不认可该专业的"中国语言文学类"属性，要求补汉语言文学本科证书。为了解决这些实际问题，有些院校只得把汉语国际教育本科专业改为师范类，以解决毕业生的就业出路问题。

针对汉语国际教育本科专业与汉语国际教育硕士专业的学科性质与定位问题，有关部门进行相应的调整，将两个专业纳入同一个学科大类中，以利于学科的健康发展。

既然汉语国际教育本科专业与硕士专业之间是衔接的关系，那么，两者在教学课程与内容上也应该是衔接且各自有所侧重的。

冯胜利（2008）主张把汉语国际教育专业定义为："对外汉语教学的专业①是一门以语言学和第二外语教学理论为基础、以文史知识为背景的专业技术学科"。该定义有三个内容：一是理论基础；二是文史背景；三是专业技能。他认为专业技能要求"会"，光知道、懂得还远

---

① 笔者按：可以认为这里的"对外汉语教学的专业"即指2012年整合并改名后的汉语国际教育专业。

远不够；理论基础（包括第二语言的理论、汉语语法本体理论、对外汉语的教学理论）要求"懂"，仅仅知道还不行；文史知识则要求"知"，知道即可。

冯先生的观点非常有见地。借鉴他的说法，我们认为汉语国际教育本科专业主要是培养学生"知文史，懂理论"，侧重于文史知识和基础理论知识的学习；而汉语国际教育硕士专业则主要是培养学生"懂理论，会技能"，侧重于理论联系实际，帮助学生通过实践掌握专业技能，胜任教学工作。对汉语国际教育本科、硕士专业进行科学明确的区分与定位，必将有助于指导和推动汉语国际教育专业建设的发展。

（二）汉语国际教育本科专业与汉语国际教育硕士专业的可持续发展问题

近年来，随着汉语国际教育事业的蓬勃发展以及孔子学院在全球的遍地开花，汉语国际教育本科专业与汉语国际教育硕士专业得到了快速发展。据2013年统计，全国开设汉语国际教育本科专业的高校达到300多所，每年招收学生人数超过15000人。[①]汉语国际教育硕士专业于2007年由经教育部批准的27所院校开始招生，截至2015年底，共有107所大学招收汉硕专业研究生。[②]

面对如此庞大的招生规模，如何保证学科的健康可持续发展，如何从单纯追求数量转变为保证人才培养的质量，这或许是更值得我们深思的问题。

（三）汉语国际教育本科专业毕业生赴海外志愿服务的通道问题与回归问题

目前，本科毕业生赴海外实习的机会不多，外派充任志愿者的机会更少。这些机会大多被汉硕研究生捷足先登。国家主管部门应该为

---

① 《我国开设汉语国际教育本科专业高校逾300所》，新华网：http://education.news.cn/2013-10/26/c_117884425.htm。
② 这107所院校名单详见汉语国际教育硕士网：http://www.zwky.org/article-875.html

本科生的海外志愿服务开辟特殊通道,最好能给各高校提供一定的指标。对有志于立足海外长期服务的志愿者,国家应给予鼓励和奖赏,并为他们提供回国培训或深造的机会;对表现优异的志愿者,国家应在他们回归时提供安家和就业方面的帮助,解决他们的后顾之忧。这样的措施有利于培养和建立起一支长期稳定的优秀师资队伍,从而保证汉语国际教育事业的蓬勃发展。

参考文献:

[1]国家汉办/孔子学院总部.国际汉语教师标准(2012版)[S].2012.

[2]国家汉语国际推广领导小组办公室.国际汉语教师标准[S].北京:外语教学与研究出版社,2007.

[3]蒋可心.对外汉语教学专业的课程设计问题[J].黑龙江高教研究,2006(3).

[4]原新梅,孙小兵.对外汉语专业建设的思考与探索[J].现代语文(语言研究),2007(12).

[5]王丽,朱宏.汉语国际教育专业本科课程设置探析[J].华北科技学院学报,2013(3).

[6]邵滨,邵辉.新旧《国际汉语教师标准》对比分析[J].云南师范大学学报(对外汉语教学与研究版),2013(3).

[7]蒋星红.苏州大学本科教学手册·文科分册(2015级使用)[Z].苏州:苏州大学出版社,即将出版.

[8]冯胜利.海外汉语教学与研究的新课题[J].云南师范大学学报(对外汉语教学与研究版),2008(1).

附录：苏州大学文学院汉语国际教育专业课程与教学内容体系（2015级使用）①

标准 1　汉语教学基础

模块	内容描述	通识教育课程	大类基础课程	专业教学课程	公共选修课程
1.1 具备汉语交际能力	1.1.1 具有符合职业需要的汉语口语和书面语交际能力	教师口语	基础写作		创意写作（一、二、三） 应用文写作 演讲与口才 社交礼仪 中外秘书工作案例分析 中外秘书比较研究 秘书实务（二） 申论
	1.1.2 具有提高自身汉语水平的意识和能力				
1.2 具备基本的汉语语言学知识和语言分析能力	1.2.1 具备汉语语言学的基本知识		现代汉语（上、下） 古代汉语（上、下）	语言学史	中国民族语言概论 汉语语音史
	1.2.2 具备基本的汉语语音、词汇、语法和汉字的分析能力		现代汉语（上、下） 古代汉语（上、下）	语音学	训诂学 汉语词源研究 现代汉语法专题 汉语音韵学 现代汉语语体修辞学 汉字字形学 《说文解字》导读
1.3 了解语言学习基本原理	1.3.1 了解第二语言习得的基本概念和主要理论			语言习得理论	应用语言学
	1.3.2 了解第二语言学习的基本过程				
	1.3.3 了解第二语言学习的主要影响因素				
1.4 熟悉语言教学基本原则与方法	1.4.1 熟悉第二语言教学的一般原则，并具有将其与汉语教学实践相结合的意识和能力			语言习得理论	
	1.4.2 熟悉第二语言教学的主要方法				

① 本课程与教学内容体系涵盖了苏州大学文学院汉语国际教育专业人才培养方案（2015级使用）中全部课程。苏州大学文学院汉语国际教育专业人才培养方案（2015级使用），详见蒋星红主编《苏州大学本科教学手册·文科分册（2015级使用）》，苏州大学出版社，即将出版。我院在修订该培养方案时，将国家汉办/孔子学院总部《国际汉语教师标准》（2012）作为重要的指导原则和依据，对课程设置进行了认真梳理，并根据学院实际师资情况和条件进行了相应的调整，建立起了涵盖几乎全部标准的完整课程体系。此外，培养方案中有少数课程（公共体育、军事技能、文科数学、军事理论等）与《国际汉语教师标准》关系不大，因此这些课程未列入本课程体系中。

标准 2　汉语教学方法

模块	内容描述	通识教育课程	大类基础课程	专业必修课程	专业选修课程
2.1 掌握汉语教学的基本原则与方法	2.1.1 掌握汉语教学的基本原则与方法，并能运用于教学实践			对外汉语教学概论 对外汉语教学案例研究	
	2.1.2 能根据不同的教学对象和教学目标进行教学，培养学习者的汉语综合运用能力			对外汉语教学概论 对外汉语教学案例研究	
2.2 掌握汉语语音、词汇、语法和汉字教学的基本原则、方法与技巧，了解汉外语言主要异同，并能进行有针对性的教学	2.2.1 掌握汉语语音、词汇、语法和汉字教学的基本原则与主要内容			对外汉语教学概论 对外汉语教学案例研究	
	2.2.2 掌握汉语语音、词汇、语法和汉字教学的方法与技巧，并能根据不同的教学对象采用适当的教学方法				
	2.2.3 具备汉外语言对比的能力			语言学概论（一）	自然语言逻辑（*拟开设：汉英语言对比）
	2.2.4 具备分析和处理学习者偏误的能力			对外汉语教学案例研究（*拟开设：外国学生汉语偏误分析专题）	
2.3 掌握汉语听、说、读、写教学的特点、目标、原则与方法，并能进行有效的教学	2.3.1 了解汉语技能教学的课型特点、教学目标与基本原则			对外汉语教学概论 对外汉语教学案例研究	
	2.3.2 掌握汉语听、说、读、写教学的方法与技巧，并能有效地组织教学			对外汉语教学案例研究	
	2.3.3 能根据学习者的特点，设计、组织教学活动				
2.4 了解现代教育技术，并能应用于教学	2.4.1 了解现代教育技术及对汉语教学的作用	计算机信息技术I、II 教师教育技术		对外汉语教学案例研究	网络应用与管理 摄影与摄像 教育技术与课件制作
	2.4.2 具有运用现代教育技术进行汉语教学的能力				

标准 3 教学组织与课堂管理

模块	内容描述	通识教育课程	大类基础课程	专业必修课程	专业选修课程
3.1 熟悉汉语教学标准和大纲，并能进行合理的教学设计	3.1.1 熟悉有关的汉语教学标准和教学大纲			对外汉语教学概论 对外汉语教学案例研究	
	3.1.2 能合理设计课程并制订教学计划				
	3.1.3 能根据教学要求编写教案				
3.2 能根据教学需要选择、加工和利用教材与其他教学资源	3.2.1 熟悉常用的汉语教材			对外汉语教学概论 对外汉语教学案例研究	
	3.2.2 能合理选择、加工和使用汉语教材				
	3.2.3 能根据教学需要利用各类教学资源制作、补充教学材料				
3.3 能设计课堂教学的任务与活动	3.3.1 了解课堂教学任务与活动的主要类型及特点			对外汉语教学概论 对外汉语教学案例研究	
	3.3.2 具备设计教学任务和组织教学活动的能力				
	3.3.3 能合理选用或制作必要的教具				
3.4 能进行有效的课堂管理	3.4.1 了解并适应不同国家和地区的课堂管理文化			对外汉语教学案例研究	
	3.4.2 能创建有利于汉语教学的课堂环境与氛围				
	3.4.3 能采用适当的策略和技巧实施有效的课堂管理				
3.5 能有效地组织课外活动	3.5.1 了解课外活动的形式、特点和作用			对外汉语教学概论	
	3.5.2 掌握组织课外活动的基本方法和程序				
	3.5.3 能根据学习者特点组织课外活动				
3.6 了解测试与评估的基本知识，能对学习者进行有效的测试与评估	3.6.1 了解测试与评估的基本知识和主要方法			对外汉语教学概论	汉语测试与教学评估
	3.6.2 能根据不同教学目的选用或设计合适的测试与评估工具				
	3.6.3 能对测试与评估结果进行有效的分析和应用				

标准 4　中华文化与跨文化交际

模块	内容描述	通识教育课程	大类基础课程	专业必修课程	专业选修课程
4.1 了解中华文化基本知识，具备文化阐释和传播的基本能力	4.1.1 了解中华文化基本知识、主要特点、核心价值及当代意义		中国古代文学（一）（1、2、3、4） 中国现代文学（一）（上、下）	中国文化概论 中华文化与跨文化交际	中国美学史 中国中古诗歌史 中国戏曲史专题 中国园林文化 中国现当代通俗文学 华语电影与中国戏曲 吴文化概论
	4.1.2 能通过文化产品、文化习俗说明其中蕴含的价值观念、思维方式、交际规约、行为方式		文学概论（上、下）	影视与文学 中国民俗学 中华文化与跨文化交际 戏曲评弹鉴赏	大众传播学 经典阅读与文化传播 经典赏析与诵读 时尚与审美 唐宋词选讲 古典戏曲经典欣赏 中国戏剧经典赏析 张爱玲作品欣赏 文化事业管理①
	4.1.3 能将文化阐释和传播与语言教学有机结合	跨文化交际		汉语与汉文化 中华文化与跨文化交际	
	4.1.4 掌握相关中华才艺，并能运用于教学实践	书法基础		中华才艺	昆曲清唱艺术 诗词写作与吟唱
4.2 了解中国基本国情，能客观、准确地介绍中国	4.2.1 了解中国的基本国情 4.2.2 了解当代中国的热点问题 4.2.3 能以适当方式客观、准确地介绍中国	形势与政策 中国近现代史纲要 毛泽东思想与中国特色社会主义理论体系概论 毛泽东思想与中国特色社会主义理论体系概论社会实践（上、下）			海外中国研究

① 与标准 4.1.2 相关的专业选修课程较多，还有当代小说研究、中国港澳台地区文学研究、中国现代社会言情小说研究、中国现当代文学思潮、文学评论写作（一）、文学研究方法论、中国文学批评史、美学概论（一）、中国近现代小说研究、20 世纪中国短篇小说叙事研究、鲁迅研究、生态文艺学、生态批评研究、《文心雕龙》与新文艺理论体系、诗经选讲、楚辞选讲、清词选讲、现代散文研究、中国现代抒情诗与诗学、中国古代文论名篇选读、明清小说选讲、广告学、文体学概论、影视文学概论等。按：这类课程虽然较多，但需要根据标准 4.1.2 进行课程整合，以适应汉语国际教育专业的实际需要。

续表

模块	内容描述	通识教育课程	大类基础课程	专业必修课程	专业选修课程
4.3 具有跨文化意识	4.3.1 了解世界主要文化的特点	跨文化交际	外国文学（上、中、下）		西方文化导论 西方文学经典与电影 20世纪欧美文学 俄苏文学经典 日本经典文学作品赏析 东方文学概论 东方文化导论
	4.3.2 尊重不同文化，具有多元文化意识				
	4.3.3 能自觉比较中外文化的主要异同，并应用于教学实践			中华文化与跨文化交际	比较文学概论
4.4 具有跨文化交际能力	4.4.1 了解跨文化交际的基本原则和策略	跨文化交际			公共关系学
	4.4.2 掌握跨文化交际技巧，能有效解决跨文化交际中遇到的问题				
	4.4.3 能使用任教国语言或英语进行交际和教学	大学英语（一、二、三、四） 英语高级视听 翻译与英语写作 英语报刊选读 英语高级口语 英语影视欣赏 中国地方文化英语导读		英语应用写作	

标准 5　职业道德与专业发展

模块	内容描述	通识教育课程	大类基础课程	专业必修课程	专业选修课程
5.1 具备教师职业道德	5.1.1 认识并理解职业价值，树立并维护职业信誉			对外汉语教学概论	
	5.1.2 遵守法律和职业道德规范	思想道德修养与法律基础			
5.2 具备良好的心理素质	5.2.1 具有健康的心理和积极的态度			教育心理学	
	5.2.2 具有较好的心理承受能力和自我调适能力				
	5.2.3 具有合作精神				
5.3 具备教育研究能力和专业发展意识	5.3.1 能进行教育研究，具有教学反思能力	教育学原理 有效教学 教育研究方法		专家系列讲座 实习 毕业设计（论文）	现代语文教育史
	5.3.2 了解相关学术动态与研究成果，参与学术交流与专业培训，寻求专业发展机会	职业生涯规划指导（上、下）			

培养模式

汉语国际教育本科专业本硕连读培养模式研究[①]

——以武汉大学为例

萧红　　武汉大学

【内容提要】为应对汉语国际教育人才培养及专业发展的需要，基于专业特色建设、人才培养、职业规划等多方面的考虑，我们提出将武汉大学汉语国际教育本科专业（4年）建设成为本硕连读培养模式（4+2年，另有海外实习1年）。本文从培养目标定位、建设基础方面论证了汉语国际教育本硕连读培养模式的可行性，并从教学体系和管理方法改革方面提出了具体设计，如合理设置课程、改革教学手段、加大实践教学、严控教学过程、改进考试方法、实行选拔淘汰制等。

【关键词】汉语国际教育　人才培养模式　本硕连读

汉语国际教育本科专业是新兴专业，它的产生和发展与当前中国综合国力上升、世界形成汉语热、中国文化对外传播与交流迅猛发展等背景密切相关，是基础研究与应用研究兼具、发展前途广阔的一个专业。

但是，当前汉语国际教育本科专业人才培养及专业发展遇到一些

---

① 本文系湖北省高等学校教学研究项目"语言文字类选修课程的设置与改革"（项目编号：2013033）的研究成果之一。

具体困难。

一是按照专业培养目标，该专业培养周期应较长，而且要求相当高，仅靠本科阶段现有课程难以充分有效地完成培养任务。从培养方案上看，汉语国际教育专业旨在培养"思想品德优良，汉语基础扎实，外语水平高，对语言学理论、中国文学、中外文化有较全面了解，并懂得教育教学理论，具有较强的对外汉语教学和跨文化交际能力的高素质、复合型、国际化对外汉语人才"。而要较好地达到这一目标，需要毕业生对语言、文学、文化、国情等都有比较深入的了解，且具备较好的实践技能，这些仅靠本科阶段的学习时间是难以达到的。

二是该专业本科毕业后面临着较大的就业压力。对于该专业的毕业去向，一般是鼓励学生在国内外从事汉语教学工作，或在党政机关、新闻出版文化等事业单位和中外企业从事汉语言文字应用工作或中外文化交流工作，或进入研究生阶段学习。就学生最感兴趣的去向之一对外汉语教学来说，目前本科毕业生尚不具备从事对外汉语教学的资格，国家汉办一般派出的是硕士生，不主张派出本科生到国外进行汉语教学；如果留在国内教外国留学生，一般用人单位也要求具有汉语国际教育或相关语言学专业硕士以上学位。所以当前汉语国际教育本科生的处境比较尴尬。

基于专业特色建设、人才培养、职业规划等多方面的考虑，我们提出将武汉大学汉语国际教育本科专业（4年）建设成为本硕连读培养模式（4+2年，另有海外实习1年）。此举将对汉语国际教育专业人才培养起到积极作用，为汉语国际教育本科专业的发展提供长久的动力。

一 构建汉语国际教育专业本硕连读培养模式的可行性

（一）应用型卓越人才培养目标的定位

当前全国有三百多所高等院校开设了汉语国际教育本科专业，各院校根据国家总体规划、社会需求、学生发展、学校基础、办学特色等提出了自己的人才培养目标，发展出多种人才培养模式，可谓百花齐放。但随着对外汉语专业的快速发展，也出现了就业难、专业定位不准、专业发展与建设迟缓等状况。特别是汉语作为第二语言教学从"对外汉语"时期进入"汉语国际教育"时期，专业概念的外延进一步拓展。名称的变化反映出时代社会变化和专业培养方向的拓展，突出了本专业所包含的双重内容，即语言教学所负载的专业教育职责与文化传播意义。而汉语国际教育专业的专业发展和学科地位堪忧，与名称的变化很不相称（林秀琴，2014），亟须各培养单位思考如何提升该专业的学科建设，改革该专业的人才培养模式，以摆脱目前的困境，更好地适应国家战略对此类人才的需求。

当前，武汉大学正在实施新一轮的本科教育改革，旨在以"成人"教育统领"成才"教育，着力为实现中华民族伟大复兴的中国梦提供强大的人才支撑，提出本科人才培养目标是：坚持以"创造、创新、创业"为核心，培养具有坚定的民族精神和开阔的国际视野、强烈的社会责任感和使命感，人格健全、知识宽厚、能力全面，能够引领未来社会进步和文明发展的国家脊梁和领袖人才。

与此相适应，在2015年新修订的《汉语国际教育本科专业质量标准》中，我们也将汉语国际教育本科专业人才培养目标确定为培养思想品德优良，汉语基础扎实，外语水平高，对语言学理论、中国文学、中外文化有较全面了解，并懂得教育教学理论，具有较强的对外汉语教学和跨文化交际能力的高素质、复合型、国际化对外汉语人才。在2015年度的武汉大学本科专业教学状况评估中，我们接受校内外评估专家的意见，亦将汉语国际教育本科专业建设特色归纳为"应用型、国际化、小班教学"的精英教育，确定了武汉大学汉语国际教育本科专业的应用型卓越人才培养目标。

我们认为，应用型卓越人才培养目标的定位更为准确，与学校作为综合性研究型大学的人才培养总体目标相适应，避免"大而不强"，"多而不精"，不是片面追求规模，而是集中优势力量办学，调整人才培养结构，提高人才培养质量，深化教育改革，进一步强调实践性和创新性，以满足经济、社会发展对卓越汉语国际教育人才的需求。

（二）建设基础

武汉大学文学院有着深厚的学术底蕴和传承、优良的学术氛围，近年来在学科建设、教师队伍建设和专业人才培养等方面都取得了较为突出的成绩。文学院的硕士、博士学位点已经覆盖了中文一级学科以下除了少数民族语言文学之外的所有二级学科。其中文学院本来就有的"汉语国际教育"专业硕士（目录内专业），与"汉语国际教育"本科专业不仅在名称上完全相同，而且在实际培养内容等方面也都能实现完美衔接。

自 2013 年实行"中国语言文学"大类招生以及一年级末专业分流以来，文学院汉语国际教育本科小班控制在 20 人左右，而汉语国际教育专业硕士每年招生名额在 40～60 人，如果实行本硕连读，对文学院整体招生规模没有大的影响，且硕士生源质量能得到进一步保证。

还有，文学院与美国匹兹堡大学合办的孔子学院两次被国家汉办评为全球优秀孔子学院。该孔子学院每年都会从文学院在读硕士研究生（主要是对外汉语、汉语国际教育专业）中选拔志愿者。实行本硕连读制度后的"汉语国际教育"专业将进一步提高专业吸引力，吸引更多优秀学生参与汉语国际推广事业，使匹兹堡孔子学院的发展进入更好的良性循环。

如果实行本硕连读制度，该专业的人才培养方案、课程设置可以得到进一步系统优化；还可以直接与汉办外派选拔、国内就业等衔接；更远的计划是与国外知名院校开展院际合作，实现联合培养。

还有一个重要的契机，就是武汉大学本科教育改革有一项基本内容是创新型人才培养模式，其中的重要举措之一是希望推进本科生教育和研究生教育的有机衔接，建立本硕和本硕博贯通培养制度及多元化培养模式。这为我们调整汉语国际教育本科专业人才培养目标，构思该专业本硕连读模式提供了机遇。

二 优化教学计划，改革教学体系

本硕连读人才培养模式的目的是通过制订专门的培养方案，提供优质的培养条件，鼓励优秀学生脱颖而出，培养出一批拔尖创新型人才。通过实施本科—硕士贯通制，培养德智体全面发展的卓越人才。学生在本科学习阶段（第一阶段）掌握坚实宽广的基础理论和系统深入的专门知识，熟悉科学研究方法，了解学科前沿，为未来工作和深造打下坚实的基础。具体来说，就是在一二年级夯实知识基础，同时大力开展通识教育，三四年级强调专业技能培养和训练。在本科学习阶段养成学生热爱真理、求真务实的学术品格，具有探索和发展知识的能力，拥有国际视野及跨文化交流意识，且在教师的积极引导下能在学习阶段产生汉语教学和文化传播创意。在研究生学习阶段（第二阶段），贯通制学生通过一年的海外教育、文化传播等实习，以及各种高水平的专业研讨活动，具备独立从事科学研究工作的能力和开展国际学术交流的能力，养成严谨求实的学术精神，在科学或专门技术上做出创造性成果。

教学改革包括以下具体环节。

（一）制订新的教学计划，进行系列课程的改革，达成本科与硕士阶段教学计划的贯通

按照要求，本科阶段贯通制培养的学生需要修满140学分，学分修满后的贯通制学生可以进入下一阶段的学习；硕士阶段贯通制培养的学生要求修满30学分。本硕贯通制培养的学生在本科和硕士阶段都必须完成毕业论文。第五学年接受国家汉办志愿者选拔，入选者赴孔子学院参加为期一年的海外教学，未能入选者联系国内其他单位实习。

我们组织教师对贯通制培养的课程设置进行了细致策划。各类课程在教学计划中的基本分布如下。

1. 通识课板块

按照本科通识教育理念，武汉大学的七大通识教学板块规定相应

学分，在引导的基础上扩大学校各院系之间的教学资源共享，拓展学生的知识面。

2. 专业知识板块

知识本体方面，开设汉语语言基础知识课、中外文学课，这些基础课程虽然有不少与普通本科班名称相同，但是突出贯通制汉语知识教学"对外"的应用性，同样的课程如现代汉语、古代汉语、语言学概论的授课内容也与普通本科班有较大区别。还有贯通制班所特有的汉语国际教育概论、中外文化、跨文化交际、教育学、心理学等，特别加强青少年二语习得、青少年心理学等课程的教学。

技能训练方面，开设中小学汉语教学法、中小学课堂管理、微格教学（Microteaching）、汉语国际传播、三笔字、普通话、中华才艺等课程。突出本专业学生的外语能力的培养，不仅英语水平要求高于普通本科班，还必须修习第二外语，且取得相应的等级证书。学习现代教育技术，与中小学汉语教学、汉语国际传播创意相结合，引导和鼓励学生进行与专业相关的创意设计。

总之，我们以培养能力为目标，删除陈旧重复的教学内容，将相关课程和教学环节组成一个体系，进行统一规划，增强课程总体效能。一方面对于传统的教学内容加以精选，另一方面积极引入现代概念和知识，将这些内容组合成几个层次，进行新的课程体系建设，建立专业性、实用性强，同时适应国际化要求的课程体系，达到课程的最优化设置，对人才培养起到最大的促进作用。

（二）教学方法和教学手段的改革

当前翻转课堂（Inverted Classroom）、慕课（Massive Open Online Course，MOOC）、微格教学等新的教学方法和教学手段已经广泛应用于本科教学。从事汉语国际教育专业教学的教师大多具有丰富的海外教学实践经验，且积极进行教学方法和手段革新，多位教师主持了慕课教学，撰写了该专业的系统化教材，申报了该专业的课程建设及教学改革项目，采取启发式、讨论式教学，案例教学，双语教学，交互式教学等多种方法，并取得了很好的效果。

（三）加大实践环节，突出创新

在 2013 年开始的新一轮教学大纲和培养方案修订工作中，文学院增加了关于实践环节的学分设置。贯通制学生除了专业论文写作实践、经典诵读、普通话培训测试外，能够有效锻炼和检验其专业水平及实践能力的，是为期一年的海外教学实习。还有丰富多彩的第二课堂活动，如"楚河汉桥"文化社、社会实践、各类学习竞赛等，可以凭此向学校教务部门申请创新学分。另外，实施"烛光导航"计划，从一年级开始为每位学生选派专业指导教师，引导学生尽早进入教师的科研课题，或在导师的指导下申报国家级大学生创新项目，培养学生的科学创新能力。

三 营造良好环境，改革管理方法

本硕连读贯通制培养模式是一项复杂的系统工程，需要管理者、教师和学生各方面有效配合，努力培养高层次卓越人才。具体做法包括以下几个方面。

（一）营造良好育人环境，严格监控教学过程

本科—硕士贯通制实施"4+2"学制，即本科 4 年、硕士 2 年，总学制 6 年。其中，本科阶段在文学院完成学业，硕士阶段可以选择在文学院或境外与本院有合作协议的学校完成。

获得本科—硕士贯通制培养的学生，可以根据双向选择的原则，在一级学科选择导师。

学院管理者努力营造一个适合教师工作和学生学习的环境；学院、教师、各类学生组织共同配合，引导每位学生健康成长；由学院教学指导委员会、教学管理办公室、学院教学督导团、教研室等严格监控教学过程；管理者协调学校教务部门、教研室等各个部门的关系。

（二）改进考试内容和方法

除了改进教学方法外，学院还不断革新考试方法，提倡多种形式的考试，开卷、闭卷、口试和笔试相结合。考试内容难易适当，少出完全靠死记硬背的题目，多出引导学生发展创新思维的题目。

（三）实行严格的选拔和淘汰制

实行本硕连读制度后的"汉语国际教育"专业，除了进一步优化课程体系之外，还将实行严格的选拔和淘汰制。学院根据一级学科硕士招生规模确定本硕贯通制培养的学生名额。选拔时间为新生入学后的第五周。选拔基本条件是：新生入学成绩优异者且自愿参加本硕贯通制选拔，身心健康。

本硕贯通制分流时间是第 6 学期末，分流出口是选择或淘汰到普通本科专业四年制，可继续修满学分后，撰写本科毕业论文，申请文学学士，获得学士学位和本科毕业证书。分流标准是：未修满规定课程并获得规定学分，平均分绩点未达到 3.0 以上；未能达到学校制定的大学英语六级考试成绩标准；未能取得第二外语的任一等级证书；未能取得国际汉语教师资格证书；个人主动申请转换专业和学制。本科—硕士贯通制培养的学生，在学习阶段若出现例如一年有三门课程不及格或者七年有四门课程不及格，或者有课程补考也不及格的，则会被分流到普通本科，而且是降级分流。

总之，我们认为，汉语国际教育专业本科—硕士连读培养模式建设具有很强的可行性，各学校可以根据自己的状况对培养方案和课程体系进行合理的设计。此项建设的完成和推广将对该专业的可持续发展产生良好的助力。

参考文献：

[1]李烨，胡玉佳.基地专业本硕六年连读制竞争淘汰机制探讨[J].中山大学学报论丛，2000（4）.

[2]颜进,张兵,张蕾.研究型大学贯通式本硕连读培养模式的实践与思考[J].高等农业教育,2006(4).

[3]竹文坤,尤晓健,何学谦.我国本硕连读人才培养模式研究[J].现代商贸工业,2012(1).

[4]崔岩,任子君.复合型本硕连读人才培养模式研究[J].文学教育,2014(9).

[5]林秀琴.汉语国际教育本科专业的发展困境及对策[J].中国高等教育,2014(11).

[6]崔岩.高校外语专业本硕连读人才培养模式的研究[J].求知导刊,2015(11).

地方高校汉语国际教育专业培养模式的探索

——以聊城大学为例

李登桥　　聊城大学

【内容提要】 地方高校开设汉语国际教育专业的时间短、经验少，办学条件多有限制，如何提高培养质量是个值得持续研究的问题。本文以聊城大学为例，从人才培养目标的确立、人才培养模式的改革、课程建设、实践体系建设、学生就业、专业特色的形成等几个方面，介绍了该校汉语国际教育专业在本土本科生培养过程中的经验与方法，意在为其他地方高校提供必要的参考。

【关键词】 地方高校　汉语国际教育专业　培养模式　课程建设　实践体系

随着我国对外汉语教育事业的迅速发展，开设汉语国际教育专业的国内高校越来越多，这其中包括很多地方高校。由于办学经验匮乏，专业设立之初，这些高校在办学定位、人才培养目标与模式、课程体系建设、毕业生出口等方面都曾遇到过一些难以解决的问题。经过较长时间的摸索和改革，以上问题尽管在一定程度上得到了缓解，但并没得到彻底解决，因此探索的步伐依然不能停息。笔者以自己所在的聊城大学汉语国际教育专业为例，与诸位前辈和同人分享一下办学经验与设想，以就正于方家。

一 专业基本情况

聊城大学汉语国际教育本科专业开设在外国语学院，于2007年首次招生，现有专职教师11名，并充分依托本学院英语系、文学院中文系和国际教育交流学院等多方师资力量，聘请多名中英文兼职教师，强化汉英双语教学与面向留学生的对外汉语实践教学，合力办学。2007年以来，该专业共招收本科生406人。现四个年级共有6个教学班，在校生203人。

二 逐步完善的专业人才培养目标

（一）培养目标

与很多新开专业一样，该专业最初几乎照搬了教育部《普通高等学校本科专业目录和专业介绍》中对外汉语专业的培养目标，缺乏个性，与自身的培养能力和办学条件在很大程度上不相适应。特别是2011年后，聊城大学入选了"山东特色名校工程"，被确立为第一批"应用型特色名校立项建设单位"。省政府要求"以高素质应用型、技能型人才培养为目标，以重点专业建设为平台，进一步明确办学定位，突出办学特色"。显然，亟须对过去毫无特色的培养目标进行调整。我们从办学定位、办学条件、培养模式、就业方向等方面对该专业重新做了全面的评估，几经修改后，最终将新的专业培养目标确定为：

汉语国际教育专业注重汉英双语教学，主要培养具备深厚的人文素养和开阔的国际文化视野，扎实的汉、英双语理论知识，熟练的汉语作为第二语言的教学技能和良好的文化传播技能，适应汉语国际推广工作，并能胜任国内外教育机构的中文教学任务，或能在国家各级政府机关、企事业单位从事涉外工作的应用型专门人才。

在新的培养目标中，我们特意强调了几项内容：一是重视双语技能的提升；二是注重学生应用技能的培养；三是拓展就业出口，推进学生多元化就业。这样既充分利用了所在学院的外语师资，又使该专业培养的学生更接地气，适应地方经济文化建设的需要，同时也为毕业生提供了更多的就业选择，有利于办学特色的形成。

（二）专业人才培养标准实现矩阵

在课程设置上既注重培养学生扎实的语言基础和较熟练的语言教学技能，又强调学生掌握中西文化、跨文化交际方面的知识。在保证专业基础的前提下，既注重本科教育的灵活性，又强调专业方向的实用性，形成若干专业方向的课程模块，以体现专业知识应用特色（见表 1）。另外，特别注重培养学生的实践能力，开展丰富多彩的第二课堂等教学实践活动。通过各种灵活的教学方式，使学生打好语言基础，培养学生的深入思考和自主学习能力，促进学生的个性发展与创新能力的培养。既充分发挥教师的主导作用，又突出学生学习的主体地位，以适应国内外多元化的专业人才需求。

表 1　专业人才培养标准实现矩阵

课程模块	培养标准	实现途径（课程名称，含必修课、选修课及实践教学）
综合素质	思想道德素质	马克思主义基本原理、思想道德修养与法律基础、毛泽东思想和中国特色社会主义理论体系概论、形势与政策
	文化素质	中国现当代文学、中国古代文学、外国文学、外国文化通论、中国传统文化
	科学素质	计算机理论基础
	身心素质	军事训练、公共体育、校内劳动实践、主题式社会调查与实践
专业能力	汉、英语言基础能力	现代汉语、古代汉语、综合英语、语言学概论、汉语语法分析方法
	汉、英语言应用能力	英语视听、英语口语、普通话、英语阅读、汉语写作、英语写作、英汉互译、汉英语言对比
	教学技能	对外汉语教学概论、对外汉语教学法、对外汉语教学语法、对外汉语教学案例分析、教育学概论、现代教育技术、教育心理学

续表

课程模块	培养标准	实现途径 （课程名称，含必修课、选修课及实践教学）
知识结构	人文社科知识	外国文化通论、中国传统文化、跨文化交际
	语言类专门知识	汉语国际教育专业所有相关基础课程与核心课程
	自然科学知识	计算机理论基础及相关全校公选课程
	社会实践	基础实践、专业实践、综合实践

三 仍然在不断探索的人才培养模式

（一）专业人才培养模式

汉语国际教育专业设置英汉语言、文学文化、教学技能等多个专业课程群，实行"通识教育+专业教育+实践教育"的三段式人才培养模式，注重汉、英双语教学，同时注重中西方人文素养与教学技能的提高。各学段的课程安排：第1—2学期以通识教育和专业基础课程为主，第3—5学期以专业教育课程为主，第6—8学期以分类培养以及实习、毕业论文等教学实践环节为主。

从具体培养手段上看，以课堂教学为主，同时注重通过第二课堂进行课外素质拓展，逐渐加强实践训练，三位一体，夯实学生的语言基础，提高学生的教学技巧，努力开拓其应用创新能力。在保证学生专业学习和终身教育所应具备的基础理论、基本知识、基本方法和基本技能的前提下，注重拓宽专业口径、强化能力培养、突出专业特色。

在整个培养过程中，我们努力推动学生应用能力的提升，注重培养学生掌握汉语、英语、文化、教育等学科中的相关应用技能，如语言技能、教学技能、才艺技能等，能充分适应国内外多种工作岗位的要求；通过双语教学、第二外语学习，使学生掌握多种语言，熟练运用跨文化交际技巧，实现中西语言与文化融会贯通。同时该专业今后将致力于开拓国外实习基地，鼓励学生到国外实习、工作或留学深造，提高学生的国际化竞争力。

总之，该专业将以素质教育和创新教育为主线，以转变教育思想、更新教育观念为先导，创新人才培养模式，深化教学改革，坚持以育人为根本，以服务国家及地方经济社会发展为己任，不断改善办学条件，提高教育教学质量，培养具有国际视野、交流才能的高素质应用型人才。

（二）专业教学改革

几年来，我们一直在探索如何打破地缘瓶颈，寻求汉语国际教育专业发展的新思路。经过几年的摸索，我们把专业教学改革的总体思路确定为：不断优化人才培养模式，以课程建设为依托，不断提升学生的综合素养和专业技能。

具体教学改革将从以下几个方面入手。

1. 不断优化人才培养模式，改进培养方案

近年来，随着国内外教育形势和人才市场需求的不断变化，该专业前期的培养模式和培养方案已经不适合人才培养质量的要求，改革势在必行。专业建立之初，主要依托英语和中文两系师资进行培养，汉语类和外语类课程各自独立，汉外对比课程较少，汉语与外语知识缺乏有机的融合，学生的跨文化交际能力薄弱，所谓的对外汉语专业，其实就是中文和外语两个专业简单的拼凑杂糅。原来以课堂教育为主、注重学生理论素养的提高，教学模式过于单一，培养的学生理论有余而动手能力不足，会读书却难以学以致用。在这种模式下很难培养出懂汉语、会教学的汉语国际师资，也与我校应用型名校的定位相去甚远。面对这种被动形势，我们对专业培养目标和具体培养模式进行过数次调整。目前该专业的培养方案既重视学生综合人文素质和汉语外语基本理论的积淀，又重视学生教学技能和实际工作能力的提升。在专业培养方案中，增加教学技能和实践教学类课程的比重，突出第二课堂的作用，不断完善"实践应用型"课程体系，提高学生的实际工作能力，加大选修课程的数量，实行分类培养，使毕业生能适应多种工作岗位的需要。目前该专业的培养方案在科学性、合理性方面较过去的方案有了明显进步。随着时间的推移，我们的培养模式和培养方案还将与时俱进，不断进行优化。

2. 优化课程体系，改革教学内容

在最初的培养方案中，该专业课程体系的整体系统性不够科学，各类课程所占比例也不尽合理。2015年我们进行了新一轮的培养方案修订，根据该专业的专业特点和培养目标，结合所在学院的学科优势和师资队伍情况，对该专业的课程体系进行了优化。目前，该专业的课程体系由通识教育课、专业必修课、专业选修（方向）课、专业实践等几大课程平台构成。在具体课程设置上，大幅度增加了选修课的数量，增设了对外汉语教学法、对外汉语教学案例分析等专业特色课程，形成以"语言学类"课程为核心，"文化文学"和"教学教法"类课程为两翼的新格局。另外，在专业核心课程中增加了教师教育模块，积极向师范教育方向靠拢，为学生多元化就业、服务地方创造更多机会。

为了弥补最初的重理论、轻实践的教学理念之不足，切实提升学生自主分析、独立思考的能力，新培养方案要求全部推行小班教学，教师从"讲授者"变为"引导者"，推行启发式讲授、探究式讨论和非标准答案考试，引导学生主动学习，促进教学相长。初步尝试以"翻转课堂"的形式进行课堂授课，如"对外汉语教学法""汉语修辞学"等采取"学生讲解，全班评议，教师指导"的方式进行教学，充分调动学生学习的积极性、主动性，有效提高了学生的教学技能，在培养应用型人才的道路上迈出了坚实的一步。

3. 改革学生成绩评价体系，注重学生平时发展

改变以往"一份试卷定成绩"的终结性考核评价体系，采用注重学生学习过程的"形成性评价"，突出平时表现的重要性。平时成绩由三部分组成：作业成绩，平时小考成绩和课堂表现（出席率和课堂发言等）。期末考核分为考试课和考查课。最终考核成绩包括平时成绩和期末考试或考查成绩。使评价结果更客观、更丰富、更真实，能够较为全面地考查学生对知识的掌握程度以及语言的综合运用能力，同时也激励了学生的学习热情，改进了教师的教学方法。

四　在课程建设方面进行的尝试

建设专业的课程体系是教学改革的主线，课程体系直接反映专业的教学思想，体现专业人才的培养目标、规格和质量。根据专业定位、专业特色和办学条件，我们制定了适合自身发展的课程建设规划，不断进行教学内容和课程体系改革，优化专业结构，巩固和发展现有专业的优势，突出重点课程建设。鼓励教师改变传统的教学思想、教学方法和教学手段，合理运用多媒体技术等现代化教学手段，提高学生学习的积极性。随着培养理念与培养方案的不断优化，该专业较为合理的课程体系已初步形成，由原来的英语与汉语的简单叠加逐渐变得自成系统。目前，专业课程基本分为语言类（汉语、英语）、文学文化类（古代文学、现当代文学、外国文学、中国传统文化、东方人文经典和西方人文经典）和教学技能类（对外汉语教学法等）三大模块，层次较为分明，结构趋于合理。具体专业课程设置如表2所示。

表2　专业课程设置

课程模块		课程名称
语言类课程	必修课程	现代汉语、古代汉语、语言学概论、综合英语、英语视听、英语写作、英语口语、汉语写作
	选修课程	汉英语言对比、英汉互译、英语语法、汉语词汇专题、汉语修辞学、传统语言学专题、应用语言学、西方语言学流派、普通话培训、汉语史、文化语言学、第二外语
文学文化类课程	必修课程	中国古代文学、中国现当代文学、外国文学、中国传统文化
	选修课程	跨文化交际、外国文化通论、中华艺术精萃、中国文化要籍导读、东方人文经典、西方人文经典
教学技能类课程	必修课程	对外汉语教学概论、对外汉语教学法、教育学概论、课程与教学设计原理与策略、教师职业基本技能微格教学训练
	选修课程	第二语言习得、对外汉语教学语法、汉语语法分析方法、国外汉学研究、对外汉语教学案例分析

以"基础扎实，知识面宽，实践能力强，综合素质高"为质量标准，调整课程设置，凝缩甚至减少一些非必要性课程的设置，为学生

减负，增设一些拓宽基础和专业口径、有明显时代特征、体现学科交叉的课程。增加专业选修课的数量，给学生更大的选择空间；强化实践教学环节，满足学生多渠道就业的需求。

五 逐渐加强实践教学

（一）实践教学体系建设

为了实现培养高素质应用型人才的培养目标，我们在学生培养过程中大力增加实践教学的比例，实践教学学分在总学分中所占比例达18%以上，分综合实践、专业实践、基础实践等多种实践形式，同时提高第二课堂教学及大学生创新实践能力培养在本科培养体系中的重要性，有效地提高了学生的实际工作能力。

（二）第二课堂

我们不断完善"实践应用型"培养体系，鼓励学生参与第二课堂活动，包括学术专题讲座、职业发展专题讲座、经典诵读大赛、对外汉语教学大赛以及语言测试（普通话、外语考级等）五个环节，要求学生必须在规定学期内完成，并获得相应学分。目的在于让学生尽快完成专业入门，提高写作、教学技能和汉语、英语口头表达能力，以便于日后能很好地完成中国传统文化传承、传播的任务。除此以外，积极组织并引导学生参加与汉语、英语相关的各级各类比赛及其他实践环节，如各类全国、省级及校级的作文大赛、英语技能大赛、科技外语大赛，每年都有多名学生获奖，有力地推动了学生实践能力的提高。此外，实施"大学生创新创业训练计划"，激励优秀学生创业，形成在学习中创新创业、在创新创业中学习的文化氛围。近几年我校先后有多项创新实践活动获奖，2014 年还获批一项地方高校国家级大学生创新创业训练计划项目，填补了所在学院在此类项目上的空白。

（三）毕业实习

汉语国际教育专业作为以教学技能见长的专业，向来注重毕业实习环节。该专业的实习形式多样，以校内实习与校外实习、集中实习与分散实习相结合为特征。集中实习主要安排在校内两个实习基地进行，让部分学生与留学生或外籍教师结对进行汉语教学，很好地锻炼了他们的对外汉语教学技能。分散实习安排在第八个学期，主要在校外进行，由学生自由选择实习单位，连续实习12周。学生大多选择在地方中小学、各类汉语培训机构进行教学锻炼，也有少部分同学进入国家机关、企事业单位进行实习。集中实习与分散实习相结合的形式正与该专业多元化的就业方向相契合，使学生的实习更有针对性，实习效果大大增强。近年来，汉语国际教育专业学生在各级教学从业技能大赛中均取得了良好的成绩，并有多人通过国家汉办的严格选拔，被录用为国际汉语教学志愿者，出国从事汉语教学工作。今后我们还将依托本校设在国外的孔子学院，建立海外实习基地，进一步改善学生的实习条件。

（四）毕业论文

撰写毕业论文是学生综合运用所学基础知识和基本技能进行科学研究的初步训练，是提高学生分析问题、解决问题能力，实现教学、科研和社会工作相结合的重要途径。为切实提高汉语国际教育本科毕业论文质量，提高整体教学水平，该专业严格遵照学院《本科毕业论文管理工作办法》和《本科毕业论文管理实施细则》，从组织领导、过程管理、最终考评等几个方面下功夫，着力提升学生发现问题、分析问题、解决问题的综合能力。在论文撰写前，该专业为每个学生指派论文指导教师，指导教师结合学生基础实习、专业实践等经历，严格遵循论文指导程序，指导学生进行论文撰写，确保毕业论文撰写顺利展开。近几年，学生毕业论文的质量逐年提高，有多篇毕业论文获评校级优秀论文。

六 多方谋划，努力提高毕业生的就业率

为了提高毕业生的就业率、改善其就业质量，我们多方谋划、精心组织，采取了一系列措施。

（一）注重学生专业素养和综合素质培养，提升就业竞争力

一是根据社会经济发展和社会对人才的需求，适时调整培养方案，增强人才培养效果与培养目标的达成度，提升人才培养与区域经济社会发展需求的适应度，全面提升学生专业素养，为学生的职业发展奠定坚实基础。主要措施包括：修订培养方案，明确人才培养目标和人才培养标准；积极开展学生的实习工作，提高学生的从业技能；开展以修身为基础，以学业为中心，以就业为导向的"升级教育"，强化专业认同感，指导学生合理规划大学生涯，促使学生健康成长和科学成才；制订并实施《学生第二课堂专业技能竞赛活动实施方案》，打出利用学科竞赛提升专业素养的"组合拳"，例如通过参加全国大学生英语竞赛、全国高师技能大赛、全国大学生作文大赛、山东省科技文化艺术节、山东省科技外语比赛以及经典诵读活动、对外汉语教学技能大赛等提升学生专业素养。

二是通过大学生科技学术节和大学生文化艺术节、"五心教育"工程、文明修身工程、寒暑假社会实践等平台，提升毕业生综合人文素质。在2013—2014年，该专业学生共在"全国大学生英语竞赛""高师技能大赛"等各类国家级大赛中获得奖励27项，其中一等奖2项，二等奖8项，三等奖17项。

（二）重视就业服务与指导，为学生就业提供全程、全方位服务

该专业所在学院专门成立了"毕业生就业工作领导小组"，教师全员参与、分工负责，设立了专职就业工作辅导员，形成了责任明确、全员参与、保障有力的就业工作局面。开设就业指导课，邀请专家或优秀校友开办就业指导专题讲座，引导学生转变就业观念，提升就业

技能。例如：开设《大学生职业生涯设计》课程，为学生系统讲授求职择业的理论知识；举办"我的大学——大学生成长面面观""大学生就业相关政策""公关社交礼仪""公务员考试相关问题""大学生求职面试的技巧""社会的人才需求与大学生的就业观念"等职业生涯专题报告，提升学生就业技能。组织专题的考研、国考以及事业编制考试和国际汉语教育志愿者选拔考试的辅导。聘请学院内在考研辅导方面经验丰富的教师为学生做考研辅导，指导学生报考，解答学生在考研过程中遇到的专业问题。同时，每年组织已考取研究生的同学为低年级的备考生介绍考研经验和学习方法，把好经验和好的学习方法传承下去。其他辅导亦比照此法进行，充分发挥教师的指导作用和优秀学生的榜样作用。通过举办"大学生模拟招聘会""简历制作大赛""职业形象设计大赛"等，培养学生的就业主体意识和求职择业的技巧和艺术。发挥网络的作用，为学生在网上搜集招聘会信息、就业信息，开发就业专题网站，及时发布就业信息；同时，在毕业班设立了就业信息员，负责及时传递就业信息。另外，积极寻求校企合作，把学生实习与就业紧密结合起来，为学生就业搭建平台。

（三）充分解读国家就业政策，引导学生树立正确的就业观念

由辅导员具体负责，向毕业生宣传国家关于鼓励大学毕业生到基层就业的政策，引导大学生到西部去，到基层去，到祖国最需要的地方去就业，鼓励学生积极参加"西部志愿者计划""三支一扶"和选调村官等活动。毕业生党员报考"选调生"的人数达到了80%以上。近年来，有2名毕业生考取村官，多名学生考取基层公务员。

通过以上努力，该专业毕业生就业率、考研率、就业质量逐年稳步上升。近三年毕业生年底就业率均超过96%；近几届毕业生考研率均在30%以上，2014年达到53%，2015年也有45%的同学考上研究生，其中985及211重点大学的录取率超过62%；学生就业质量稳步提高，就业渠道向多元化发展，考取研究生、公务员、事业编制、国际汉语教学志愿者，以及与大中型企业签约的毕业生占毕业生人数的80%以上。

七　逐步积淀的专业特色

（一）良好的学科交叉背景，浓厚的语言学习氛围

与国内多数大学不同，该专业未设在文学院，而设在了外国语学院，我校这一决策促进了汉语国际教育专业特色的形成。该专业一方面培养学生熟练掌握汉语言文学的基本知识和教学技能，另一方面尽最大可能加强学生外语学习的力度，努力在中文、外语学科交叉的背景下，培养汉语英语皆精、中西文化贯通的专门化的应用人才。该专业与英语、日语、朝鲜语专业属于同一个专业群，外语学习环境良好，学习气氛浓厚。除了必修的英语外，学生还可以选修日语或朝鲜语，并在多种语言的学习过程中学会语言比较，强化自己的跨文化交际能力，反过来促进汉语教学水平的提高。该专业学生可以跟英语系学生一起参加专业英语四级、八级的考试，通过率大大高于其他院校同类专业，外语听说读写译等基本能力也明显高于其他非外语专业，学生的国际视野也相当开阔。

这种特色在就业和考研两方面的优势表现得尤为突出。凭借着优良的专业素质，近三届的毕业生中有多人被国家汉办选拔为国际汉语教学志愿者出国任教，为汉语的国际推广和传播做出了贡献。还有一部分毕业生到国内中小学或教育培训机构任教，凭着汉语英语皆精的语言功底，备受用人单位的青睐。除此之外，该专业还为国家培养了对外汉语教学高层后备师资，近几年的考研率在全学院乃至全校各专业中名列前茅。

（二）精细化的贴心管理模式

该专业充分发挥教师在学生培养过程的主体作用，提出"不做老大做保姆"的管理理念，班主任与辅导员双管齐下，在做好"传道、授业、解惑"的专业教学工作外，对学生的学习、生活等方面进行全方位的贴心关怀。在努力提高学生的专业素养的同时，积极为学生解

决实际问题，特别是对学生的出路与未来进行了更多的思考和关注，积极拓展学生的就业渠道，努力使学生的就业有更多的选择。充分考察市场人才需求情况，针对学生毕业去向中"考研深造""出国留学或者充当汉语教学志愿者""考公务员或者事业编制""到全国各大城市的教育培训机构任教""到大中型企业从事文职工作"等几个最主要的诉求，安排有相关经验的教师进行专门辅导，切实提高学生的核心竞争力。逐步形成了让学生安心学习、快乐就业的良好办学氛围。

总之，地方高校在办学层次与办学条件等诸多方面无法与身处大都市的重点大学相比。重点大学办学经验可以借鉴，但无法照搬。所以，广大地方高校还是应该着眼实际，做好长期改革与探索的打算，努力找到一条合适本校汉语国际教育专业生存与发展的道路。这项工作仍然任重道远。

国际化进程中的汉语国际教育本科专业人才培养模式探讨

郑瑜　　上海外国语大学

【内容提要】 2012年教育部本科专业目录将"对外汉语""中国语言文化"和"中国学"整合为"汉语国际教育",整合后凸显了"国际化教育"的新理念。上海外国语大学为本科生人才培养国际化行动所设定的原则正与"国际化教育"新理念相吻合。因此,本专业将抓住契机,结合上外特色,努力探索一种具有较高人文综合素质、双语、跨文化、适应学科发展、应对社会激烈竞争的人才培养新模式。重新调整的培养方案除了强调学生要"掌握汉语国际教育语言教学的基本理论和方法""具备进行对外汉语教学和管理的能力"以外,还特别注重培养学生"具备较强的中外语言、文化的交流及沟通能力"。

这种创新型人才培养模式主要依靠"全英文课程"和"多层次实训"为抓手来实现。"全英文课程"是指汉语国际教育专业课和外语技能课融为一体,采用以英语开设专业课的方式,使学生在增加英语实用技能的同时又学到相应的专业知识。在不变更汉语国际教育专业"大中文"的属性的同时,开设教学教法类的全英文课程,这一改革符合专业发展规律,具有自身特色。

近年来,本专业着重开展教学基地的建设,建立了一个双向全覆盖型的教育实习体系。全面覆盖本专业所有学生,学生的选择灵活多样;同时覆盖汉语教学的多个年龄层面和地域层面。近三年,更是积极拓展海外实习基地,很好地诠释了"对外汉语"向"汉语国际教育"转换的理念,学生接触面广,视野开阔,对将来的教学工作大有益处。

【关键词】国际化　汉语国际教育　本科人才培养　全英文课程　实习

自2012年教育部本科专业目录将"对外汉语""中国语言文化"和"中国学"整合为"汉语国际教育"专业以来,已经过去了三年时间。刚刚更名的时候,我们做得比较多的事是对新专业名称、纲领性文件的解读。我们意识到"汉语国际教育"对于"对外汉语"来说既是传承又是革新,对外汉语教学立足于"请进来",而汉语国际教育则包含了"走出去"的新内涵。原先的对外汉语专业有了新的、明确的专业标准,它意味着语言教学不再是唯一的最终的目的,通过语言这个平台来传播文化也是新的任务和目标。

上海外国语大学为本科生人才培养国际化行动所设定的原则——"准确定位、发展内涵、创新驱动、积极开拓",与整合后所凸显的"国际化教育"的新理念正相吻合。因此,本专业将抓住契机,结合上外特色,努力探索一种具有较高人文综合素质、双语、跨文化、适应学科发展、应对社会激烈竞争的人才培养新模式。在这个大框架内,我们确立了具有国际化内涵的人才培养目标,即构建对接国际化标准的课程体系,拓展人才培养的国际合作渠道,培养具有国际视野、通晓国际规则、能够参与国际事务和具有国际竞争力的高端复合型汉语教育人才。

我们也在国际化理念的指导下,具体修订落实了培养方案:

(1)掌握汉语国际教育专业的基本理论和基础知识,了解本学科的理论前沿、应用前景和发展动态;

(2)掌握汉语国际教育语言教学的基本理论和方法,具备进行对外汉语教学和管理的能力;

(3)具有较全面的英语听、说、读、写、译能力;

(4)具备较强的中外语言、文化的交流及沟通能力;

(5)具有独立进行外事工作的能力,能够从事外贸、外企的相关工作；

（6）掌握文献检索、资料查询的基本方法，具有较强的科学研究和实际工作能力，具有较强的批判性思维能力。

这是我们对目标要求的一种具体化描述。在当前汉语国际教育的大背景下，本专业除了强调学生要掌握汉语国际教育语言教学的基本理论和方法、具备进行对外汉语教学和管理的能力以外，还特别注重培养学生具备较强的中外语言、文化的交流及沟通能力。经过不断完善和优化，本专业所制定的培养方案旨在提高学生的专业素质和人文素养，培养学生的创新精神和实践能力。

为了培养学生的相关能力，我们的创新型人才培养模式主要涉及"课程与教学资源建设"环节和"实践教学"环节，具体的建设方案分为两大模块："全英文课程"模块和"多层次实训"模块。

一 课程与教学资源建设——全英文课程

当前，汉语国际教育系的专业课程基本覆盖了汉语语音、词汇、语法、文字等各个相关专业领域，同时兼顾对外汉语教学教法等课程。在新一轮的教学改革进程中，专业课将和外语课结合，汉语国际教育专业课和外语技能课融为一体，采用以英语开设专业课的方式，使学生在增加英语实用技能的同时又学到相应的专业知识。目前我们已有若干门课程的尝试，如表1所示。

表1 本专业现已开设的全英文专业课程名称

序号	课程名称
1	国外汉学研究
2	对外汉语教学心理学
3	教育学
4	第二语言教学概论
5	跨文化交际

上外的办学基础和一般综合性大学有所区别，我们的教学改革正是基于对自身特色的思考，依托上外的语言优势而开展的。

同时需要强调的是,这个全英文专业课的举措并不是盲目跟风的结果。我们清醒地意识到,汉语国际教育专业"大中文"的属性不能变更。本专业一部分汉语、中国文学、中国文化等本体课程内容是必须用中文讲授的,但在教学过程中,教师会向学生提供更多的机会用英文展示,模拟针对国际学生的汉语、文学、文化课堂。所以,我们走的是一条符合本专业发展规律、具有特色的专业综合改革道路。

通过此项举措,我们在本系内挖掘潜力,打破学院不同专业之间的壁垒,增加课程(尤其是选修课)。教学方法上,我们借鉴国内外课程改革成果,充分利用现代信息技术,搭建开放式的共享平台,贯彻微视频、慕课、翻转课堂等新理念,进一步配合学校的国际化进程,提升课程和专业的吸引力。同时,期待中英文教师用合力形成若干教学改革成果。

二 实践教学环节——多层次实训

我们着重开展了教学基地的建设,建立了一个立体化多层次的教学实习系统,使得每个学生在校期间都能有2~3项实习项目。汉语国际教育系学生的实习共有五种不同模式。

(一)承担本校来华留学生的汉语教学辅导工作

随着上海外国语大学国际化进程的不断推进,学校积极吸收国际学生到松江校区进入各个院系学习,促进中外学生在共同学习过程中的合作与交流,营造多元文化交融的国际校园氛围。本专业学生所承担的就是进入松江校区各个院系学习的这一部分留学生的汉语指导工作,针对这些学生在汉语学习过程中的难点进行答疑和辅导,或由本专业学生开设文化讲座,话题灵活多样。本专业也借这项活动,参与学校的对国际学生属地化的管理工作,努力培养知华、友华、爱华人士。

(二)与上海英国学校联合建立的实习基地

上海英国学校(The British International School Shanghai,BISS)

是设在上海的外资独资的国际学校，招收外籍儿童和青少年，实行的是英国式的教育体制。本专业约 20 名学生在每年中国新年前后，利用寒假时间，在上海英国学校浦西、浦东两个校区进行汉语教学实习。这种实习方式可以使学生更直接地感受英国教育与中国教育的异同、中外教学方式的异同，更进一步了解汉语对外教学如何与国际接轨的具体细节。

（三）与美国加州大学长滩分校联合建立的实习基地，进行网络教学

学生通过网络，直接对美国大学的学生进行远程汉语教学辅导工作。这种教学辅导也是严格按照当地大学的教学要求，在其教学计划框架内进行的。学生教学实习完成后，均由外方学校出具实习证明，具体说明学生在实习中的能力和表现。

（四）在上海优翰汉语培训机构实习

该机构的服务对象主要是在上海生活、工作的外籍商务人士。本专业学生前往该机构接受对方教师的培训，培训内容即针对外籍商务人士怎样开展有效的汉语教学。培训过后，学生还有机会进行一对一的教学实践。

（五）暑期赴瑞典赫加纳斯，在当地学校进行实习

本专业组织学生利用假期，飞赴瑞典，在 Kullagymnasiet 高中实习交流。该项目已在本专业成功运行三届。这是我们学生进行海外实习跨出的坚实一步。学生利用自己的专业特长，精心设计了两大板块的讲授内容：基础中文课和中国文化讲座。语言与文化互相浸润、互相融合，以贴近年轻人的方式教授中国语言、传播中国文化。这是本专业学生在系统、理性的课堂学习后，在国际化的实战领域中，体验到的感性认知。

综合以上五个项目，本专业为学生搭建的教育实习体系是双向全覆盖型的。首先，全面覆盖了本专业所有学生。学生的选择灵活多样，既有短期集中型的，也有细水长流型的，他们可根据自己的能力和时

间安排，选择2～3项实习项目。同时，我们的实习体系涵盖了汉语教学的多个年龄层面和地域层面。从小学（英国学校）、中学（英国学校）、高中（瑞典项目）、大学（上外松江校区）到成人（优翰项目），从学生到商务人士，从本地到海外（加州大学长滩分校、瑞典项目），很好地诠释了"对外汉语"向"汉语国际教育"转换的理念，学生接触面广，视野开阔，对将来的教学工作大有益处。

根据我校教务处的要求，本专业在2015级学生的培养方案里进一步增加了学生实践教育环节的学分。教学实践包括社会实践和社会调查、教育实习、创新调研、国际教师工作坊、毕业论文（设计），共12学分，全部为必修。

我们对于今后的学生实习实训工作，已经做出了进一步的设想。除了继续保持本专业人才培养模式的特色以外，还将发展联系更为紧密的共建单位，例如已经与上海协和双语学校等单位实现了初步合作，并就进一步合作展开深入探讨。双方合作的内容也不仅限于对方学校为本专业学生提供实习场地这么单一，基于共同的教育理念，双方有意愿发展成为互惠共赢的合作伙伴，共同展开对外汉语教学的理论研究，共同完成教学改革项目、科研项目等，并对这一实训模式进行总结提炼，形成一些具有理论深度的教学论文。

融合汉语国际教育专业课和外语技能课、增加学生的实践机会，无论哪种努力的最终目的都是为了培养具有较高人文综合素质、双语、跨文化、适应学科发展、应对社会激烈竞争的人才。这也是本专业对于学校提出的人才培养模式改革要求的积极回应。

汉语国际教育专业本科生的教师职业能力培养[①]

——以华中师范大学为例

王洪涌　　华中师范大学

【内容提要】 汉语国际教育专业应该培养学生的教师职业能力。华中师范大学汉语国际教育专业的经验，主要是借助师范院校的平台，通过让学生选修教师教育相关课程、参加师范技能培训比赛等活动，提高学生的教学基础能力；通过"云课堂"和网络资源的学习，扩大学生的视野，构建学生合理的知识框架，提高学生的职业学习和职业发展能力；通过"见习—演习—实习"三步骤，特别是通过"第三学期"对学生进行短期的有针对性的实训，提高学生的课堂教学和组织管理能力。这几点有助于切实培养汉语国际教育学生的教师职业能力。

【关键词】 汉语国际教育本科人才培养　教师职业能力　师范技能

在全国已经开设汉语国际教育专业的院校里，汉语国际教育一般是作为非师范专业招生的。即便在一些师范院校里，汉语国际教育专业往往也是非师范性质。这样，在汉语国际教育人才培养上，教师职

[①] 本文是湖北省教学研究项目（项目编号：2014088）和华中师范大学教学研究项目（项目编号：201410）"信息化国际化背景下的汉语国际教育专业的建设与创新"和华中师范大学教学研究项目"汉语国际教育实践教学探索与研究"（项目编号：201430）的阶段性成果。

业能力培养这一部分就显得有些薄弱。根据对全国开设汉语国际教育（对外汉语）专业的 56 所高校人才培养方案的调查，各高校确定的人才培养目标的定位大体是"应用型""实践型""复合型"（程娟，施家炜，童小娥，2013：20—22）；而从毕业生的就业情况来看，2006—2009 年对外汉语专业本科毕业生约有 24.1% 从事跟教育培训有关的工作（其中，出国志愿者 6.2%，学校 17.9%），有 26.3% 的毕业生选择国内深造（19.1%）和出国深造或就业（7.2%），这批学生将来也有可能从事汉语国际教育工作（程娟，施家炜，童小娥 2013：32—33）。还有一些学校的比例更高，比如华东师范大学 2010—2012 届毕业生去各类教育单位的占 20%～30%，继续攻读研究生的占 50%（吴勇毅，2012）。华中师范大学的汉语国际教育专业本科生的就业情况与此类似，约有 60% 的学生选择了继续深造、出国做汉语教学志愿者和去各级教育单位。目前汉语国际教育专业硕士学位招生规模还在增加，汉语国际教育的本科学生多会选择继续攻读汉语国际教育硕士学位。这些情况说明，对汉语国际教育专业的学生，仍然需要在本科阶段培养他们的教师专业能力，为以后的职业发展做准备。

  2012 年 12 月 12 日，国家汉办／孔子学院总部正式对外发布了《国际汉语教师标准》（2012 年版）。根据这部新《标准》，国际汉语教师所具备的知识、能力和素质体现在五个方面：①汉语教学基础；②汉语教学方法；③教学组织与课堂管理；④中华文化与跨文化交际；⑤职业道德与专业发展。[①] 新《标准》"是孔子学院中外汉语教师选拔和培训、国际汉语教师资格认证、汉语国际教育专业学位研究生培养等工作的依据"，它对汉语国际教育本科专业的建设也有着一定的指导意义。新《国际汉语教师标准》中，"汉语教学方法""教学组织与课堂管理"和"职业道德与专业发展"都和教师职业能力有关。如果我们从本科阶段开始注重对学生的教师职业意识和职业能力的培养，那么对提高未来国际汉语教师水平、提高汉语国际教育硕士的水平、提高学生将来从事教育行业的就业能力，都是大有好处的。

---

① 参见汉办网：http://www.hanban.edu.cn/article/2012-12/12/content_476160.htm。

那么，怎样培养汉语国际教育专业学生的教师职业能力呢？从已有的调查研究来看，各个高校采取了不同的方法，比如在人才培养方案的制订和教育实践上加大对学生教师职业能力的培养，或者在教学方法的改革中注重学生教师职业能力的培养，或者通过各种活动来培养学生的教师职业能力，等等。华中师范大学是中国教育部直属重点综合性师范大学，在培养教师教育类人才方面积累了不少经验。结合华中师范大学汉语国际教育专业的实践，我们总结了以下几点培养学生教师职业能力的方法，供同行们参考。

一 参照汉语言文学教育专业的培养方案，鼓励学生选修教师教育类相关课程，参加多种形式的教师职业技能训练，培养学生的基础能力

师范类人才培养是我校的优势，汉语言文学教育又是我校师范类的特色专业，积累了丰富的人才培养经验。2011年10月，教育部公布了《关于大力推进教师教育课程改革的意见》和《教师教育课程标准（试行）》，对不同类型的教师职业能力提出了更高的要求。为了适应新形势的需要，学校从2013年开始对人才培养方案进行了修订。新的人才培养方案中，学生须修读8个学分的通识教育核心课程，其中教育学与心理学作为一个模块，和数学与自然科学、哲学与社会科学、人文与艺术三个模块并列。而教师教育模块课程包括教师教育基础课程、教师技能课程、学科教育类课程。具体课程有："教育哲学""课程设计与评价""教育调查与统计""教育研究方法""教师专业发展""教学案例赏析""教育科研方法基础""外国教育名家思想""现代教育技术应用""现代远程教育概论""教学系统设计案例研析""教育技术研究方法"，等等。汉语国际教育专业学生属于非师范专业，从学生的发展方向看，可分专业学术型、交叉复合型、创新创业型三种类型。选择专业学术型发展的学生修读25个学分的专业选修课；选择交叉复合型发展的学生修读25学分的任意选修课，选修课程可以在全校范围内自由选课；选择创新

创业型发展的学生修读 25 个学分的以创新创业课程为主的选修课程。因此，对于那些有志于从事教育教学的学生，我们建议在通识核心课程中选修教育学和心理学，在选修课中选修一定学分的教师教育模块课程，从而给教师职业能力的培养打下良好的基础。我们也建议汉语国际教育专业的学生跟师范专业学生一样通过教师口语和教师书法测试，培养良好的教师教育技能。如果学生还有余力，也可以辅修教育学和教育技术学的相关课程，也可以按要求完成毕业论文后取得教育学第二学位。这些理论课程的系统学习，为学生的教师职业能力奠定了扎实的基础。

华中师范大学还出台了《师范生教师专业能力训练指导方案》。根据方案的要求，教师教育学院和各院系开展各种活动，对学生进行教师职业技能训练，比如：举办经典诗文朗诵大赛、大学生规范汉字书写大赛、粉笔字板书设计大赛、师范生教育教学知识竞赛、课堂教学技能大赛、课件设计大赛等；举办师范生技能竞技周、师范生风采展示活动；举办师范生教师专业能力训练专题讲座，邀请名家、名师指导学生进行职业规划与职业发展，邀请教有所长、饱含心得的校友交流教学经验；与"中小学教师国家级培养计划"校长进行面对面交流，与高年级实习生举办教学经验交流会；等等。① 教师教育学院还开发出了教师职业技能训练中心网上预约系统，学生可网上预约师范技能训练场所，利用学校的配套设施进行相关训练，进行微格教学培训等项目。在这样的氛围下，汉语国际教育专业的学生经过积极参与，在普通话口语、汉字书写及现代教育技术应用等方面得到了很好的训练。尽管师范专业的培养目标主要是面向国内中小学的教师，但对于汉语国际教育专业的学生来说，教师职业能力的要求基本上是一样的，都需要在基础能力、专业能力和发展能力上得到提高。因此，这些举措有效地提高了汉语国际教育专业学生的教学基础能力。

---

① 更多详细内容还可参见华中师范大学教师教育学院相关网页：http://jsjyxy.ccnu.edu.cn/sfsxlycs.htm。

二 利用现代信息技术，引导学生多角度多渠道地构建知识结构，培养学生汉语作为第二语言的教学能力

2013年华中师范大学自主研发了云端一体化学习平台（也称为"云课堂"），现在已经在全校范围内推广使用。任课教师在云课堂设立教学空间，并根据所开设的课程提供相应的课程资源，每门课包括教学大纲、教学日历、课程结构、课程内容、课件及讲解、扩展资源，等等。云课堂也可以用来布置作业、测验、跟学生互动，学生可以利用电脑和手机客户端进行访问，也可以在线提问、讨论、提交作业和查看课业成绩。

云课堂的运用改变了传统的老师讲、学生听的授课方式。结合云课堂的运用，学校开设了混合式课堂，即学生的在线学习和实际的课堂学习相结合的课堂形式。由于学生可以根据自己的进度自主进行云平台的学习，所以，实际的课堂就成为老师和学生之间的讨论、答疑和交流的场所，也是学生进行实践性学习的地方。云课堂里包含了大量的扩展资源，学生也可以利用云课堂访问其他的课程，这使得学生可以自由地根据自己的发展目标选择想学的内容。汉语国际教育专业在大三、大四期间开设了一些实践性、探索性的课程，借助云课堂的学习，使得学生从书本中走出来，可以结合自己的自主学习，针对学习中遇到的问题，跟老师讨论对外汉语教学中所遇到的具体问题，也可以进一步探讨由第二语言教学中发现的汉语本体研究的相关问题。实际课堂的教学形式由以往的教师讲、学生听的形式转变为学生课堂积极参与、教师负责组织引导的研讨型课堂教学形式。

对汉语国际教育专业的学生而言，除了本专业开设的课程教学以外，他们还可以访问汉语言专业的课堂，进一步巩固和加深汉语本体方面的知识；访问汉语言文学专业的课堂，扩展文学文化相关的知识；通过访问外语系的课堂，提高英语或者其他第二语言的水平；通过访问教育学院的课程，进一步学习教学教法的相关内容，学习教学组织和教学管理的相关知识。总之，云课堂给学生提供了丰富的课程资源。

学校已经实行了 Wi-Fi 全覆盖，云课堂不仅适用于电脑，也适用于手机客户端。学生可以充分利用时间来学习相关知识。这些举措能够帮助学生制订好学习计划，安排好学习时间，根据将来的发展选取相关的课程进行学习，构建合理的知识结构，为将来从事汉语国际推广工作做好准备。

现在的学生已经是"95 后"，他们获取信息、获取知识的渠道更多地是借助于网络。针对这一特点，除了云课堂，我们也为学生引进了国内外先进的慕课（Massive Open Online Course，MOOC）课程。像哈佛大学、耶鲁大学的公开课，Coursera（免费在线公开课、网易公开课），可汗学院，国内的爱课程网、精品课程网，以及孔子学院上的在线和录像课程，还有国内在汉语国际教育专业培养上有特色的学校（比如北京语言大学、华东师范大学、南开大学等）的课程建设，都是可以用来作为学习的资源。通过这些资源的引进，一方面扩大了学生的视野，使学生了解学科前沿的知识；另一方面，这些课程和教学方式本身对于他们将来从事汉语教学也会产生积极的和有益的影响。

三 利用"第三学期"对学生进行教学技能培训，借助国际文化交流学院的留学生教育和国外大学的合作项目，切实提高学生的实践教学能力

汉语言文学教育专业有一个传统，即在暑假期间的 8 月下旬组织学生返校参加院里组织的教学实践能力培训。培训一般分为两个阶段：第一阶段是听一线老师的课堂教学及教改情况的讲座、观摩优秀教师的课堂示范教学、听专家对示范课堂的教学点评等；第二阶段是同学们分小组进行集体备课、说课、试讲及讲课比赛，每小组配备有指导老师全程进行指导。根据学生的反馈，这样的训练能使学生切实地把熟悉教材、撰写教案、选择教法、组织和实施课堂教学的每一环节都落实到位，不仅锻炼了学生的胆量，更使他们熟悉了教学的流程，备课讲课中出现的细节问题也都能得到及时的提醒和纠正。开学后学生

在奔赴不同的学校进行实习的时候也都能很快地进入角色，顺利完成实习任务。由于这样的培训是以汉语言文学教育师范专业的学生为主，汉语国际教育专业的学生也可以参加，但教学内容和教学对象的针对性不够强。现在学校开设了"第三学期"，即在春季、秋季两学期外，把6月下旬到7月上旬开设为第三学期（2016年是6月20日至7月3日）。我们打算利用第三学期对汉语国际教育专业的学生进行教学技能培训。借鉴汉语言文学教育专业的经验，我们也把培训分成两个阶段：第一阶段请专业老师开办讲座，介绍汉语国际教育的最新形势，结合具体的示范课介绍汉语作为第二语言教学的不同课型、不同教学方法的特点，介绍不同语言要素教学的具体方法及重点、难点；第二阶段是把同学们分组，选择当前应用比较广泛的对外汉语教材来进行集体备课、说课，每位同学都参加试讲和评议，熟悉和切实掌握对外汉语课堂的教学流程和步骤。

学生的教学实践基地主要是华中师范大学国际文化交流学院。以往学生反映实践机会不多，所以我们就采取了"见习—演习—实习"三步走的策略。所谓的"见习"，就是在大二、大三的时候，让学生进入国际文化交流学院的课堂，见习有关的课程。这个阶段要求学生初步了解对外汉语课堂的大致情况，了解来自不同国家的留学生的学习特点，熟悉对外汉语教学中的基本程序。第三学期的教学技能培训，可以看作正式上讲台前的"演习"，学生需要充分地备课，琢磨教法、熟悉教学步骤，设计教学环节。由于是"演习"，万一演不好，还可以重来或者纠正。等到第三阶段"实习"，就需要学生在课堂上按教学环节一步一步地实施预定教法，顺利完成教学任务。在这一阶段，指导老师会提醒同学们每节课后都要对课堂教学完成情况进行反思，记录下自己的经验和不足，便于下次课更正；同时也提醒同学们记录留学生提出的问题，因为有的问题是母语学习者习焉不察的，恰恰反映了汉语作为第二语言学习中一些值得注意的规律。从2014年开始，我们开展与美国孟菲斯大学的暑期汉语教学项目，每年他们会有一些学生到华中师范大学来学习汉语。各级汉语课程教学大纲、教材及考核方式等，都与美国孟菲斯大学的中文课程相一致。利用这个机会，我们组织汉语国际教育专业学生参加该项目的教学和辅导实习。为此我们对学生进行选拔和指导，从教材分析、教案编写、课堂教学、作业设计与批改、成绩测试等方面进行系列化训练，让学生在完成教学实习任务的同时使教学能力得到进一步提高。①

由于汉语国际教育专业的特殊性，学生在本科阶段的学习仍是为以后的职业发展打基础。不过，不管这些学生以后继续攻读汉语国际教育硕士学位，还是到海外从事汉语教学，或者从事中外文化交流相关工作，或者在国内中小学从事教学工作，这些教师职业能力的培养对他们未来的发展都是大有帮助的。这也是汉语国际教育本科专业人才培养方案所要达到的目标。

参考文献：

[1]朱嘉耀.教师职业能力浅析[J].教育研究，1997（6）.

[2]洪早清.新时期师范生职业能力培养的方法与策略[J].课程·教材·教法，2012（6）.

[3]吴勇毅.学生职业发展与汉语国际教育的人才培养[J].国际汉语教育，2012（2）.

[4]程娟，施家炜，童小娥.全国普通高校对外汉语专业本科教育情况调研报告[A].对外汉语专业建设的理论与实践——全国高校对外汉语专业建设研讨会论文精选[M].北京：北京语言大学出版社，2013.

[5]李佳.华师推出云课堂[N].长江日报，2015-4-15.

[6]安璇璇，刘梦婷，付宇航，赵晓艺.大学生云课堂应用现状的个案调查[J].电脑知识与技术，2015（1）.

[7]《国际汉语教师标准（2012年版）》，参见国家汉办网站http://www.hanban.edu.cn/article/2012-12/12/content_476160.htm.

[8]《关于大力推进教师教育课程改革的意见》，参见教育部网站

---

① 具体内容可参看李炜《汉语国际教育实践教学探索与研究——以华中师范大学为例》一文（本书第127—135页）。

http://www.moe.edu.cn/publicfiles/business/htmlfiles/moe/s3702/201110/xxgk_125722.html.

［9］《教师教育课程标准（试行）》，参见教育部网站 http://www.moe.edu.cn/publicfiles/business/htmlfiles/moe/s3702/201110/xxgk_125722.html.

整合校内优秀资源,培养合格国际人才

——中央民族大学国际教育学院对外汉语专业商务方向本科生的培养

江傲霜　　中央民族大学

【内容提要】目前,国内各高校都在努力扩大国际学生的招生规模、提高办学层次,力图更好地与世界接轨。中央民族大学国际教育学院秉承"优化课程体系、严格教学管理、加强师资建设、整合优秀资源、突出宽口径培养"的人才培养理念,向世界输送了一批批合格的国际人才。本文从课程体系、管理制度、师资队伍建设等方面阐述我院八年来在国际人才培养方面所做的工作。

【关键词】国际留学生　商务方向　本科生培养

高等教育国际化已经成为教育发展和教育改革的一个重点课题,国际化程度的标志之一就是国际学生的数量。目前,国内各高校都在努力扩大国际学生的招生规模、提高办学层次,力图更好地与世界接轨。美国洛普(Gallup)公司主席兼总裁吉姆·克里夫顿在他的《就业战争迫在眉睫》(2012)中认为:"学生们想要的,不只是毕业证,而是能找到一份好工作的教育。"随着中国在全球地位的提升,汉语的影响力逐步增强,越来越多的外国人选择到中国学习汉语,攻读学位。据教育部统计,2010年来自194个国家和地区的外国留学生在我国618所高等院校和其他机构中就读。其中,学历生占40.5%,非学历生占

59.5%。①在107432名学历生中，专科生占0.4%、本科生占30.7%、研究生占9.4%（赵坤，2013）。在迅速增长的来华学历留学生中，本科留学生的比例增长最快（于富增，2009）。2014年学历生总计164394人，占来华留学生总数的43.6%。②截至2014年，在来华留学生学历生中，本专科学生占比为71%，高端学历（硕士和博士）占比为29%。由此可见，本科生在来华学历留学生中所占比例可观。如何构建本科留学生的培养体系，保证本科留学生的培养质量，是高校教育国际化所面临的重要问题。高校的教育水平直接影响其声誉，而良好的声誉又会吸引更多的国际学生。

在来华攻读学位的本科留学生中，汉语言专业的人数最多。2010年汉语言专业留学生数量占当年来华留学生总数的55.1%（赵坤，2013）。汉语言专业作为二级学科下设四个方向：汉语言，中国文化，双语和翻译以及商务汉语。③近些年，中国与世界各国经贸合作增多，也吸引了更多人投身该领域，商务方向最受欢迎（沈庶英，2012）。中央民族大学国际教育学院于2007年9月开始招收对外汉语专业商务方向本科留学生，学生来自泰国、蒙古、韩国、中亚五国、印尼、尼日利亚、伊拉克、土耳其、斯里兰卡、日本、亚美尼亚、也门等19个国家。截至2015年7月，已有五届学生毕业，共计57人。其中，有5人留在中国，38人回国，均找到以汉语为工作语言的职位，14人考取了硕士研究生（其中2人正在攻读博士学位）。在对国际学生的培养中，我们秉承"优化课程体系、严格教学管理、加强师资建设、整合优秀资源、突出宽口径培养"的人才培养理念，向世界输送了一批批合格的国际人才。由于外国留学生的特殊性，我们除执行中央民族大学对本科生的相关规定外，在教学管理上保持了一定的灵活性和自主性。

---

① 数据来源：中华人民共和国教育部网站 http://www.moe.edu.cn。
② 数据来源：中华人民共和国教育部网站 http://www.moe.edu.cn。
③ "经贸汉语"是该方向早期确立的名称。随着实践和研究的深入，人们发现该名称涵盖内容过窄，因此以"商务汉语"代替。

一 优化课程设置体系，关注学生学习需求

（一）严格论证培养方案

1. 培养目标

商务方向要培养实用型高级国际汉语人才。通过四年的汉语学习，对中国的国情及文化有较全面的了解，掌握使用汉语从事经济贸易活动的实用知识和技能，能够流利、正确、得体地运用汉语从事商务活动及相关工作。

2. 培养要求

一二年级为基础阶段，课程以汉语基础课为主，突出语言技能训练。三四年级为专业阶段，课程以商务专业课为主，在继续提高汉语水平的基础上突出专业知识的学习。该阶段将系统学习掌握最基本的经济、贸易、管理、法律等商务活动的相关理论，使学生对中国的经济发展有一个整体了解，能熟练运用汉语进行商务交际。同时鼓励学生根据自己的兴趣和发展方向，选修本学院或全校其他院系的课程，成绩合格可计入选修课学分。四年总学分为154学分。

3. 课程设置

学科基础课共22门88学分；专业基础课共6门28学分；专业必修课共2门8学分，专业选修课共8门16学分。文化选修课共5门（限选1门）2学分。科学研究和实践环节12学分，三年级下学期完成学年论文一篇（3000字以上）4学分。四年级下学期专业实践一周，完成实践报告一篇（3000字以上）4学分；完成毕业论文一篇（6000字以上）4学分。

（二）优化课程体系

课程体系是培养目标及培养方案的具体实施环节，它既要体现基础性和实用性，还要考虑各课程之间的关联与衔接，课程体系的科学性与否影响着人才培养的质量。商务方向的毕业生应具备一种能力，即以汉语为载体，运用所学习的商务专业知识，来处理跨文化的商务

事务。目前，国内商务汉语方向本科生的培养有两种模式，即同步式和阶段式。所谓同步式是指学习汉语和商务知识同时进行；阶段式是指先学习汉语，达到一定程度后再学商务知识。根据我院的招生规模和学生情况，我们采取了阶段式培养模式——基础学习阶段+专业学习阶段。经过多方调研，并在多年的实践中不断调整，从最初的42门课程157学分调整至现在的40门课程154学分。目前我们形成了一套适合我院商务方向"阶段式培养模式"的课程体系，培养效果较为明显。

1. **基础学习阶段**

从学科角度来看，我院商务方向的所属专业是对外汉语，掌握汉语是学习该方向的前提。基础学习阶段的课程主要以学科基础课为主，共开设了22门学科基础课，占总课程的56%。一年级开设了初级综合课（8学分）、口语课（6学分）、听力课（4学分）、写作课（2学分）和阅读课（2学分）；二年级开设了中级综合课（8学分）、口语课（4学分）、听力课（4学分）、写作课（2学分）和阅读课（2学分）；三年级开设了高级写作课（2学分）和高级阅读课（4学分）。这些课型在不同阶段配套出现，使学生的汉语水平螺旋上升，保证听、说、读、写各项语言技能均衡发展，为其专业学习及未来从事商务口头和书面活动打下语言上的坚实基础。在高级阶段还开设了中国概况课，以体验互动的方式增加留学生对中国的全方位了解，降低文化障碍，便于未来工作。

2. **专业学习阶段**

在专业学习阶段，我院采取"专业先行、汉语辅助"的课程设置模式，即以商务专业课为主体，汉语起到扩展语言技能和辅助专业学习的作用。根据张黎（2006）的调查：商务方向毕业生所从事的职业主要是交易性活动和管理性活动，主要包括经济、贸易、法律、管理、营销等方面。学科地位决定了该方向的专业课不可能面面俱到，也很难做到向纵深发展。学生需要了解能够满足工作需要的商务领域内的相关知识和技能。由于中央民族大学的地缘与"亲缘"关系，很多东南亚和中亚国家的学生对我校"情有独钟"。这些学生希望毕业后能以汉语为工作语言，从事经贸领域内的相关工作，甚至一些学生的家人已经在从事与中国的经贸合作。鉴于此,我们开设了2门专业必修课,即经济学原理(三年级)和国际经济学(四年级),分别为4学分;8门专业选修课,即当代中国经济与中国对外经济贸易、涉外经济法、电子商务(以上为三年级开设),市场营销、国际贸易实务、商务礼仪与商务谈判、国际商务管理、现代物流和管理(以上为四年级开设),分别为2学分。其中,经贸类课程4门,即经济学原理,国际经济学,当代中国经济与中国对外经济贸易,国际贸易实务;法律类课程1门,即涉外经济法;管理类课程1门,即国际商务管理;应用型课程4门,即市场营销,商务礼仪与商务谈判,电子商务,现代物流和管理。这些专业课程按照从易到难、与学习需求的结合度以及从理论到实践来设置,为毫无商务背景的留学生奠定了未来工作和继续学习的基础。

为了使基础汉语与专业知识更好地衔接,我们还开设了若干门商务汉语专业基础课,包括中级商务汉语综合(8学分)、中级商务汉语听说(4学分);高级商务汉语综合(6学分、4学分)、高级商务汉语听说(4学分、2学分)①、高级商务汉语视听说(2学分)等。商务汉语是一种专门用途的汉语,该类课程以语言课的形式承载经贸相关内容,在普通汉语和专业知识间架起一座桥梁。通过经贸类文章或商务内容的学习,使学生了解中国的经济体制、消费、会展、教育、零售业等经贸知识,掌握"基尼系数""恩格尔系数"等经济学术语,学会在商务活动中如何进行询问、订购、报关、签署合同等,同时也为专业课的学习奠定基础、扫清障碍。

二 完善教学和管理体系,注重人才培养质量

考虑到语言能力、文化内涵、思维方式、生活习惯等方面的差异,我们对来华本科留学生采取单独编班的教学和管理形式,而不主张与中国学生趋同管理。②本科留学生在校期限长,学生国别多样、性格

---

① 有些商务汉语的专业基础课开设两个学期,两个学期的学分不同。
② 在未来的本科生培养中,我们可以尝试在专业课阶段采取某种形式的留学生与中国学生趋同管理。

各异,需要有相对完善的教学、管理体系对其进行约束。

(一)严格管理制度和考核规范

留学生在中国的学习时间较长,在熟悉周围环境后往往会产生对学习松懈和倦怠的现象。为规范其行为,保证可持续性学习,学院制定了《教学管理实施细则》,对留学生的出勤、请假、考试、课堂规范等做出明确规定。考勤每月由班主任统计上报,留学生办公室统一公布。对违反规定者,进行说服教育;屡教不改者,给予相应处分甚至开除学籍。对于成绩不合格者,主要采取留级或重修的形式。

此外,学院先后制定了本科留学生《考试规定》《专业实践管理规定》《奖学金评定办法》《毕业论文写作及答辩有关规定》《毕业论文答辩程序及成绩评定办法》《优秀毕业生评定办法》等相关条例,对本科生的专业实践、毕业论文写作及答辩等做出了明确的规定,使教学管理规范有序、有章可循,切实保证本科留学生的培养质量。由于管理遵章求严,目前我院本科留学生学习态度端正、刻苦努力,毕业生质量口碑较好。

(二)完善教学质量保障体系

国际教育学院选派有多年教学经验的优秀教师承担教学任务,每门课程的教学计划、教学大纲、教学进度及教案等在学期初上交,由系主任负责监督和检查。同时,学院组织专家不定期、无预约入班听课,从专业角度对教师的教学进行指导和修正。

学院每学期进行两次教学评估,学期初的教学评估能够让教师发现教学问题并及时调整和改正;学期末的教学评估较为公正、全面地反映学生对教师教学的评价。过去几年的调查显示,学生对教师们的教学质量非常满意,历次教学评估成绩均在90分以上,甚至还有百分教师。除此以外,学院还定期组织学生座谈,了解学生的学习需求、学习困难以及对教师教学的满意度等。这种"自下而上"与"自上而下"相结合的双轨方式有力地保障了本科留学生的教学质量。

（三）注重语言实践和社会实践

汉语作为第二语言的学习，需要不断实践才能将陈述性知识转化为程序性知识，商务方向更是如此，运用汉语进行商务交际是我院人才培养的最终目标。国际教育学院从基础学习阶段开始就注重语言实践活动，每学期由任课教师组织语言实践活动，带领留学生走近中国人的生活，感受中国语言和文化的魅力。留学生们进过公园、探过胡同、览过故宫、访过茶馆……同中国人近距离深入交谈。京剧、烹饪、茶道、杂技等文化实践不仅增进了留学生对中国文化的了解，更起到交流和传承中华文化的作用。此外，我们还安排汉语国际教育硕士和对外汉语专业中国学生每周免费辅导本科留学生两次，帮助他们巩固理解课内所学，增加交际机会，提高语言技能。

"留学生汉语节目表演"是国际教育学院的品牌活动。留学生们以小品、短剧、曲艺等表演形式汇报每学期的汉语学习成果。他们运用汉语创作、使用汉语排演，汉语能力得到最大限度的训练与提升，该活动得到全体留学生的认可及学校领导的好评。每次汉语节目表演都是国际教育学院的一次语言盛典。

在专业学习阶段，学院为四年级学生安排了一个星期的社会实践。此前，教师布置一系列任务，帮助学生们全面了解目标企业，而后进行参观实践。学生们感受过景泰蓝制作工艺、品尝过生产终端的汇源果汁、制作过伊利食品厂的中秋月饼，参观过燕京啤酒、现代汽车的生产线等，完成了3000字以上的社会实践报告。通过实地考察、亲身感受、与工作人员的面对面详谈，学生体会到专业理论知识在实践中的应用，将教材内容与经贸实践有机结合，增强了学生的学习兴趣，并以问题为驱动去解决问题，完成从理论到实践的学习。

（四）毕业论文提前热身，毕业制度"双线准出"

毕业论文对于外国留学生的难度，不仅在于语言，而且在于运用逻辑思维围绕论题展开清晰完整的论述。如果平时缺乏训练，留学生很难在两三个月内顺利完成论文写作任务，往往是几经修改，依然"支离破碎"。为解决该问题，学院在三年级下学期即开设了《论文写作》课，由任课教师"手把手"教授每位留学生如何撰写论文。从选择题目、文献搜集与研读、资料整理、确定结构到开始撰写，每篇论文都是在任课教师"一对一"精心指导下完成的。修完该课程，留学生不仅顺利完成了课程论文，也明确了毕业论文的写作流程。"论文写作"课是毕业论文的热身，为留学生顺利完成毕业论文奠定了坚实基础。四年级上学期期末，学院为每位毕业生安排一位指导教师，每周面对面指导论文写作直至定稿。论文完成以后，学院统一组织答辩，答辩合格者方可获得毕业资格。

对于毕业生，国际教育学院采取"双线准出制"，即学业成绩和HSK成绩均达到要求方准毕业。关于汉语水平考试，我们规定成绩达到新HSK三级以上者准予入学，一年级结业时须达到四级水平，二年级结业时须达到五级水平，四年级毕业时须达到六级水平；如未通过六级考试，只能得到毕业证，一年之内获得六级证书后再颁发学位证。

（五）实行部分弹性学制

商务方向的学制为四年，有些留学生入学前曾学过较长时间汉语，还有些留学生学能突出，使得他们的汉语水平超过入学级别或同班同学。对于这样的留学生，学院规定HSK成绩达到四级且顺利通过一年级结业考试，经过课程认定，准许升入二年级。学过一年以上汉语，HSK成绩五级且通过本科二年级结业考试，经过课程认定，准许插入三年级学习。这种修满学分毕业的弹性学制也保证了少数程度高的留学生不受时间限制而完成学业。

（六）实行班主任负责制

班主任是一个班级的核心，对增进各任课教师与留学生的感情、促进留学生迅速融入班集体起着重要作用。为保证本科留学生学习和生活无障碍，学院为每班安排了一位班主任负责班级的日常管理，包括监督留学生的出勤、督促留学生的学习，了解每位留学生的生活学习状况，通知和落实学院的日常事务，负责班级同学的联络及意见反馈，组织和实施班级活动，等等。在班主任的领导下，班级凝聚力迅速建立，更利于学院的教学管理，有些老师还被评为"优秀班主任"。

（七）人文关怀与适度奖励

为给留学生营造一个家的氛围，国际教育学院每年都会举办迎新联欢会，目的是增进四个年级留学生间的交流，帮助新生消除陌生感和孤独感。事实证明，迎新联欢会确实起到桥梁作用，新生很快融入国际教育学院对外汉语本科这个群体中来，有了归属感。对于学习成绩优秀、表现突出的留学生，学院推荐其申请"北京市优秀外国留学生奖学金"，每年都有一批学生获得全额或半额奖学金。此外，学院还设立了"成绩突出奖"，奖励那些学习努力、汉语水平超过同班同学的留学生。例如在二年级通过HSK六级，将获得学院颁发的奖状和奖金。此外，我们还组建了本科留学生会，让留学生自我管理，塑造其协调、合作及管理才能。

三 加强师资队伍建设、整合各方优秀资源

师资是教学的灵魂，缺乏素质高、科研强的教师，则无法保障教学质量，也难以培养出高质量的学生。在教师队伍建设上，我们强调专心、专业、专注，最终将我们的教师培养成为专家。因此，我们采取分门别类培养。一方面，对本院教师，我们依托学院的学科建设及学术氛围，促进教师发展；借助学院的教学评估手段，促进教师的反思与调整；以专家听课为契机，促进教师间的教学交流，使之最终发展成为本行业专家。另一方面，对外聘教师，我们针对外聘教师普遍存在流动性大、教学适应性不强、教学水平参差不齐的状况，采取严格筛选，层层把关，经过试讲选拔后，由院里统一培训后上岗；听课评课及时跟进，系主任全程监督指导；为外聘教师分派指导教师，加强熟手教师的帮、带作用。此外，提倡教师间

互相听课，一起研讨，共同进步；鼓励教师以教学为本并进行相关的学术研究；设立"精品课程"项目，鼓励教师钻研教法，上"优"课，上好课。

为保证商务方向本科生的培养质量，国际教育学院整合学校各院优秀资源，发挥各院的特长，聘请经济学院、管理学院、法学院的优秀教师给学生上课。2011年起，国际教育学院与经济学院联手，共同承担培养商务方向本科生的任务，培养方案也因此做了相应调整，即前两年半以汉语基础课为主，由国际教育学院完成；后一年半以商务专业课为主，由经济学院完成。目前已经有五届学生毕业，反映良好，这也加大了我们联合培养人才的信心和决心。

四 突出宽口径培养

信息时代需要多元化、复合型人才，"突出宽口径培养，夯实学生的汉语基础"是我们的人才培养宗旨。以熟练使用汉语作为主要目标，为学生拓宽未来的发展空间和就业渠道。尽管我院对外汉语专业招收的是商务方向的本科生，然而并非所有学生毕业后都从事商务工作，很多学生学习兴趣发生了改变，选择继续攻读硕士、博士学位。加大汉语课程的设置力度，开设各种汉语技能类课程，通过课内课外相结合的方式，使学生的听、说、读、写能力得到全面发展，是该目标实现的保障。在专业教学阶段，我们增设经贸汉语辅助课程，使汉语成为交流工具，促进专业课学习。

截至目前，国际教育学院共计培养了57名毕业生（见表1、表2）。其中14人考取了硕士研究生：北京大学1人（比较文学专业）、清华大学6人（教育、传媒、国际关系等）、人民大学1人（法律专业）、北京语言大学1人（国际关系专业）、中央民族大学4人（旅游管理、汉语国际教育专业等）、哈尔滨工业大学1人（教育专业）。有2人硕士毕业继续攻读北京师范大学和中央民族大学博士学位研究生（见表3）。

表1 毕业生就业情况

年级	毕业人数	考取研究生	在中国工作	回国工作
2007	10人	3人	2人	5人
2008	13人	2人	2人	9人
2009	10人	6人	0	4人
2010	14人	2人	1人	11人
2011	10人	1人	1人	8人

表2 毕业生国籍

蒙古	泰国	吉尔吉斯斯坦	俄罗斯	哈萨克斯坦	韩国	土库曼斯坦	斯里兰卡	乌兹别克斯坦	伊拉克	尼日利亚	印度尼西亚	日本	土耳其	美国	总计
9	9	2	4	5	9	7	1	3	1	1	2	2	1	1	57

表3 攻读硕士、博士研究生学生一览表

研究生类别	攻读学校	攻读人数
硕士研究生	北京大学	1人
	清华大学	6人
	人民大学	1人
	北京语言大学	1人
	中央民族大学	4人
	哈尔滨工业大学	1人
博士研究生	北京师范大学	1人
	中央民族大学	1人

经过七年的探索和实践，我们在课程设置、教学管理、师资建设等方面取得了一些经验，然而还有很多不足，我们会继续努力，使本科留学生培养形成规模，创出中央民族大学的品牌。

参考文献：

[1]〔美〕吉姆·克里夫顿. 就业战争迫在眉睫[M]. 北京：中国青年出版社，2012.

[2]赵坤. 高等教育国际化背景下扩大来华留学生教育规模对策研究[D]. 秦皇岛：燕山大学，2013.

[3]于富增. 改革开放 30 年的来华留学生教育[M]. 北京：北京语言大学出版社，2009.

[4]张黎. 商务汉语需求分析[J]. 语言教学与研究，2006（3）.

[5]沈庶英. 汉语国际教育视域下商务汉语教学改革探讨[J]. 国家教育行政学院学报，2012（3）.

专业建设与课程教学

基于专业综合评价的汉语国际教育专业建设实践与成效

原新梅　　辽宁师范大学

【内容提要】在 2013 年专业信息填报的基础上,我们于 2014 年正式参加本科专业综合评价。在历经数月的专业综合评价过程中,我们结合教育部本科专业目录、辽宁师范大学的学科专业特点,就汉语国际教育专业在培养方案修订、课程结构体系和人才培养模式等方面的改革措施与成效进行了阐述和总结。

【关键词】本科专业综合评价　汉语国际教育专业　人才培养模式　课程结构体系

为了落实国家和辽宁省中长期教育改革和发展规划纲要,引导高校专业内涵建设,创新人才培养机制,提高人才培养质量,更好地为经济社会发展服务,辽宁省教育厅按照《教育部关于普通高等学校本科教学评估工作的意见》精神及省教育厅(省委高校工委)工作安排,组织了辽宁省普通高等学校本科专业评价工作。在 2012 年以来 42 种 692 个专业布点评价工作的基础上,2014 年 10 月又对包括汉语国际教育在内的 38 种 466 个本科专业开展了综合评价工作,历时 7 个月,并于 2015 年 5 月在辽宁省普通高等学校本科教学网(www.upln.cn)公布评价结果。

本科专业综合评价指标体系由 7 个一级指标、14 个二级指标、39

个观测点组成。其中一级指标包括生源情况（权重 0.10）、培养模式（权重 0.15）、教学资源（权重 0.30）、本科教学工程与教学成果奖（权重 0.15）、教学质量保障（权重 0.10）、培养效果（权重 0.20）、专业特色（满分 10 分）。一级指标中的"培养模式"又包括"培养方案"和"培养模式改革创新"两个二级指标。省教育厅建立了专业信息平台，评价所需的数据与信息全部从信息平台抽取。定量数据占主体，可直接计算生成。定性部分由同行专家从定性信息中判断。此外，要求提供相关的支撑材料，专家对定量及定性指标的相关材料进行核实和抽查。

我们在 2013 年专业信息填报的基础上，于 2014 年正式参加本科专业综合评价。在历经数月的专业综合评价定性材料的撰写和定量材料的填报以及复查检验过程中，结合教育部本科专业目录、辽宁师范大学的学科专业特点，就汉语国际教育专业在培养方案修订、课程结构体系和人才培养模式等方面的改革措施与成效加以阐述和总结。本文是汉语国际教育专业参加本科专业综合评价时所撰写的指标体系定性材料 3.12 的内容，在此基础上进行了部分修改。

一 具体举措

自 2005 年对外汉语专业（2012 年整合更名为"汉语国际教育专业"）开始招生以来，我们采取了一系列举措，坚持人才培养模式的改革创新。实践证明，这些措施具体、可行，具有可持续性，实施效果好，该专业的所有学生都可从中受益。

（一）人才培养模式改革

1. 由"双向"转为"多元"

本专业一直以人才市场需求为导向，立足大连，服务辽宁，辐射日韩及欧美诸国，实施双向培养：

一是汉语师资培养，即为各类学校培养能够适应汉语国际教育发展需要，具有扎实的汉语、外语、中国文化基础，掌握汉语国际教育的基本理论和基本技能，具有国际意识、民族意识和现代意识的汉语教师；

二是跨文化交流人才培养，即为行政事业部门、涉外机构、新闻出版、文化传播等领域培养具有跨文化交际知识和能力、适应中外文化交流需要的专门人才。

伴随着汉语国际教育的发展，以及我国基础教育改革的国际化、毕业生就业的多元化，我们开始探索围绕专业核心的多元化培养：

一是面向国内外培养对外汉语师资，即培养能够适应汉语国际教育发展需要，系统掌握汉语、语言学、中外文学与文化的基本理论和基础知识，能够运用教育学、心理学和学科理论与方法进行对外汉语教学的师资；

二是面向国内基础教育改革培养语文教师，即为民族学校、双语学校、中小学国际部等培养汉语教师，为普通中小学培养具有国际视野和双语教学能力的教师；

三是为行政事业部门、涉外机构、新闻出版、文化传播等领域培养具有扎实的语言基础、跨文化交际能力、适应中外文化交流需要的专门人才。

2. 实施"内外结合，分层培养"模式

结合人才市场的需求变化、汉语国际教育的发展和基础教育的改革，基于行业需求和学生的选择，以满足学生个体发展和就业取向为出发点，结合专业特点，按照以培养汉语师资为核心的多元化的培养目标，将学生的个体发展和就业取向分为出国、考研和就业等三种类型。

通过"模块化"专业发展课程、辅修专业课程、专题讲座等，进行有针对性的教学和指导，以满足学生的出国、考研和就业需要。针对准备出国的学生，进行出国申请过程指导和外语强化；针对准备考研的学生进行专业学习和考研指导；针对准备就业的学生着重进行教育教学能力的培训和跨文化交际能力的强化训练。

（二）课程结构体系改革

我们在2010年对2007年版培养方案进行了修订，优化了课程结构，增加了专业必修课的课时。2010年版培养方案课程结构见图1。

根据教育部本科专业目录（2012），我们以培养应用复合型专业人

才为目标,以适应多样化的汉语教师和跨文化交际人才职业要求为重点,以"厚基础、宽口径,高素质、重能力"为原则,以强化专业知识理论基础和实践教学为核心,2013年版本科培养方案课程体系将2010年版中的必修、选修、实践、教师教育等四类课程平台,调整为通识教育、专业教育、教师教育、综合能力训练等四类课程平台。2013年版培养方案课程结构见图2。

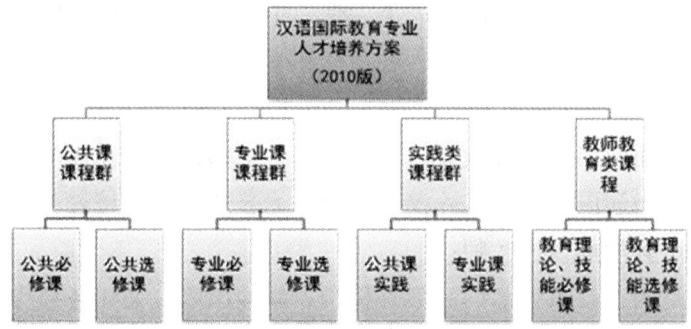

图1　2010年版培养方案课程结构

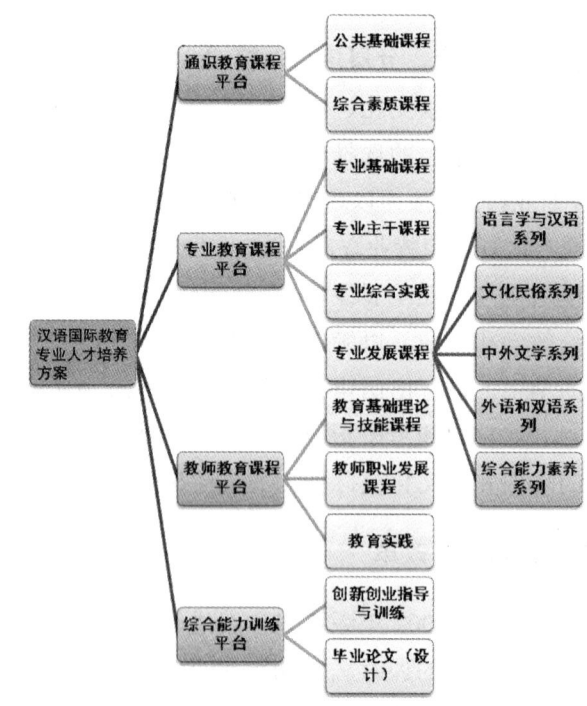

图2　2013年版培养方案课程结构

第一,通识教育课程平台,主要包括公共基础课程和综合素质课程。其中的综合素质课程,学生可以在全校共享的60余门课程中选修,以适应"宽口径"复合人才的培养需要。

第二,专业教育课程平台,主要包括专业基础课程、专业主干课程和专业发展课程等。其中,专业基础课程和专业主干课程是按照教育部本科专业目录和汉语国际教育专业教学指导委员会的专业核心课程标准设立的,主要是为夯实学生的专业知识理论基础而开设。专业发展课程分语言学与汉语模块、文化民俗模块、中外文学模块,外语和双语模块和综合能力素养模块,主要拓展学生的专业基础。学生可以依据自己的学习能力、职业规划、个人潜能及社会需求选择。

第三,教师教育课程平台,包括教育基础理论与技能课程、教师职业发展课程、教育实践,主要为学生的汉语国际教师职业和面向基础教育职业提供理论基础和技能提升。

第四,综合能力训练平台(实践模块),包括教育见习、教育实习、教育科研训练、创新创业指导与训练和毕业论文等。此模块主要培养学生的教学与研究等专业能力。实践模块结构见图3。

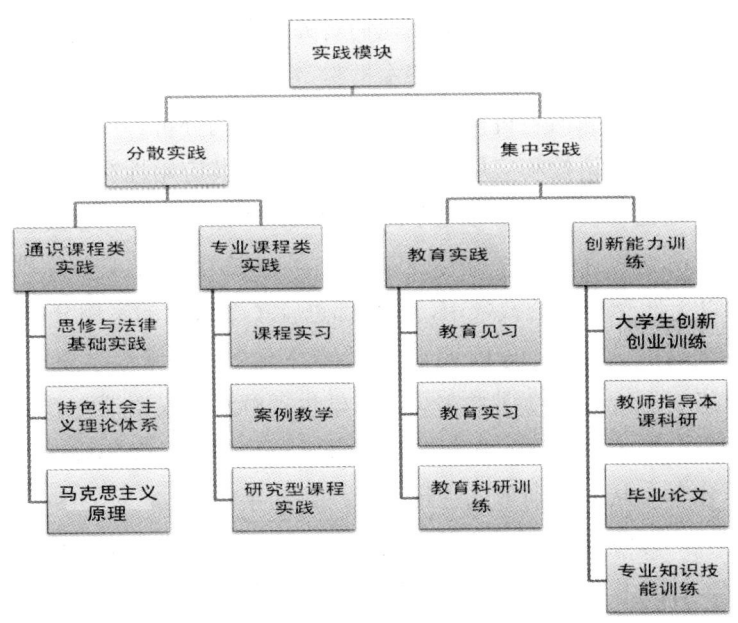

图3 实践模块结构

（三）教学内容和教学方法改革

自专业建设以来，我们十分重视课程建设，制订课程建设规划，以课程建设促进教学内容和教学方法的改革。

第一，积极鼓励教师申报校级优秀课程、精品课程。在此基础上申报省级精品资源共享课程。在课程建设中，鼓励专业教师不断探讨教学内容和教学方法改革。

第二，教学内容要结合全球汉语热与汉语国际教育事业的发展需求，体现国际意识、民族意识和现代意识，借鉴国外第二语言教学理论和汉语本体研究成果，结合汉语作为第二语言教学的特殊性，注重基础知识和基本理论的传授，注重对外汉语教学技能和跨文化交际能力的培养。

第三，理论课内容讲授要求系统、规范、科学、严谨。针对"对外汉语教学概论"等理论性强的课程，教师要通过系统讲授对外汉语教学的基本理论、汉语作为第二语言的习得研究等，让学生在理论的指导下进一步学习教学设计、教学法等，增强学生对汉语作为第二语言教学的特殊规律的认识，提高他们对外汉语教学的设计能力，帮助学生建立对外汉语教学理论的基本框架。

第四，理论课内容讲授要求引入多样化案例分析。如"对外汉语教学概论"是理论性和应用性都很强的课程。其应用性在于：课程要在语言学理论、教育学、心理学原理的指导下，帮助学生掌握对外汉语教学的总体设计、教材编写、课堂教学、成绩测试的具体原则和方法。在以上四个环节的教学中，我们都进行了个性化的案例分析。如：在教材编写原则部分，分析了《长城汉语》等；在课堂教学设计部分，利用网络资源观看教学课堂实录，让学生理解对外汉语课堂教学不同课型的设计规律和问题；在现代教育技术应用部分，我们挑选并展示课件，让学生从内容到形式进行评析，并动手制作。

第五，围绕专业学习，开展读书活动。本专业为了夯实学生的专业基础，补充和深化课堂教学内容，由专业教师列出《汉语国际教育专业必读书目100本》，要求学生拟订大学四年的专业读书计划，教师进行阅读指导，举办读书讨论会，交流阅读情况，讨论有关问题。

第六，通过丰富的实践活动进行严格的能力训练。结合全球汉语热与汉语国际教育事业的发展需求，借鉴国外第二语言教学理论和汉语本体研究成果以及汉语作为第二语言教学的特殊性，在注重基础知识和基本理论传授的同时，注重汉语教学技能的培养训练。为了帮助学生巩固理论知识，加深理解教学法，组织形式多样的课外实践活动配合课堂教学。

（1）专题报告。请从国外归来的对外汉语教师、专家学者做专题报告，介绍在国外的教学和工作、生活情况。

（2）友好班级。与国际教育学院外国留学生班结成友好班级，为留学生进行课外汉语一对一辅导。

（3）课程见习。结合理论讲授，安排学生到我校国际教育学院、大连交通大学、大连理工大学、东北财经大学等实习基地进行课程见习。

（4）暑期社会实践。按照教学计划，每年利用暑期开展专题调查。运用实地调查和问卷调查相结合的方法，调查辽宁省有关学校的对外汉语教学情况（课程、师资、教材、实践教学等）；开展地域文化和民俗的考察；结合世界文化遗产和非物质文化遗产的申报，了解收集具有鲜明地域特色的文化和民俗；增强学生的专业角色意识，提高对知识学习、能力训练的自觉性，激发学生对汉语、中国文化的热爱。

（5）研究型学习。结合毕业论文写作和科研项目，培养学生对对外汉语教材的研究能力，指导学生掌握初步的学科科研方法，指导论文写作和投稿；结合理论学习，如对外汉语教学概论课程第五章"对外汉语教材基本理论"的讲授，进行研究型学习，开展为期一个月的"读教材·说教材·评教材"活动。将学生的学习态度和对具体问题的探讨情况计入平时成绩，以提高学生对汉语教材的选择、评价能力。这一措施我们已经坚持了 8 年。

（四）以教改立项促进专业建设

2005 年新专业开始招生，我们抓住学校教学改革项目申报的机会，经过认真论证，成功申报了辽宁师范大学教学改革重点项目——新增对外汉语专业的建设研究与实践，目的是"以立促建""以建促优"，即以项目立项促进专业建设，以专业建设促进具有地域特色和师范特色的专业优质品牌建设。

以教改立项促进专业建设的探索目标是根据世界汉语热、国内外人才市场对对外汉语师资和对外交流人才的需求状况，结合省属师范大学的学科和地域优势，在调查全国对外汉语专业建设现状与发展趋势基础上，建立具有地域和师范特色的人才培养方案，构建地方师范类大学对外汉语专业建设模式，即充分挖掘省属地方师范大学多学科门类的资源优势，以文学院积淀深厚的汉语言文学专业为依托，以国际教育学院、外国语学院、历史文化学院、教育学院等相关学科为辅翼，突出师范类和地域性，探索具有师范特色、地域优势的省属师范大学的专业建设之路。该项目主要探索包括：

——全国对外汉语专业建设现状与发展趋势；
——对外汉语专业的定位和人才培养目标；
——地方师范性大学对外汉语专业建设的特色；
——人才市场需求和毕业生就业情况；
——对外汉语专业人才培养方案及课程体系调整；
——对外汉语专业课程教学改革与实践；
——面向国际化对外汉语专业学生专业素质和综合技能的培养；
——对外汉语专业实践教学环节的改革和实习基地的建设。

围绕以上八个方面，我们进行了不懈的探索，取得了可喜的成果，不仅发表了系列探索论文，而且伴随着项目研究，专业建设有计划、有步骤地开展；研究成果为对外汉语专业建设提供了直接依据，促进了专业建设。该项目2009年获得辽宁省教学成果奖。

2012年我们又结合课程建设，申报获批了辽宁省普通高等学校本科教学改革项目——对外汉语专业精品资源共享课的优化建设，将课程建设、专业建设、人才培养紧密结合。

（五）构建立体化实践教学体系

实践教学是高等学校教学体系中必不可少的环节，实践教学的质量对高等学校教学质量有着非常重要和直接的影响。2007 年 1 月 25 日教育部、财政部正式启动了旨在提高高等教育质量的"高等学校本科教学质量与教学改革工程"，其中"实践教学与人才培养模式改革创新"被列为"质量工程"的六大内容之一。此举就是要大力加强实践教学改革，推进高校本科实践教学内容、方法、管理及教学模式的改革，促进学生自主创新兴趣和能力的培养。实践教学也是高等学校本科专业建设的重要内容，同样影响着专业建设质量。

我们结合专业建设实际，按计划、分类别进行立体化实践教学体系的构建，即构建课上与课下、校内与校外、国内与国外互补的立体化实践教学体系。按照实践教学所涉及的空间范围，将实践教学体系分为五个子系统。这五个子系统紧密联系、互为补充、相辅相成。

1. **课堂子系统**

即以课堂教学为核心，紧紧围绕课堂教学内容组织实践教学。如通过课堂专题讨论等形式加深学生对理论知识的理解。

2. **校园子系统**

即以校园为中心，通过专题研讨、教学见习、专题报告等多种形式，拓展课堂学习内容，开阔视野，加深感性和理性认识。在内容上比课堂子系统宽广，可以充分利用学校的资源环境在课下进行。

3. **基地子系统**

即建立相对稳固的实习基地，为本专业的课程见习、毕业实习提供保障。基地建设分为院校类和涉外机构类。院校类指有留学生的高等院校、国际语言学校、双语学校等，还包括外资企业的语言培训部门以及各类语言培训机构，实习的主要内容为汉语课堂教学。涉外机构类指各种从事外事工作、对外交流的部门，如外事局、旅游局、对外文化传播机构等，主要实习内容是进行各种跨文化交流活动。

4. **社会子系统**

即让学生走出校园，通过多种方式进入社会的广阔空间，全方位地了解中国社会的政治、经济、历史、文化等；通过担任大型国际会议志愿者等活动，锻炼跨文化交际能力。

5. 国外子系统

即走出国门在国外进行实习。在国外实习有助于培养学生在非汉语环境下从事汉语教学的能力。

（六）加强教学团队建设

根据新专业建设和人才培养的需要，我们围绕人才培养模式进行了综合改革，采用科学规划、大力引进、重点培养、多方聘任、全面提高等原则性措施，多方加强师资队伍建设。

1. 科学规划

在学院教师队伍建设规划基础上，制订本专业师资队伍建设五年规划，使教师队伍建设分阶段、有计划地稳步进行。按照师资队伍建设五年规划，本专业重点引进语言学及应用语言学、汉语言文字学专业的博士，在年龄、职称、专业等方面科学分布，避免盲目引进，造成结构的不合理，影响教学和专业的长足发展。

2. 大力引进

学院根据学校的人才引进计划和专业需要，每年拟订引进人才计划，由学院班子和专业教师组成考核小组，通过多方调查、审读求职材料、来学院试讲等环节，从思想品德、教师职业素养、学科专业、学历层次、教学科研成果和能力等方面对求职者进行全面考核、严格筛选，合格者进入教学团队。

3. 重点培养

重点抓青年教师的岗前培训，持续开展青年教师的师德、师能培训提高工程,积极参与每年举办一次的全校青年教师教学基本功大赛；实行新教师导师制，形成传、帮、带，规定新教师正式上课前必须跟老教师随堂听课，老教师针对教学课程对新教师进行指导。如聘请汉韩语言教学与比较研究资深专家、辽宁省语言学会原会长陈榴教授，国家有声语言数据库辽宁库首席专家迟永长教授为青年教师传授教学经验。

4. **多方聘任**

结合综合性、应用性的专业特点，多方吸收聘任，实现学院内外资源以及校外资源的共享。例如：由文学院汉语言文学专业教师作为中外文学、古今文化、中外文化等类别课程主讲教师；由外国语学院、国际教育学院教师举办专业问题讲座；聘任大连高校面向留学生的一线经验丰富的教师指导实践教学。

5. **全面提高**

依托学科和课程组建教学团队，不断整合现有师资力量，鼓励老师撰写科研论文、教改论文等，进行科研立项和教改立项，申报科研教学奖，积极参加学术讨论会、专业建设会议、教学研讨会，加强交流学习。倡导汉语本体研究与汉语教学研究相结合，以教学促进科研，以科研促进教学。

二 实施效果

2007 年本专业以优等成绩顺利通过辽宁省本科试办专业评估，2008 年通过教育部高等学校本科专业评估。2008 年本专业被评为辽宁师范大学重点建设专业，被文学院"十二五规划"列为辽宁省示范专业申报培育专业。近年来，人才培养模式的改革创新取得了显著的效果，从整体上优化了课程体系，促进了精品课程建设、专业建设、团队建设和人才培养。

（一）课程体系强化了专业性、国际性、师范性、实践性

2010 年版和 2013 年版培养方案的课程体系都以夯实专业基础、提高国际化的能力素质为出发点，拓展实践教学课程内容，把素质教育及专业素质养成融入人才培养的全过程。2013 年版虽然课程平台数量没有变化，但内部结构进行了较大调整。在 2010 年版基础上，2013 年版继续增加专业课学分，夯实专业理论知识基础；2013 年版培养方案淡化了必修选修，考核方式灵活，必修课的考核方式不一定是考试，选修课的考核方式也不一定是考查。课程体系进一步突出了专业性、

国际性、师范性、实践性。

1. **专业性：突出专业主干课程，扎实汉语和中国文化基础**

在 2010 年版和 2013 年版课程体系中，持续突出现代汉语、古代汉语、语言学概论、对外汉语教学概论、中国文化通论等课程的教学，目的在于夯实学生的专业基础。选修课模块专设语言学和汉语言、文学、文化民俗等系列，拓宽专业视野，深化专业知识，强化专业能力。

2. **国际性：强化外语教学，提高跨文化交际能力**

在专业主干课程和专业发展课程中，开设的外语课以英语为主，日语为辅。第一、二学年除了大学外语外，还在第二、三、四、五学期依次开设以适应雅思英语考试为目的的英语听力、英语口语、英语阅读、英汉翻译、英语写作；第五和第六学期开设一年的第二外语（日语）。在新培养方案中，为提高学生的第二外语水平，还增加了第二外语选修。外语课程结合跨文化交际课程，增强学生在国内外实习、深造或工作的跨文化交际能力。

3. **师范性：重视教育类课程，培养从师能力素质**

教师教育类课程开设了教育学、心理学以及学科教学论（对外汉语）、汉语国际教育案例分析、汉语学习偏误分析等课程；还增加了基础教育课程改革专题、语文教学设计，以适应基础教育教学的需要，为多元化、分层次培养提供了选课空间。从 2013 年起，将普通话、书写规范汉字纳入了实质性课程，取代了以往的以考代学，重点培养学生的从师素质；学科教育科研方法主要训练学生运用教育学、心理学原理和第二语言教学理论和方法分析解决教学实际问题的能力。

4. **实践性：加强实践教学，注重能力训练**

实践教学贯穿于汉语国际教育本科教学的全过程。

第一，加强集中实践教学。依托课上和课下、校内和校外、国内和国外的立体化实践教学体系，巩固了课程见习、语言与民俗文化考察、毕业实习、毕业论文等多种类别的集中实践教学。

第二，增加理论课的实践学时和学分。2013 年版培养方案从专业理论课中划分出更多的实践学时，用于能力训练和开展教学活动。理论课实践学分占全部课程总学分比例达到 12.2%，加上集中实践环节学分 11.8%，二者合计达到 24%；同时，配合理论课的实践教学，调整了专业课考核比例，将平时成绩占总成绩的比例由原来的 20%提高到 30%。

第三，增设中华才艺、中外礼仪等实践性强的课程，提高跨文化交际能力；增设"中文工具书与文献检索"，研究型课程"方言与地域文化"，结合各类科研立项，培养提高学生的科研意识和科研能力。

第四，拓展实践基地的建设类型，保证实践教学需要。2008 年学院和大连理工大学、东北财经大学、大连交通大学、辽宁师范大学国际教育学院四所高校率先签约，建立了首批专业实习基地；此后在大连工业大学、泰克现代教育有限公司、北京汉友通有限公司等建立实习基地。随着基础教育的国际化，还在枫叶国际学校、东北育才国际部等建设实习基地；与国际学生团体、孔子学院、国家汉办联系，积极建设海外实习基地，满足国际化实践教学需要。

（二）建设了"三级"专业精品课课群

自 2005 年本专业开始招生以来，伴随着新增专业建设，我们对课程建设常抓不懈，初步形成了校级优秀课、校级精品课、省级精品课"三级"课群，如表 1 所示。

表 1 "三级"课群

课程名称	课程负责人	课程建设层次	时间
对外汉语教学概论	原新梅	辽宁师范大学优秀课程	2007
对外汉语教学概论	原新梅	辽宁师范大学精品课程	2010
对外汉语教学概论	原新梅	辽宁省精品资源共享课程	2012
对外汉字教学与研究	洪飏	辽宁师范大学优秀课程	2010
对外汉字教学与研究	洪飏	辽宁师范大学精品课程	2011
跨文化交际学	杨春宇	辽宁师范大学优秀课程	2010
古代汉语	王 虎	辽宁师范大学优秀课程	2011
现代汉语语法专题	张明辉	辽宁师范大学优秀课程	2011

其中，我们按照网络资源共享的技术标准，2012 年对获批省级精品资源共享课的"对外汉语教学概论"进行升级改造，通过优质教学

资源建设，促进课程资源的共享，促进教学理念的转变、教学内容的更新、教学方法和考核方式的改革，以课程建设提高国际汉语教师的培养质量。在加强团队建设、完善教学大纲和教材建设的基础上，精选知识模块，强化实践教学，更新测试模式，积累相关资源，完成网站建设。2013年本课程历经数月，完成了诸多建设，上传辽宁省高等学校本科教学网，2013年底面向社会开放。精品课程建设成果在全国汉语国际教育／对外汉语专业建设讨论会上宣读，在世界汉语教学讨论会上交流，产生了较大影响。下一步拟对现有校级精品课、优秀课进行升级建设。

（三）教学内容和方法改革，适应复合型人才培养

1. 教学内容改革——逐步建成务实、应用、复合型教学内容体系

第一，部分课程的教学内容实现了"内外兼顾"。

教师教育平台课程，一方面结合汉语国际教育事业的发展，在地域优势和师范特色的基础上，针对《国际汉语教师标准》（2012）中的五大标准即汉语教学基础、汉语教学方法、教学组织与课堂管理、中华文化与跨文化交际、职业道德与专业发展等，结合即将启动的《国际汉语教师证书》考试，在"对外汉语教学概论""对外汉语学科教学论"以及"跨文化交际学"等课程中增加适应汉语国际教育发展的教学内容，让学生了解汉语国际教育的新趋势、新问题、新任务，在能力训练方面注重非汉语环境下的教学组织和管理等能力的训练；另一方面结合基础教育改革和多元化发展，增加"语文教学设计""基础教育改革专题"等课程，为学生适应民族中学、国际双语学校和普通中小学的语言教学奠定基础。

第二，吸收汉语言文学专业课源，增强专业底蕴。

在专业基础课程、专业主干课程和专业发展课程模块中，吸收历史积淀深厚的汉语言文学专业的部分课源，如"国学元典导读""唐宋诗词研究""古典戏曲研究""《红楼梦》研究"等，充实教学内容，夯实学生的汉语言文学基础，有利于提高学生的专业底蕴。在吸收过程中，注重专业的针对性，在教学内容和学时分配上突出专业个性特征。

第三，采用多种形式实现教学内容的快速更新。

在日常课堂教学中重视介绍最新的研究成果和理论研究的新动态；通过举办专题讲座，加强学生与学术前沿的衔接和联系；开设研究型课程，系统研究相关问题，使学生研究的能力得到提升。邀请国内外知名学者到学院讲学，请从国外回来的教师学生介绍海外汉语教学的经历和最新动态，在确保教学内容全面、系统的基础上，实现教学内容的快速更新。

2. 教学方法改革——拓展汉语国际教育专业教学方法体系

教学方法的选用与教学效果有着密切的关系。在课程体系不断完善、课程内容不断更新的背景下，教学方法也必然要与之同步变革。教学手段、教学方法的推陈出新，拓展了汉语国际教育专业教学方法体系，实践教学活动因此更加丰富多彩。

第一，课程更加规范化和标准化。依照精品资源共享课和精品视频公开课的建设标准，以课程为单元进行教学方式和方法改革。从学习效果出发，建立课程标准、实施规范和达标要求。

第二，双语教学进入课堂教学，顺应了汉语国际教育专业人才培养的国际化特征。鼓励教师在"对外汉语教学概论"等课程中使用双语方式引入和阐释专业术语，促进学生专业知识和外语知识的融合。例如"第二语言习得""《论语》导读"均采用双语授课方式。双语教学有助于本专业本科生的国际化水准持续提高。

第三，充分利用多媒体教学环境，使用多媒体开展教学。在多媒体教学环境下引入影视教学方法，丰富教学内容，增强教学吸引力，对学生进行多感官刺激，从而提高学生的学习效果。利用网络环境，开发和建设精品课程、优秀课程。利用教学平台的多样性，探索新的汉语国际教育专业教学方法。

第四，研究型教学手段进入课堂，开设研究型课程和科研能力养成课程。以科研课题为主线，以研究思维培养、研究技能提升为目的，结合地域特征和研究领域的新进展、学生学习的新兴趣，开设研究型课程如"方言与地域文化"等；增设"中文工具书与文献检索"，培养学生查阅传统工具书和利用现代电子资源的能力；结合各类科研立项增强学生的科研意识，培养提高学生的科研能力，学习掌握一些调查方法和专业软件。

第五，继续发扬案例教学、启发教学等传统教学方法的优势，结合教学研究的最新成果，充分利用微格教学，开展说课、讲课、评课。

第六，通过课上与课下、校内与校外、国内与国外立体化实践教学体系，形成课堂见习、网络课程观摩、教育实习、专题讲座、研究型学习等的有机结合。夯实了汉语国际教育专业学生的理论基础，提升了学生的专业素养和专业能力。

（四）形成了教学与科研皆过硬的优秀教学团队

1. 团队结构优化明显

2008 年以来，团队通过引进优秀年轻人才及派出年轻教师师从名家读博、进修等措施，使自身的教学与科研实力都得到进一步的加强。师资队伍结构有了明显变化，逐步组建成学缘结构广、学历层次高、年富力强的高素质师资队伍。骨干教师队伍由 2 位教授、2 位副教授、6 位讲师组成。其中 5 人具有博士学位、2 人具有博士后研究经历，涵盖了语言学及应用语言学、汉语言文字学等学科领域。硕士以上学历学位达到 100%，硕士生导师 6 人，100%具有在海内外从事针对外国人的汉语教学的行业经历，是一支理论和实践兼具的双师型教师队伍。

2. 中青年教师成长迅速

学科带头人原新梅教授 1999 年获全国对外汉语教学奖，2001 年被评为省级骨干教师，2004 年入选辽宁省百千万人才工程千人层次。杨春宇教授在日本获得博士学位，入选辽宁省高校优秀人才支持计划（第二层次）；王虎副教授博士毕业，入选辽宁省高校优秀人才支持计划（第二层次）；张明辉博士 2013 年晋升为副教授，在全校青年教师教学技能大赛中获得二等奖第 1 名；李娜博士获得文学院首届青年教师教学大赛第 1 名，参加了普通话测试员培训。教学团队呈现出持续稳步发展态势。

3. 科研实力提升迅速

四年来，本专业教师共获批省部级以上科研项目 18 项。其中，原新梅教授、杨春宇教授、赵建军博士分别作为主持人，共获批国家社科基金项目3项；王虎副教授、张明辉副教授获批教育部人文社科基金项目，李娜获批教育部人文社科基金青年项目和国家语委项目。王虎、张明辉、李娜等还获批辽宁省哲学社会科学基金项目等多项。

四年来，本专业教师致力于汉语本体研究、汉语教学研究和语言的接触比较研究，成果显著，发表论文近百篇。王虎副教授在《中国语文》发表论文2篇，杨春宇副教授在日本著名期刊发表论文3篇，原新梅教授和张明辉副教授在CSSCI／北大语言学核心期刊等著名刊物发表了论文。本专业教师的学术专著和论文有2项获得辽宁省哲学社会科学成果奖，2项获得大连市科技成果奖。

4. 教学改革持续加强

本专业注重将教学改革与新专业建设、课程建设相结合，形成了连绵相续、不断深化的教学改革成果。自2005年本专业开始招生，我们就获得校级教改重点立项"新增对外汉语专业的建设研究与实践"，2008年该成果获得辽宁师范大学教学成果一等奖，2009年获得辽宁省教学成果三等奖。我们又结合课程建设，2012年获得辽宁省高等学校本科教学改革立项"对外汉语专业精品资源共享课程的优化建设"，2013年完成省级精品资源共享课程"对外汉语教学概论"建设。这些教改成果在研究和实践过程中对专业建设和课程建设都起到了直接的推动作用。

5. 对外交流和影响日益扩大

2010年以来，本专业教师应邀参加在国内外召开的国际和全国学术讨论会20余人次。一些专业教师应邀在全国社会语言学讨论会、全国语言文字应用讨论会、国际汉语教学讨论会、全国对外汉语专业建设会等会议上交流汉语本体研究、汉语教学研究、专业建设、课程建设等方面的成果。团队成员中有的担任辽宁省高等学校本科教学汉语国际教育教学指导委员会委员、辽宁省语言学会理事等职，成为世界汉语教学学会终身会员、中国语言学会会员等。

研而不教则空，教而不研则浅。汉语国际教育专业教师团队在建设过程中正确处理了教学与科研的关系，形成了教学与科研互相促进的良性循环,为人才培养提供了强有力的保障。

(五)专业人才培养成效显著

1. 考研率多次居文学院各专业首位

本专业自 2009 年有了首届毕业生以来,考研率多次位居文学院四个本科专业第一,在文科专业名列前茅。其中 2007 级考研率达 43%,2010 级考研率为 41%。有的学生被英国爱丁堡大学、美国威斯康星大学、美国迈阿密大学、美国佐治亚大学、中国香港城市大学等世界名校录取,还有大量学生考入北京师范大学、浙江大学、南开大学、吉林大学、东北师范大学、华东师范大学、厦门大学、中国传媒大学、中央民族大学等教育部直属高校。这些学生作为汉语教学与研究的后备力量,将为汉语和中华文化传播担当重任。

2. 专业能力和综合素质遥遥领先

本专业学生以扎实的专业基础和过硬的专业能力在各种竞赛活动中脱颖而出。四年来,本专业本科生荣获省级以上奖励近 30 项。如王钙镁同学获第三届全国高等院校学生语言文字基本功大赛一等奖,曾峥同学获全国第五届规范汉字书写大赛三等奖,肇辰同学获第七届写作杯全国艺术作品大赛一等奖。还有多名学生在学校组织的教学课件评比大赛以及相关活动中获奖。

自 2010 年以来,本专业学生中有 8 人次在国家级的大学生英语竞赛中获奖。如 2010 年马丹同学获"全国大学生英语竞赛"特等奖;李龄同学于 2009 年、2011 年两次获得"全国大学生英语竞赛"一等奖;2010 级孟奕辰同学获得全国大学生英语大赛三等奖,2013 年被保送浙江大学攻读硕士学位。杨媛媛和焦阳同学在本科阶段不但顺利通过了大学英语六级,还通过了专业英语八级;杨媛媛同学被保送硕士研究生后又通过日语二级,2013 年以突出的外语优势考取中央民族大学语言学及应用语言学博士研究生。

本专业学生通过参加各类科研立项、毕业论文、暑期社会实践等,结合专业问题选题论证,开展团队攻关,如开展地域文化与方言研究,开展汉语国际教育课程体系调研、开展汉语国际教育实践教学模式调研，为专业建设、课程建设、实践教学提供参考。在省级以上刊物发表了学术论文，完成校级科研项目多项，还参与教师主持的各类科研项目和省级教改立项、精品课程建设。

本专业学生在各类教学实践中也显示了扎实的专业基础和过硬的专业能力。如康群同学在康平省级创新实验区中学语文教学顶岗实习中表现突出，受到教务处带队老师和实习单位的好评。本专业学生在各类学校以及其他企事业单位的实习中也表现突出。

本专业学生不仅专业知识和能力突出，而且具有良好的个人素质和团队合作精神，在表达能力、沟通能力、执行能力等方面均卓尔不群。如在夏季达沃斯论坛等国际大型活动的志愿者选拔及履职过程中表现突出；到涉外机构及有关单位应聘，承担对外汉语教学、语文教学、英语教学等，显示了良好的综合素质和较强的能力。

3. 在各类工作岗位上崭露头角

本专业毕业生在海内外各个层次、诸多类别的教学单位和其他企事业部门的工作中，显示出很强的岗位适应能力，并崭露头角。我们的毕业生在从国内到国外，从内地到港澳，从本科院校、国际语言学校，到民族中学、双语学校、中小学国际部的各个岗位上，都表现出对职业的热爱和强烈的责任感，深受用人单位好评，显示了本专业学生在对内和对外语言教学领域的过硬能力，显示了多元化培养的突出效果。如韩煜韬在大连市第24中学（辽宁省重点中学、辽宁省示范高中）语文组任教，获国家级说课评比一等奖，获辽宁省重点高中协作体青年教师竞赛课第一名，第四、第五届大连市外国留学生汉语演讲比赛优秀指导教师。孙菲菲在大连枫叶学校国际部，郑芊在大连市重点小学北京小学都表现出过硬的教学组织能力。在海外工作的毕业生表现也非常突出，如2010届毕业生姚迪曾在韩国木浦全南第一高中进行一年的汉语教学，2013年10月又被选拔赴奥地利萨尔斯堡国际学校从事为期五年的汉语教学及行政事务。2011届学生金宵考入香港城市大学周亦卿研究院攻读专业中文（Chinese for Professional Purposes），现在香港一环教育任教。

毕业生在海内外的政府机关、涉外机构、文化交流、新闻出版等领域也显示出超强的跨文化交际能力、过硬的语言文字应用能力和良好的综合素质。

十年建设，十年探索，十年收获。2005年该专业开始招生以来，我们扎扎实实迈好每一步：2007年以优秀成绩通过辽宁省试办新专业评估，2008年以优秀成绩通过教育部本科专业评估，2008年获批辽宁师范大学重点建设专业，在本次专业综合评价中取得位居全省第二的成绩。目前，我们正抓紧建设中央财政支持地方高校专项"语言科技应用实验室"建设，为专业建设和人才培养搭建平台。立足实际，以本科专业综合评价为契机，对照评价体系分析总结专业建设的优势和不足，学习借鉴省内外专业建设经验，面向汉语国际教育人才市场，结合"十三五"规划要求，明确专业的建设目标，力争早日成为省级示范专业，同时做好语言学及应用语言学、汉语言文字学省级重点学科的培育，力争早日实现"本—硕—博"一体的人才培养体系，从而促进本科专业建设质量的提升，促进人才培养质量的提升。

参考文献：

[1]辽宁省高等学校本科教学网，http://www.upln.cn/html/Channel_11/Column_1104/Column_110401/。

[2]辽宁省高等学校本科教学网本科教学管理平台，http://sharecourse.upln.cn/pdt/sharecourse/index.html。

[3]陆俭明.汉语教学的新形势和对人才培养的要求[R].北京：全国高校对外汉语专业建设研讨会主题报告，2010.

[4]原新梅.依托地域优势 发挥师范特色 做好对外汉语专业建设[J].安阳师范学院学报，2011（4）.

[5]原新梅.新形势下"对外汉语教学概论"精品资源共享课的优化建设[R].北京：全国高校汉语国际教育／对外汉语本科专业建设研讨会论文，2013.

[6]赵金铭.对外汉语教学概论[M].北京：商务印书馆，2004.

汉语国际教育实践教学探索与研究[①]

——以华中师范大学为例

李炜　华中师范大学

【内容提要】汉语国际教育专业的实践教学是专业建设的重要组成部分，本文结合华中师范大学实例，分析了多种实践渠道的开拓、教学实践的具体流程以及实践教学与专业课程教学的良性互动，探讨了实践教学的多模式构建及具体做法，提出应该科学合理、因地制宜地构建和完善汉语国际教育专业的实践教学体系。

【关键词】汉语国际教育　实践教学

汉语国际教育作为全国很多高校都开设的本科及硕士专业方向，旨在培养语言教学实践型人才，这一培养目标决定了其专业实践教学的重要性和特殊性。从专业人才培养的需求出发，如何让正在接受专业基础知识教育的本科生及硕士研究生真正"走出去"，将学习与实践结合起来，实现学以致用，无疑是该专业实践教学必须关注的首要问题。构建科学合理、因地制宜的实践教学体系，精心安排组织实践教学，是汉语国际教育专业建设之必需，有对之进行深入探索和研究的必要。

[①] 本文系华中师范大学校级教学研究项目"汉语国际教育实践教学探索与研究"（项目编号：201430）、湖北省教育厅 2014 年教学研究项目"信息化国际化背景下的汉语国际教育专业的建设与创新"（项目编号：2014088）的研究成果之一。

全国高校该专业的实践教学环节在数量、形式、内容上各有特色。大部分高校都采取了利用本校现有资源（如留学生院等）或者个别学生参加孔子学院志愿者选拔出国任教的模式，另外部分院校建立了实习基地。自2014年以来，华中师范大学文学院进行了汉语国际教育实践教学的多模式探索，在构建合理的实践教学体系等方面取得了一定的进展，下面就从三方面加以论述。

一 开拓多种实践教学渠道

开展汉语国际教育专业实践教学，既要结合专业特点，构建科学合理的实践教学课堂体系，也要建立基地、用好基地，并尝试多方面的汉语教学合作。依照专业的自身特点来为本科生、硕士研究生量身打造专业实践途径，既能够让他们在学习期间打牢基础、进行实践，又能够让他们毕业后在最短时间内承担起汉语国际教育及其他相关工作的任务，这就需要"建立一种包括课堂、校园、基地和社会都行之有效的对外汉语专业实践教学体系"（王彬，2012：185）。为了构建立体的、专业的实践教学体系，我校从如下几方面开展工作。

（一）在专业课程学习中模拟实践

国家汉办2007年颁布的《国际汉语教师标准》从"语言基本知识与技能"（汉语、外语）、"文化与交际"（中国文化、中外文化比较与跨文化交际）、"第二语言习得与学习策略模块""教学方法""教师综合素质"等五个模块制定了国际汉语教学对师资的要求（国家汉语国际推广领导小组办公室，2007）。目前各高校对外汉语都参照这五个模块进行专业课程设置。理论课程能为学生专业知识的积累打下深厚的基础，因此，作为教学实践的先行课程的讲授者，教师在课堂中非常重视实践教学的理论课堂与教学实习之间的关系，切实将感知性学习与提高性学习贯穿在与实践教学相关的理论课堂中，并结合课外活动进行深化，在课堂教学及课外活动中培养锻炼学生的相关实践教学能力。如在"跨文化交际"课程中提高学生的跨文化交际能力，在

"汉语课堂教学理论与实践""汉语多媒体教学课件设计""对外汉语教材研究"等课程中让学生熟悉对外汉语教材，进行对外汉语教学能力的学习、观摩与实践，通过感知、理解、模仿对外汉语教学的过程，使学生获得比较扎实的职业基本技能，为之后的实习提供前提和基础。同时通过教学设计比赛、本科生与留学生互动互助等课外活动来丰富学习内容。

在我校，除了汉语国际教育专业开设的相关对外汉语教学课程外，还建议本专业学生选修中文师范类与教学相关的课程，全面地结合相关课程开展实践性技能训练。正如有研究者指出的那样，"对外汉语专业主要培养的是语言教学实践型人才，因而应该按照'师范化'的总体思路构建实习实践模式"；"在'师范化'模式的总体思路指导下，将专业见习与专业实习两个实践环节有机融合，有利于教学师资型人才培养的实现"（余波，2010：132，133）。

但是，学生教学能力的真正获得与提高，还需依靠实践经验的积累，学生的理论知识也需要通过模拟实践才能得以巩固和深化，因此，因地制宜地开展专业实习，就成为高校汉语国际教育专业实践教学的重要内容之一。

（二）建立实习基地进行专业实习

汉语国际教育的培养目标决定了其实践教学的对象应该是以汉语为目的语的汉语学习者，华中师范大学国际文化交流学院（以下简称国交院）多年来一直招收海外留学生学习汉语，在汉语教学方面有着丰富的资源及经验。文学院汉语国际教育专业以我校国交院为主要实习基地，学生在该院进行集中实习或担任兼职教师。本专业所有学生均可在国交院实习，但国交院兼职教师的遴选、聘任及教学过程都极为严格，面向全校招聘，因此只有极少数同学能够担任兼职教师。

（三）开展海外实践教学合作

其一，选派学生到海外孔子学院进行汉语教学。我校目前在国外建有四所孔子学院，分别是美国堪萨斯大学孔子学院、加拿大卡尔顿大学孔子学院、澳大利亚纽卡斯尔大学孔子学院和印尼泗水国立大学孔子学院,汉语国际教育专业的学生通过遴选可以到海外孔子学院任教,但仅有极少数学生入选。

其二,遴选学生担任短期汉语培训班教师。自 2014 年 6 月开始,华中师范大学文学院每年都与美国孟菲斯大学合作举行暑期汉语教学项目(以下简称 CCNU-UM 项目),孟菲斯大学的学生来我校文学院参加为期 5 个星期的汉语强化培训项目,由经过遴选的在校汉语国际教育本科生及硕士生进行汉语教学。这给汉语国际教育专业的学生提供了更多的实习机会。短期汉语学习班既能让学生对国外大学在校生进行汉语教学实践,同时也方便本专业教师对学生进行实践教学指导。目前我们已经与美国孟菲斯大学建立了稳定的长期合作关系,并形成了固定的短期班学生实践教学的指导模式。

此外,尊重学生个人意愿,个别有意向到中小学任教的同学,则选取了自己联系中小学进行教学的实习方式。

总之,构建和完善汉语国际教育专业的实践教学体系,争取校内实习与校外实习相结合、国内实习与国外实习相结合,让学生在教授外国人汉语方面获得切实的教学实践经验,同时兼顾部分学生的就业需求,如此才能因地制宜,建立立体化、多层面、系统化的教学实践体系。

二 教学实践的具体流程

鉴于我校大部分汉语国际教育学生参与的是基地实习及汉语学习短期班实习,下面就从这两方面对实习流程进行介绍。

(一)基地实习流程

华中师范大学国交院作为文学院汉语国际教育本科生及硕士生的实习基地,一般在每年九月份接纳实习生,实习生以学院组织、自愿报名的形式前往该院进行为期 8 周的实习。在实习正式开始之前,实习指导老师会对实习生进行一次培训。随后国交院会组织实习生与班主任见面会，会上由国交院相关负责人向实习生说明实习内容、管理制度和注意事项等，之后实习生一般被分到国交院的预科部进班实习。每两名实习生由一位预科部的班主任带领，实习内容主要包括进班听课、课后辅导、协助班主任管理班级。实习中后期要写课堂记录，实习结束前上讲台讲一至两次课，课型由实习生自行选择并提前两周进行准备。讲课情况会作为实习成绩的一项重要考核指标。总之，力求通过两个月阶段性集中的听课、评课、课后辅导以及讲课等环节，提高学生的教学能力和跨文化交际能力。目前考虑到实习生教学水平及留学生接受情况，尚不能给予实习生较多的上课时间，今后随着形势的发展，还需做进一步的改进。

在实习结束时，指导教师组织实习经验交流会暨评估会，所有的实习生交流实习经验、进行自我总结，并结合实习班主任及单位评价对每个人的实习情况进行评估。

（二）汉语学习短期班实习流程

由于汉语短期班的教授对象是美国大学在校生，虽然授课时间为5周，但加上前期培训，学生参与实习的时间仍然达到两个月。CCNU-UM项目沿用孟菲斯大学外语系中文课程的教学大纲、教材、教学方法、考试方式。学生通过考试，可以获得6个被孟菲斯大学承认的学分。因此，该项目对参与教学的实习生要求相对基地实习更高，目前在前期遴选培训、实习内容与教师指导、实习评估等方面已经形成了稳定的流程。

第一，实习生的遴选。CCNU-UM项目正式启动后，为了让来学习的美国学生学而有所收获，同时让本校实习生的实践卓有成效，我校文学院和孟菲斯大学外语系的教师们一起精心设计了短期班的教学目标、教学内容、教学模式、教学方法。每年5月初，文学院开始组织实习教师的公开招聘，实习教师主要来源于文学院汉语国际教育专业的本科生和研究生。学生通过填写申请表报名，申请表的内容包括普通话水平、英语能力水平、阅读过的对外汉语教学教材和从事对外汉语教学的理念等方面。通过首轮筛选的申请者需要进行公开试讲，自选项目教材的内容进行15分钟模拟教学，由该项目的3位负责老师现场打分，然后择优录取。2014年短期班项目共五个年级，每个年级两位实习老师。实习老师按照强弱互补的原则进行搭配。每一组中，一名实习教师前两周讲课，另一名实习教师听课并负责作业的批改，后两周二人互换工作。

第二，实习生培训。短期班的实习教师培训分为四个部分，包括例会、集体备课、试讲，以及教师用语培训。

例会、备课与试讲。例会贯穿培训的始终，第一次例会是实习指导老师组告知所有实习教师项目基本情况并提出相应的要求。每个年级的两位实习教师按小组备课。备课包括确定教学过程、讨论问题的设计以及确定PPT等。培训过程中包含两次试讲。第一次试讲在首次例会之后，每个年级由一位实习老师试讲。试讲时，实习老师需要讲解第一节课设计的PPT，包括自我介绍、导入、上课内容展示。一二年级的实习老师需要使用英语辅助讲解。第二次试讲是集体备课之后，正式上课之前进行模拟课堂演练：部分实习老师扮演学生，与试讲老师配合（听课、提问等），模拟美国学生上课场景。模拟课堂后，先由试讲老师自评，总结自己讲课的优缺点；然后由指导老师进行点评，其他的实习老师也提出意见及建议。

教师用语培训。由于在对外汉语课堂上教师与学生母语不同，教师要充分掌握学生已有的汉语知识系统，确保所有课堂用语对学生而言都是"可懂输入"，需要严格限制用语范围。孟菲斯大学的老师对实习教师进行了教师用语的培训，并提出了相应的要求：尽可能多地用汉语表述，特别是对二年级以上的留学生，能用汉语表述的最好不用英语；课程提问和讲解用学生学习过的汉语来表达；教师不要和学生达成"语言誓言"；等等。这些为参加项目的实习生能顺利教学，美国学生能够在课堂上听懂教师的语言，顺利完成暑期学习提供了良好的条件。

第三，实习内容及教师指导。孟菲斯大学的中文课是一周三个学时（一周三次，每次一个小时；或一周两次，每次一个半小时），CCNU-UM项目是每天三个半小时的中文课，每周一至周五上午8点半到12点属于课堂教学时间。CCNU-UM项目使用的教材是《中文听说读写》(*Integrated Chinese*)。该教材有配套的练习册,是对课后练习的补充。教学课型是综合课,要求精讲多练。不同年级、不同规模的班级教学任务、授课进度都有差异。课外活动包括校内外的课外活动,如参加校内的中文角、周末游览武汉名胜古迹等。实习老师需要负责教学及课外活动。相比于基地实习,汉语短期培训班的实习内容更扎实、更广泛,实习强度更大,对实习教师提出了更高的要求。在实习过程中,指导老师根据教学情况随堂听课,每周五下午召开全体实习老师例会,进行该周工作总结,分配下周的工作任务。

第四,实习工作总结。教学评价也是短期班实习结束后的重要环节。以教学目标为依据,运用科学的方法对教学结果和过程做出测量和评价,不仅有利于对美国学生的评价,对整个项目运行的评估,而且也能对实习生的综合表现评估给出合理的依据。每年短期班培训工作后,两校的学生及指导老师都对项目运行进行认真的评估与总结。CCNU-UM项目的评估体系包括三个方面:教师对学生的评价,学生对老师的评价,学生对该项目的评价。通过研究美国学生在此期间的学习效果以及对实习老师和项目的评价,可以进一步完善教学内容的安排,提高实习教师在跨文化交际方面的能力,等等。

三 实践教学与专业课程教学的良性互动

通过以上多渠道的实践教学,对外汉语教师组集体达成促进实践教学的意见并在课堂中实践,各任课教师分析、总结自己所负责的与实践教学相关课程的特色和教学心得,不断调整、优化相关实践教学内容、方式,提出具有实证基础、切实可行的教学模式建议及解决方案,促进学生对对外汉语教学的认知,提高跨文化交际能力及教学能力,切实打牢将来进行实习的基础,形成了良好的互动。

例如,在征得外方老师及学生同意的情况下,我们对CCNU-UM项目进行了部分录播,将其中优秀实习教师的讲课视频作为案例,在"汉语课堂教学理论与实践""国外汉语课堂教学案例分析"课程上作为案例分析供学生学习讨论，并由教师对视频进行细致点评。这种对于实习生真实教学视频的案例分析，让学生更容易看到其中的优缺点，有针对性地进行自我改进。此外，在"汉语多媒体教学课件设计""对外汉语教材研究"这两门课程中，以学生实习中会涉及的教材为基础，要求他们分析教材，按课文的内容设计多媒体课件，并将参与项目的实习生的课件作为案例进行讨论。在"跨文化交际"课程中，将搜集到的学生在实习过程中的成功及失败案例进行分析。这些都从根本上促进了后期实习的开展。还有学生将在国际文化交流学院、汉语短期班培训实习的相关内容作为毕业论文选题，促进了专业学术研究。

根据现有的实践教学情况，结合我校开拓"第三学期学习"的整体改革，汉语国际教育专业正着手效仿文学院师范生的"暑期师范生技能培训"，在第三学期对本专业学生进行"教师技能第三学期培训"，希望进一步加强本专业学生的师范教学技能，完善实践教学体系。

四 结语

以上以华中师范大学文学院汉语国际教育专业为例，探讨了实践教学的多模式构建及具体做法。除上述外，汉语国际教育专业实践还可以进一步尝试对外汉语教学的社会资源开拓。目前，北京、上海、广州的部分院校早已将实习范围扩大到各种类型的企业及机构汉语培训。在条件许可并成熟的情况下，我校将尝试积极拓展校外实习基地，在充分调研的基础上，寻找相应的国际学校、语言培训机构、本地外资合资企业开展合作，给学生提供多样化的实习机会。

此外，开辟长期稳定的、不给学生造成经济负担的专业海外实习渠道，也是有资源条件的院校应该着力进行的工作。在这方面成都大学汉语国际教育专业的实践教学经验值得学习。该校与泰国清迈省政府签订《成都大学学生赴泰国清迈省进行语言文化交流实习项目协议》。根据协议，成都大学每年向泰国清迈省政府派遣约100名学生志愿者到泰国进行汉语教学实习。该项目被纳入国家汉办"汉语教师志愿者计划"，而这一百名汉语志愿者教师主要由汉语国际教育专业派出。该校从集中实践课程入手,提升集中实践学时总比重(2012级专业要求总学分190,集中实践环节占45学分720学时)。2013年该校派出2012级对外汉语的88名同学赴泰国实习一年,这是该校办学历史上最大规模的本科海外实习行动,在国内高校中也属罕见。"这一年中的实习学分可以抵换以前的毕业实习和其他集中实践课程。因此2012级的汉语国际教育专业的教学计划也相应做了极大的调整和改革,打破学分严格按照学年制分布模块,大幅度提升集中实践课程,把实习基地建立在泰国清迈全省的80多所中小学学校课堂里,为专业实践体系的完善保驾护航。"(刘云春,孔稚凤,2015:65)

总之,因地制宜,创造性地构建和完善汉语国际教育专业的实践教学体系,要争取校内实习与校外实习相结合、国内实习与海外实习相结合,建立立体化、多层面、系统化的教学实践体系,力图将汉语国际教育实践教学建成包含"感知性学习、提高性学习和专业性实习的系统化实践教学"体系(刘丹,2013:43),让学生在教授外国人汉语方面有切实的实践经验。同时学生的实习也要促进汉语国际教育专业的课程教学,形成课程教学与汉语国际教育的实践环节之间的良好互动,让二者更有效地紧密联系在一起。

参考文献:

[1]王彬.对外汉语专业实践教学模式构建的思考[J].淮北师范大学学报(哲学社会科学版),2012(10).

[2]国家汉语国际推广领导小组办公室.国际汉语教师标准[M].北京:外语教学与研究出版社,2007.

[3]余波.构建对外汉语专业实习实践模式的思路与方法[J].文学界(理论版),2010(8).

[4]刘云春,孔稚凤.汉语国际教育专业海外浸没式实践教学探索——以成都大学为例[J].绵阳师范学院学报,2015(6).

[5]刘丹.汉语国际教育实践教学模式分析[J].河南教育(高教),2013(8).

汉语国际教育本科专业中国古代文学欣赏课程的教学设计与思考

梁晓萍　　南开大学

【内容提要】 鉴于语言与文化不可分割的关系，在汉语国际教育本科专业的课程体系当中，文化课程应当占有相当的比重，其中古代文学课在必修课和专业选修课中应占比重最大。然而实际情况来看，学生的文化积累仍存在着"空化""泛化""术语化"等现象。本文从汉语国际教育专业的培养目标、文化教学的目标、南开大学汉语言文化学院的课程设置及教学对象的实际情况出发，结合作者十年来从事中国古代文学欣赏系列课程教学的经验，对该课程的课程目标、总体设计、作品遴选、教学方法等进行了探讨，认为：一，古代文学课程是文化教学的重要组成部分，其课程目标不仅是进行文学规律的讲解或文学技巧的研讨，而应该侧重于文化（特别是思想文化）知识的具象化；二，应注重课程之间的相互配合，力争通过古代文学的教学，利用中国文化话语，逐一介绍中国传统思想文化至今仍在产生深刻影响的文化点；三，在古代文学课程的教学中，应选取有典型思想文化蕴意的作品，以点带面地进行文化教学；四，在教学过程当中，应增加小组展示或个人汇报环节，以锻炼学生的教学能力。

【关键词】 文化教学　古代文学　文学文化学　汉语国际教育　教学设计

2012年"对外汉语"专业经整合后更名为"汉语国际教育"。随后，教育部新版的本科专业介绍中对其培养目标的文字表述上也有了相应的调整。然而不论是前者的"对中国文学、中国文化及中外文化交往有较全面了解"，还是后者的"具备中国文学、中国文化、跨文化交际等方面的专业知识与能力"，培养目标的表述中对培养对象的文化素质都提出了较高的要求。然而实际情况如何呢？从我个人的教学感受来看，学生在谈及中华文化时，往往所言都较为粗浅，甚至只会援引马列主义或西方哲学术语夸夸其谈，而且正由于对本国文化缺乏体悟和了解，他们在与外国人交往时也谈不上跨文化意识，走出校门后也往往难以适应文化教学或传播工作。这就使得我们有必要反思以下问题：

（1）文化教学的目标是什么？
（2）现在课程体系中文化类课程的现状如何？
（3）教师可以做出哪些探索？
本文的写作正是基于以上三个方面的思考。

一　文化教学的目标

在笔者看来，汉语国际教育专业（从本科到硕士乃至博士）的最终培养目标是培养优秀的国际汉语教师，"优秀"既指具有出色的语言教学能力，也指具有深厚的文化素养，文化教学必须服务于这一最终的总体目标。因此，要厘清文化教学的目标，除了参看上文所提及的教育部本科专业介绍之外，还应综观国内外第二语言习得领域的重要大纲，如我国的《国际汉语教学通用课程大纲》（修订版）、美国《21世纪外语学习标准》和欧洲《欧洲语言共同参考框架——学习、教学、评估》。以上大纲在文化教学的总目标上已形成共识，即通过语言教学使学生体认多元文化，了解本国和他国文化异同，有效进行跨文化交际和沟通。由于"文化"是一个内涵和外延甚广，甚至可以说是无所不包的概念，因此教师在对其理解上也会各有不同。

2012年国家汉办对《国际汉语教师标准》进行了修订，其中明确提出汉语教师"应掌握中华文化和中国国情基本知识,具备文化阐释和传播的基本能力;具有跨文化意识和交际能力,能有效解决跨文化交际中遇到的问题"。显而易见,"中华文化和中国国情基本知识"与"文化阐释和传播能力""跨文化意识和交际能力"这三者之间是环环相扣的关系,前者可以说是后二者的前提和基础。文件中还从以下四个方面对"中华文化基本知识""文化阐释和传播的基本能力"进行了描述(国家汉语国际推广领导小组办公室,2015):

(1) 了解中华文化基本知识、主要特点、核心价值及当代意义;

(2) 能通过文化产品、文化习俗说明其中蕴含的价值观念、思维方式、交际规约、行为方式;

(3) 能将文化阐释和传播与语言教学有机结合;

(4) 掌握相关中华才艺,并能运用于教学实践。

细细考量不难发现,修订后的《国际汉语教师标准》强调文化的深层性、时代性以及实践性,要求汉语教师具有这方面的文化素养。那么,在汉语国际教育本科课程体系当中,文化教学的实际情况如何,是否体现了文化的深层性、时代性及实践性呢?

二 南开大学汉语国际教育专业文化类课程现状

鉴于语言与文化不可分割的关系,在汉语国际教育本科专业的课程体系当中,文化课程应当占有相当的比重。以南开大学汉语言文化学院2015年的培养计划为例,在前三年的课程学习当中,学院为学生开设如下课程(见图1)。

如图1所示,南开大学汉语言文化学院为汉语国际教育专业本科生所开设的文化课程包括五门必修课(共计18学分)及九门选修课(共计18学分)。假使一位学生修满所有的文化课,所获得的学分在总学分(142学分)当中也只占四分之一左右。事实上,由于各种原因,大部分学生毕业时,文化课的学分是22~26分,约占总学分的15%。

笔者认为,这个数字足以说明目前文化课在汉语国际教育本科专业的整个课程体系当中,仍比较"边缘化"。不仅在总学分中所占比例

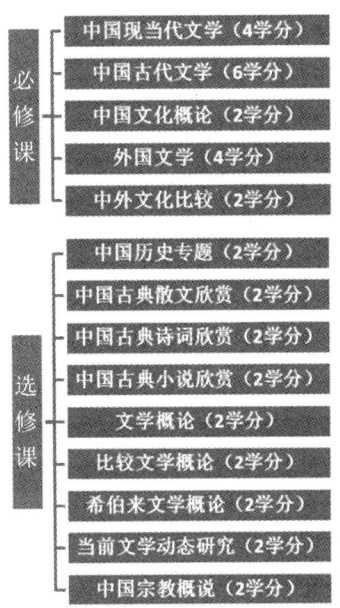

图 1　南开大学汉语言文化学院汉语国际教育本科专业的文化课程体系

偏低,而且从课程名称上看,与语言教学的直接相关度差。如此一来,文化教学要体现"深层性、时代性及实践性"只能是奢求。

也有教师认为,文化课教学的目标不宜定得过高,做到深层性足矣。那么,何谓文化的深层性,现有的文化课程体系及教材是否能够达到这一目标?笔者综合各位前辈学人对文化形态的划分①,从语言教学的角度结合自己的理解,整理出"文化的形态结构",如图 2 所示。

以图 2 所示的"文化的形态结构"来衡量今天的文化课教学,不难发现其存在以下问题:

其一,课程之间缺乏联系,不能有效衔接和互补;

其二,教学内容存在着明显重"表"轻"里"、厚"古"薄"今"的现象,大部分课程重视历史文化知识和文学知识的传授,概述多而

---

① 各位前辈学人在划分文化形态时,所用术语不一,分法也有所不同,如冯天瑜将文化分为技术体系和价值体系,分为物态文化层、制度文化层、行为文化层、心态文化层;张岱年将文化分为物态文化、制度文化、行为文化、心态文化;金元浦将文化分为物质生产文化、制度行为文化、精神心理文化;张占一将文化分为知识文化和交际文化。但是,基本上都认为文化可分为表层、中层和深层,或者认为文化是"一个包括内核与若干外缘的不定形的整体,从外而内,约略分为六个层次"(冯天瑜,1999:30—33)。

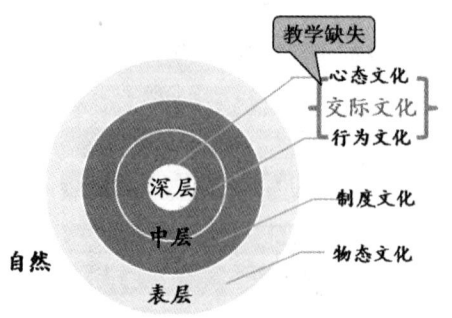

图 2 文化的形态结构

论述少,重文化现象的描述而缺文化内涵的挖掘,较少涉及深层文化内涵的解读与阐释,如文学作品当中的价值观念、思维方式乃至创作模式等;

其三,教学方法也仍以讲授为主。

正由于目前文化课程对中国文化的介绍,涉及物态文化、制度文化过多,且涉及行为文化、心态文化过少,而应当承担起"介绍行为文化、心态文化"这一功能的文学课程又多文学知识介绍而少思想观念探讨,未把主要精力放在讲述文化产物、文化习俗和文化观念的关系方面,因此所培养出来的学生在进行文化传播时,也往往只能停留在表层,而根据我们的调查,汉语学习者最为关心的内容恰恰是深层文化,特别是与中国人日常生活相关的礼仪和交友,以及交通、饮食、购物、服饰、旅游、民居等生活方式及其背后的观念(见图3)。

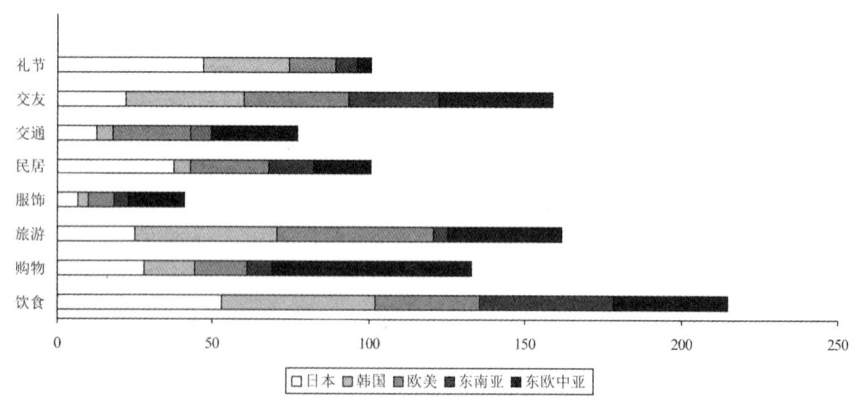

图 3 留学生的中国文化学习兴趣

三 "中国古典文学欣赏"系列课程的设想及实践

中国文化博大精深,不可能在一门课程当中面面俱到,因此应该通过课程之间的配合,对中国文化进行提纲挈领的介绍,优先考虑从古到今一直存在、仍然影响着中国人的思想观念。文学所承载的恰恰正是这一部分内容,即人们的价值观念、审美情趣、思维方式,是某种文化核心与精髓的生动反映。

笔者从 2004 年开始从事面向汉语国际教育专业本科生的古代文学课程教学,主要讲授"中国古典文学欣赏"系列课程(包括散文、诗词、小说三部分)。经过十年的探索与实践,本人认为汉语国际教育背景下的古典文学欣赏(或称古代文学名著选读)课程,其教学目标及教学重点应与中文系有所区别,不在于文学发展规律的介绍或文学技巧的分析,而应侧重于对文本中所蕴含的思想文化现象的研讨,以达到将本民族的文学话语、文化话语具象化之目的。因此,有必要从教学总体设计、作品遴选及教学方法三方面贯彻汉语国际教育专业培养优秀国际汉语教师之总体目标。

在教学总体设计方面,将各体文学欣赏课程都分为通变篇、总术篇、知音篇三个模块。通变篇对该体裁的文体特点、发展演变脉络进行梳理;总术篇通过阅读相应作品,对不同文体的赏鉴方法做介绍和探讨,或提供鉴赏的不同角度,开拓学生思路,同时弥补本专业学生无文学理论和文学批评类课程之不足;知音篇从选择文学特征鲜明而又文化意蕴丰富的作品入手,引导学生关注中国文化的重要专题。此外,在整个教学过程中,将文体发展史讲授、作品欣赏、文化探讨的比例控制为 2∶4∶4。

在作品遴选方面,优先选取既有时代文学特征又有典型思想文化蕴意的作品,以点带面地进行思想文化教学,进行文化专题研讨。如在"古典诗词欣赏"课上,通过《西北有高楼》讨论中国文人的知音情结,通过杜甫《秋兴》探讨律诗的成熟与中国文化的悲秋传统。在"古典散文欣赏"课上,通过《楚辞·渔父》与《庄子·渔父》的对读,总结渔父意象与中国文化中的仕隐关系；通过王羲之《兰亭集序》、柳宗元《钴鉧潭西小丘记》、苏舜钦《沧浪亭记》、袁宏道《满井游记》、张岱《西湖七月半》，综观中国的山水文化与山水意识。在"中国古典小说欣赏"课上，通过唐代三大爱情传奇与《影梅庵忆语》《浮生六记》的阅读，剖析才子佳人童话与考察中国传统文人婚恋心理；通过《错斩崔宁》《三侠五义》《施公案》，分析中国文化中的清官情结；通过《封神演义》考察中国道教文化；等等。经过不断实践与调整，形成了30多个文化专题。

在教学方法方面，鉴于课程阅读量较大，为了节约课堂时间，同时也为了锻炼学生的分析概括能力、语言表达能力、独立思考能力及教学能力，将文本阅读等任务交给学生课下完成。也就是说，课前以小组作业的形式布置相关任务，课上进行小组汇报，汇报时要求以PPT形式使用尽量简洁的语言概括作品内容，然后由同学提问或教师进行点评，将课堂表现记入平时成绩。这一环节实际上相当于教学演练。此外，在文化讨论方面，也注意利用多媒体技术手段加强历时文化研讨与当下社会或文化现象的链接，以聚焦热点新闻、热门博文及观摩相关影视剧作品等方式引起学生文化讨论的兴趣。例如在"中国古典散文欣赏"课上讲授《礼记·大学》时，在对文本当中的儒家教育理念进行总结之后，通过热门博文讨论当下中国教育状况；在阅读《史记·刺客列传》时，通过播放陈凯歌《荆轲刺秦王》与张艺谋《英雄》的电影片段，指导学生了解不同时代人们对侠文化的不同解读。

总而言之，对汉语国际教育专业的学生来说，"中国古典文学欣赏"系列课程不仅应该达到拓宽知识面、增加学生文史素养之目的，也应该注重培养学生的教学能力，二者并行不悖。从目前学生的反映来看，该教学设想基本达成。

四 结语

本文的出发点是探讨如何培养既有出色的语言教学能力，同时也具有深厚文化素养的国际汉语教师。因此汉语国际教育本科专业的"中国古典文学欣赏"课程不应该是中文系相应课程的"浓缩版"或"精华版",而应在教学目标、教学总体设计、作品遴选、教学方法等方面都与汉语言文学专业有所区别,为培养优秀汉语教学师资、提高学生教学能力这一总体目标服务。

文学作品既有语言的美感,又包孕着中华文化在不同历史发展阶段的社会心理和社会意识形态,以之进行中国文化教学,既可以实现语言与文化的有机连接,又可以触及支撑表层文化的深层文化,改变学生在文化积累方面"空化""泛化""术语化"的积习。

参考文献:

[1]余虹. 文学知识学[M]. 北京:北京大学出版社,2009.

[2]畅广元. 文学文化学[M]. 沈阳:辽宁人民出版社,2000.

[3]国家汉语国际推广领导小组办公室. 国际汉语教师标准[M]. 北京:外语教学与研究出版社,2015.

[4]欧洲理事会文化合作教育委员编. 刘骏,傅荣主译. 欧洲语言共同参考框架:学习、教学、评估[M]. 北京:外语教学与研究出版社,2008.

[5]王国安,要英. 汉语国际推广与中国文化[M]. 上海:学林出版社,2008.

[6]冯天瑜. 中华文化史(精装本)[M]. 上海:上海人民出版社,1999.

[7]张岱年,方克立. 中国文化概论[M]. 北京:北京师范大学出版社,2004.

[8]程裕祯. 中国文化要略[M]. 北京:外语教学与研究出版社,1998.

[9]金元浦. 中国文化概论[M]. 北京:中国人民大学出版社,2007.

[10]吴成年. 论对外汉语教学的中国现代文学课[J]. 北京师范大学学报(人文社会科学版),2002(6).

[11]崔希亮. 汉语国际教育与中国文化走出去[J]. 语言文字应用,2012(2).

教学辅助资源和隐性课程设计在培养高级读写能力方面的作用
——以华东师大汉语国际教育（留本）为例

周子衡　　华东师范大学

【内容提要】培养海外汉语本土师资是汉语国际教育新的发展趋势之一。汉语师资的培养在读写能力方面比其他类型留学生有着更高的要求，而就目前的条件来看，在有限的课堂教学内完成教学目标的难度很大，因此必须要把有效教学活动延伸到课堂之外。而充分拓展教学辅助资源、加强隐性课程设计则是实现大课程设计的两个重要方向。建议有关方面要加大对这两方面的财力投入和政策支持。

【关键词】教学辅助资源　隐性课程　汉语读写能力

一　面临的问题

汉语国际教育本科面临国内就业市场逐渐饱和的严峻形势，大量毕业生最终从事与本专业无关的工作。本科阶段设置该专业的必要性因此受到质疑。从长远来看，这对汉语国际教育的专业化发展是很不利的。而面向海外的汉语本土师资培养在一定程度上可以缓解这方面的压力，同时也与国家所采取的海外汉语教师本土化策略相呼应，因此该方向将是本专业的一大发展趋势，也将成为新的增长点。

与其他类型的留学生培养相比，汉语国际教育对海外师资（留本）的培养标准有着明显的不同。后者在汉语读写方面应该有更高的要求。所谓更高，不但指汉语水平高，也指基本功扎实，出错率低。为何强调读写能力？因为在四种语言技能中，只有读写能力是学校正规教育所独有的产物。一个汉语学习者如果有很强的汉语听说能力，其形成的原因可能有很多，未必都是学校教育的结果。但一个汉语学习者如果有很强的读写能力，那么我们基本可以判断其受过良好的学校教育和系统的读写训练。特别是在高级阶段，读写能力的培养是提高汉语综合能力的主要途径，对听说能力也有很大的促进作用。反观其他类型的留学生，普遍存在读写能力差的问题。即使是攻读硕士、博士学位的留学生，也常有无法准确快速手写汉字或错别字较多、语句不通的问题，达不到汉语师资的标准。对海外汉语师资的培养不同于培养汉学家，学术研究能力不是重要的标准，各项指标中排在第一位的还是其本身的汉语水平，尤其是读写能力。

然而，从目前的现状来看，要使师资专业的留学生在毕业时读写能力达到合格的标准，却是一项非常艰巨的任务，其主要原因有如下四个方面。①入学时的语言水平起点较低。最初只要求通过HSK3级，目前提高到了4级。4级要求掌握1200个词，从读写方面来看只相当于中国小学二三年级的水平，显然无法和汉语国际教育专业的中国本科生一起上课，需要另设班级并配备相应的教师队伍、设置语言课程。而且目前这些留学生绝大部分来自非汉字圈国家，在读写学习方面并不具备先天优势。②HSK考核标准要求高。本专业要求留学生在一年级结束时通过5级，二年级结束时通过6级，并把奖学金与HSK相应的成绩挂钩。这与其他专业的留学生在四年级毕业时通过6级的要求相比显然是比较高的（但也是合理的）。③课程设置的成本限制。入学时留学生的水平实际上存在着一定差距，若严格按照教学规律来执行的话应该分班教学，但由于学生人数较少，出于成本考虑，不可能为处于某个水平的两三个学生单独设班，因此混合式班级模式将是一种常态。这对教学也提出了更高的要求。④本科教育成才率的考虑。由于目前该专业绝大部分留学生是奖学金生，与国家汉办签有合同，毕业后要承担汉语国际推广的重任，这不同于其他类型的留学生以自费生为主的情况，因此整个教学过程中需要保证较高的成才率。这在目前留学生汉语学习成才率普遍并不高的情况下，对教学质量提出了更高的要求。以上这四个方面的因素在短期内将不会有太大的改变，因此充分挖掘现有教育资源、提高教学效率变得迫在眉睫。

二 解决问题的方向

我们认为，教学辅助资源和隐性课程设计是解决现有问题的两个重要方向。前者属于硬件建设，而后者属于软件建设。

丰富的教学辅助资源可以扩大留学生对汉语的接触面，有助于把汉语学习延伸到课堂之外，逐渐培养留学生的学习兴趣和一定的自学能力，从而提高汉语学习的整体效率。教学辅助资源所包含的内容很广泛，其中侧重于读写方面的有如下几点。①适合留学生阅读的报刊书籍。目前学校图书馆绝大部分的报刊书籍并不适合留学生阅读，需要专门为留学生寻找适合的分级读物，并集中起来单独设立阅览室。为了增加留学生接触书面文字的机会，也便于教学时随取随用，最好是在每个教室内设几个书柜用来摆放这些读物。当然，这么做的前提条件是班级的教室是固定的。由于国内能找到的留学生分级读物并不太多，也可以找一些接近的读物作为补充，比如中小学语文课本、连环画、幽默笑话、成语故事、中文画报、儿童读物，等等。②图文并茂的教室布置。为了突出文字特点，各类布置材料上最好要有汉字，而不仅仅是图片。如果整个教室环境中充满了各种有意义的汉字，长期的视觉刺激在心理上会减少留学生对汉字的恐惧感，并会使留学生在潜移默化中学会一些教材中并未出现过的字和词，无形中增加了有效的学习时间。可用来布置的材料有各类地图、带有简单文字说明的本地风景图片、各类教学用挂图、识别较容易的汉字书法作品、优秀的学生作文、添加文字说明的摄影作品等。除了带文字的材料，一些带有中国文化元素的非文字摆设也可以作为道具来使用，比如茶具、围棋、象棋、中国传统建筑模型（如四合院）、传统家具模型、文房四宝，等等。此外，带有一定实用功能的小物品也可以采用，比如放置了各类文具的笔筒、小瓶的水养花草等等。总之，布置需要一定的设计感，而不是简单的陈列；也应该定期更换，可供各班循环使用。一个布置材料丰富有序的教室环境，可以激发留学生的学习兴趣和对中国文化的热爱，也可以在教学过程中制造出大量的话题，使有效学习在有限的教室环境内无处不在。③自制的汉字卡片。虽然多媒体技术发展迅速，但自制汉字卡片还是很有效的学习手段。每个留学生的汉字基础不同，无法采取统一的标准，因此比较好的做法是分发给每个留学生一定量的空白卡片，让他们按照老师规定的要求自己制作汉字卡片。整个制作卡片的过程对留学生来说也是一个学习汉字的过程，教师可以检查制作的效果和进度。卡片做好后，教师应该指导留学生如何使用这些卡片来辅助学习。这些卡片也可以作为游戏或竞赛的道具。④生活中收集的各类文字印刷品。教师和留学生可以共同收集，开始时由教师示范如何收集，然后发动留学生们照着去做。可收集的对象包罗万象，比如饭馆菜单、火车票、飞机票、超市收据、各类小广告、购物发票、报纸杂志（可供剪报用）、各类名片，等等。这些都可以经过彩色扫描后分类保存起来。⑤文字类型的网络资源。下载适合留学生阅读的各类文字材料，比如新闻报道、生活小常识、笑话段子、传统经典故事、人物访谈记录等。尽量做到百科化、趣味性强，并要对文本适当删减简化。这些文本将来也可作为泛读或报刊课的原始素材。⑥收集历年内容可公开的留学生作文。为了便于阅读，可要求留学生把手写作文全部打成电子版存档。总之，教辅资源的积累需要一定量的经费持续投入，才会逐渐显现效果。为了控制成本，我们要力所能及地选择可积累的资源，并且要积极发动留学生参与。

隐性课程设计所涵盖的范围也很广，虽然没有课时、学分和考评，但它们融入到留学生课外的生活中，对他们的汉语学习起着潜移默化的作用。上文所说的把教辅资源的收集工作分配给留学生课外去完成，这本身就是一种隐性课程。而在这个过程中，留学生学会如何收集教学素材，并逐渐养成这种习惯和意识，这对他们将来回国从事教学工作时独立开发课程也是有好处的。这些凝聚了留学生劳动的教辅资源中的电子版部分，待留学生毕业时可以复制后带回国在教学工作中使用。为了更好地共享资源，毕业后师生仍可在网络上长期保持联络，交换教学信息与资源，进而实现中国汉语教师和海外本土汉语教师进一步的专业合作（例如委托调查、合作编写教材等）。此外，隐性课程还可以包括班级制度建设（例如班规的制定、图书管理制度的实行）、师生微信群、自助语言交流活动（例如交流旅游攻略、语言类竞赛、好生辅导差生）、班级日志（轮流记录班级发生的事件）、学记中文笔记、纠错本，等等。这些隐性课程设计往往带有真实的交际任务，不仅可以促进留学生读写能力的提高，也有助于师生各种观念的交流。总之，要让留学生在课余时间也要忙起来，有形无形地投入到汉语学习中。甚至在寒暑假期间，也应该布置一定量的课外读写作业和其他学习任务，使汉语学习贯穿于他们整个大学生活期间。以上这些隐性课程的开展需要教师在课外持续投入大量的精力，也要留学生们的积极参与，与此同时还需要一定量的经费支持和政策扶持。

三 实践中的体会

以目前华东师大汉语国际教育（留本）二年级某班为例，留学生有 18 人（其中 17 人为奖学金生），都来自我国的周边国家，基本属于"一带一路"的范畴。入学时只有 10 名留学生，当时这 10 名留学生的汉语水平差距很大，从 HSK3 级到 6 级都有，各级的人数分别为 1、5、2、2。通过一年的学习，参加了一次 HSK 考试，现在 3 级的留学生没有了，从 4 级到 6 级的人数分别为 1、6、3。二年级开学又插入 8 名留学生，其中 4 级 2 人、5 级 6 人，所以现在 18 名留学生的 4 级、5 级、6 级人数为 3、12、3，水平差距趋于集中。我们预测，再经过半年的强化学习，到二年级结束时，绝大部分留学生可以达到 6 级。从中可以看到，出于教学成本的考虑，一般不会把最初的 10 名留学生按实际汉语水平编成 4 个班级。理想中的个性化教学、国别化教学以及种类繁多的各类教学法、先进的教学技术或理念一旦遇到成本过高的问题，其可操作性就大大降低。由于生源国家的汉语教育基础和筛选机制的不同，水平参差不齐将是这个专业留学生的常态。实践证明采用混合式的班级模式是可行的，但前提就是需要充分利用弹性较强的教学辅助资源和隐性课程设计，以便使得每个水平的留学生都能找到自己的学习空间。比如水平较高的留学生在上课期间如果觉得课程内容简单，就可自行从书柜内选取其他汉语书来阅读、自学。另外我们也安排这些最好的留学生来辅导班里的差生。作为将来的师资，他们提前接受教学的挑战也是另一种形式的学习和体验。

以上所说的教学辅助资源和隐性课程设计只是我们的初步设想和计划，现在我们只做了其中一小部分，还没有全面深入地展开，因此其潜在的教学效果还没有充分展现出来。影响这些计划实施的最主要的障碍还是经费的问题。应该说国家在汉语国际教育（留本）方面投入了相当大的财力，但我们认为这些财力的分配是失衡的。主要的财力还是投在了享受奖学金待遇的留学生身上，例如学费和住宿费用全免、每月提供生活费，等等。这使得目前的奖学金生有着很高的汉语学习热情和动力。但教学过程还涉及其他几个环节，若对其他环节不加以相匹配的投入，从长期来看会影响到整体教学质量的提高。从我们刚才所说的教学辅助资源和隐性课程设计来看，实际实施时的经费投入是有限的、可控的，其中有相当一部分是不需要费用的。而且这些投入所产生的有形资源是可以积累且可循环使用的，具有利用率高、时效性长、损耗小的特点。因此有关部门应重视这方面的投入并设立专项的经费，以期产生更好的教学效果。

需要补充说明一点，课程建设费用不同于学术研究费用，前者的使用范围较受局限，共享的便利性较差，规划费用时一般以班级为单位。例如，同一张中国地图不适合几个班级共享，应当给每个班级都配齐。部分教辅资源属于班级层面的，部分属于年级层面的，而部分属于学院层面的，这些都应当合理规划。一届学生毕业后，留下的教辅资源除少数有损耗外还可继续供新生使用。因此四年周期过后，后续的投入将会大大减少。此外，教师课外的课程建设活动也应该折算成相应的工作量，只有在他们的劳动得到应有尊重的情况下，很多有利于提高教学效率的措施才会落到实处。而这需要得到有关方面在政策上的支持。

  总之，教学辅助资源和隐性课程设计这两方面相辅相成，可使该专业留学生在课堂内的读写训练扩展到整个在华留学的日常生活中，相比仅局限于课堂内针对汉语教材的学习与各项测试，我们相信这种大课程设计理念能更有效地提高留学生在读写方面的学习兴趣和效率，也是目前解决汉语国际教育（留本）所面临困境的可选方案之一。

中国文化及其教学

汉语国际教育专业国内本科生文化意识的培养

陈芳　　暨南大学

【内容提要】 加大汉语国际教育专业的建设力度，重视对于国内本科生的培养，是一条快速培养合格的汉语国际教育师资力量的途径。在专业教育教学的过程中，一方面要加强学生对于语言、教学法的学习，另一方面也要加强其母语语文素养和应用能力、跨文化交际能力的培养，以及对于学习者所在国的文化的学习。唯有如此，才能有效突破第二语言教学中语言与文化相分离的困境，提高其汉语教学的效能，从而适应国际汉语教育市场的需求。

【关键词】 国际汉语教育　　文化意识　　文化教学

一

在巴黎街头，有关汉语学习的宣传广告这样写道："学习汉语吧，那意味着你未来几十年内的机会和财富。"（梁杰，2009）可以说，随着中国综合国力的稳步增强，汉语不仅是各主要国际组织的主要工作语言之一，也成为国际交流与合作中的一种越来越受到重视的语言工具。按理说，海外学习汉语的人数不断增长，对汉语教师的需求也日益急迫，汉语国际教育专业应该具有广阔的市场需求与前景。

但实情却并非如此，目前我们国内汉语国际教育专业的生源主要包括两个部分:一部分是大多数华裔学生及外国学生,另一部分则是本专业的国内本科生。前一部分学生大都是准备毕业后通过其汉语能力及在华经历从事某种经贸活动,非不得已不会回所在国从事汉语教学;而后一部分的国内本科生却往往相对缺少出国教学的渠道而面临着毕业后要放弃本专业的难堪处境。原因是多方面的:比如说,从总体来看,从事汉语国际教学在大多数国家都不能称为一个有较高社会地位、有较好经济前景的职业;比如说,海外仍有为数不多的一些政府或民众对中国的发展存在种种猜疑,"中国威胁论"的有关言论仍时有发生,对中国文化的传播亦存在种种消极的解读,这些负面宣传流毒甚广;再比如说,部分汉语国际教师在职业素养与能力方面还有所欠缺,集中体现为其对自身职业能力的构成要素认识不清,教育教学过程中文化意识淡漠以致教学效果不彰。在实际教学过程中,有的教师只单纯进行语言教学,几乎不谈文化,以致课堂教学几乎成为幼儿园式的牙牙学语;而有的教师在语言教学中虽然能够融合一些文化因素,但却忽略了学习者的文化背景而采用教中国人的方式向外国学生讲解,从而引发误会;而能够对中外文化有较全面的了解,又能以恰当的方式进行阐释的教师则相对不多。本文即主要针对这种现象,着重探讨汉语国际教育专业国内本科生文化意识培养的问题。

二

对于一名合格的汉语国际教师来说,其职业能力构成要素主要包括以下几个方面,即母语语言能力、教学能力、文化意识(母语文化素养、跨文化交际能力、学习者所在国的文化素养)、外语能力等。然而,在文化意识的构成要素方面,我们常常存在以下一些误区。

误区之一:认为汉语国际教师只需要夯实母语语音、语法、文字等方面的基本功就足够了,母语文化素养部分至多知其大概就可以了,甚至可以不做了解。因为有部分教师认为自己的职业就是培养非母语学习者学会使用汉语,尤其对于零起点的学习者而言,自己的首要任务应该是在尽可能短的时间内使学习者迅速掌握基本的汉语听说,至于文化教学，那无异于纸上谈兵，费时低效。即使对于高级阶段的学习者而言，文化教学也不一定能有助于学习者的语言能力的提高。因此，持此类看法的教师往往习惯于把重点放在语言形式的教学上，他们重视语言教学，忽略文化教学，认为语言教学顾名思义就是教授语言，为教语言而教语言，与文化无关，不需关照文化，文化应由专门的文化课老师来传授。其实，语言与文化之间的关系犹如一枚硬币的两面，它们是不可绝对分开的，语言就是最大的文化载体。如果教师只是教授学习者"是什么"或"有什么"，而不结合语言中所蕴藏的文化来阐明"为什么"或"怎么样"，沟通的桥梁依然无法顺利架构，甚至有可能造成误读误判。

误区之二：认为外语能力就等同于跨文化交际能力，外语好，跨文化沟通的能力就应该好，具体表现为文化教学实践中忽略学习者的异域文化背景，授课方式与教授本国学生的方式相同。例如，有教师在向非母语学习者介绍中医时，忽视学习者的语言文化背景，采用我们中国人所普遍认同的观念，比如介绍说传统的中医治疗对身体没有副作用，而化学药品对身体都有副作用。这势必会造成学习者的不满甚至反感，因为"化学药品"一词难免让学习者联想到与中药相对的西药。学习者在听到这样的中医简介后的心情可想而知。因此，忽视跨文化因素会直接影响到老师与非母语学习者的沟通。汉语国际教师如果片面地将外语能力等同于跨文化交际能力，忽略跨文化因素的掌握，就如同在文化沟通中埋下一颗定时炸弹，随时可能引爆文化误读，造成沟通失败，而交流者还浑然不知。

误区之三：将母语文化素养和跨文化交际能力等同于文化意识，片面地认为一名合格的汉语国际教师只需具有较好的母语文化素养和良好的跨文化交际能力，而对于学习者所在国文化的了解可以不做要求。俗话说，知己知彼，百战不殆。在教学实践中，如果我们能联系学习者所在国的文化实际，则可以收获事半功倍的效果。例如，在向美国学习者介绍汉字时，我们可以这样介绍：汉字是一种以象形符号为基础的表意文字，早期的汉字大多都表现为描画事物外部特征的图画。后来，这些图画逐步发展成为由简单易写和高度形象的线条所组成的象形符号,这些象形符号体现了人们对外部世界的敏锐观察和深刻体验。据说美国著名诗人庞德曾从汉字的构形中获得了诗意的灵感。一次,他在字典中偶然看到"旦"字,头脑中立刻浮现出一幅红日初升的图景。相传庞德正是从汉字的构形中找寻到灵感,开创了意象派诗歌。无疑,汉语教师通过联系美国著名意象派诗人庞德创立意象派诗歌的故事来介绍汉字,就会提高学习者对汉字学习的认知度和参与度(叶朗,朱良志,2014)。因此,汉语国际教师对学习者所在国文化的了解是不可或缺的。

因此,我们谈文化意识的培养,至少应该涵盖三个方面的内容:母语文化素养,跨文化交际能力和学习者所在国的文化素养。

三

然则,我们应如何培养学生的文化意识?

其一,要明确文化教学的意义。

许国璋先生指出:"语言是人类特有的一种符合系统。当它作用于人类的时候,它是表达相互反应的中介;当它作用于任何客观世界的关系的时候,它是认知事物的工具;当它作用于文化的时候,它是文化信息的载体和容器。"(许国璋,1991)《中国大百科全书》对文化的定义是:"广义的文化指人类创造的一切物质产品和精神产品的总和;狭义的文化专指语言、文学、艺术及一切意识形态在内的精神产品。"可见,无论是语言还是文化,在二者的定义中它们都是彼此交融,难以区分。如果我们在语言教学中刻意将语言和文化分离,把文化看作一种可以和语言剥离开的知识,那么当语言学习者的第二语言学习达到一定程度时,他们的第二语言学习就很有可能出现"石化"现象。因此,在夯实汉语国际教育专业国内本科生母语文化基础的同时,帮助学生厘清语言教学和文化教学之间密不可分的关系,避免学生强调语言教学而轻视文化教学;帮助他们认识到文化教学是语言教学实践中必不可少的内容,文化教学内容点的选择应当与汉语学习者的语言层次相匹配。即使在初级汉语的教学实践中,汉语国际教师仍然应当以交际为纽带,将语言形式与交际文化整合起来,努力做到语言教学的过程同时也就是文化教学的过程。其中交际文化是指"两个不同文化背景的人进行交际时,直接影响信息准确传递(即引起偏差或误解)的语言和非语言的文化因素"(胡文仲,1994)。

其二,要建立文化教学的课程体系,开设多样化的文化选修课。

作为国际汉语教师,其母语文化素养不可或缺,对自己的传统文化要有清晰的认识,要去其糟粕取其精华。当今社会快节奏的生活,过度讲求实用和效率,忽略了母语文化素养的培养和熏陶,大学生中没有完整地读过四大名著的人不在少数。北京外国语大学2007级翻译系学生调查问卷的统计结果显示,24.3%的学生在母语学习上所花时间占全部学习时间的比例不足10%,有70.3%的人没有通读过中国"四大名著",有的甚至一部都没有读过(张烁,2009)。2005年,复旦大学举行的汉语言文字大赛中,夺冠的竟然是一支留学生代表队。就连国外的媒体都惊呼:"墙外开花墙内不香,中国汉语水平尴尬下滑"。在全民学英语的热潮中,国人特别是年轻一代的汉语素质却在急剧下降,书面表达能力严重退化,日常口语单调乏味(刁世兰,2012)。严峻的现实说明国内的汉语教育亟待加强。如果我们自己对自身的文化都不了解,我们还能奢望谁去传播中国文化,搭建东西方文化沟通的桥梁呢?因此,我们要加强汉语国际教育专业国内本科生的母语文化熏陶和学习,建立文化教学课程体系,开设多样化的文化课程,丰富学生的课程选择,提高学生的母语文化功底。

其三,要突出文化教学课程体系的跨文化特点。

2008年国家汉语国际推广小组办公室主编出版的《国际汉语教学通用课程大纲》一书,将"文化意识"列为语言的四项综合运用能力之一,并分别在课程内容的五个等级中将该部分的教学目标分项列出,这足见文化教学在汉语国际教育专业课程体系中的分量。目前汉语国际教育国内本科专业也开设了部分文化类课程,如"中国文化概况""论语导读""汉字语言与文化""古代文学""现当代文学"等。但这些课程的授课教师基本上是汉语言文学专业的,而教学对象又是母语学习者,师生之间享有共同的语言、共同的思维方式、共同的社会习俗、共同的价值观念等，因此教师在授课时通常缺少对跨文化因素的关照。这很容易给我们的培养对象——未来的汉语国际教师造成一种误解，即外语能力即代表了跨文化交际的能力，从而使他们在面对不同文化背景的学习者时，缺乏针对交际对象而对教学内容和教学方式进行合理区分，由此影响到文化传播的预期效果，造成学习者对文化教学的误解和误读。

此外，虽然开设了"跨文化交际"课程，但该门课程一般都着重围绕跨文化交际的过程、跨文化交际的核心、提高跨文化意识等宏观方面展开，缺乏系统地结合中国文化的具体内容讲解文化教学的具体实施策略和要领，因此对于语言教学中的文化教学的参照性和示范性不强。有鉴于此，十分有必要组建由不同学术背景的教师组成的文化教学团队，在传统的文化类课程中融入跨文化的因素，与"跨文化交际"课程相互补充，选取中国传统文化中具有普适性、时代性、趣味性的内容为范例，突出强调文化教学过程中对受众接受水平的考虑，培养学生的受众意识和文化教学策略。

其四，要突出文化教学课程体系的区域化特点。

相对于语法错误，因语言文化背景不同而引发的不恰当或不能接受的语言行为则更加令人难以接受。因为语法错误是显性的，交际双方相对很容易辨识，而且也容易达成谅解，不太影响交际效果；而后者通常是隐性的，语言使用者即使已经造成了交际障碍而仍有可能浑然不知。因此，在文化教学课程体系中可以有针对性地开设汉语学习者主要来源国的文化选修课，使学生对将来教学对象的来源国的人文地理、风俗习惯、语体文化、主要的社会语使用规则等有所了解，避免碰触到文化雷区。

总之，在目前的汉语国际教育专业国内本科生的文化意识的培养过程中，还存在很多问题和挑战。首先，学生对于热门专业课程的学习热情远远超出学习文化类课程的热情，而文化类课程属于冷门课程，如何让冷门课程热起来，引起学生对文化类课程的重视，值得我们进一步研究；其次，教材问题也是一个亟待解决的问题，目前缺乏具有时代特色和跨文化特点的文化类教材，无法满足开设多样化文化选修课的需求。而这一切都与学生文化意识的培养息息相关，值得我们深思和探讨。

参考文献：

[1]梁杰.中国文化大规模走出国门[N].中国教育报，2009-09-30.

[2]叶朗，朱良志.中国文化读本[M].北京：外语教学与研究出版社，2014.

[3]许国璋.许国璋论语言[M].北京：外语教学与研究出版社，1991.

[4]中国大百科全书·社会科学卷[Z].上海／北京：中国大百科全书出版社，1991.

[5]胡文仲.文化与交际[M].北京：外语教学与研究出版社，1994.

[6]张烁.文学翻译缘何沦为"零首选"[N].人民日报，2009-12-1.

[7]刁世兰."汉语热"背后的冷思考[J].学术界，2012（5）.

汉语国际教育中的文化教学刍议

刘佳　南开大学

【内容提要】 文化教学和语言教学同样是汉语国际教育中不可或缺的重要组成部分,本文将主要着眼于汉语国际教育人才培养的需要,从分析文化教学与语言教学的关系入手,论述文化教学的重要意义,以及不同层次文化教学的内容与特点,并进而结合教学实践探索文化教学的有效方法。

【关键词】 汉语国际教育　文化教学

不管是否情愿,我们都不得不承认:我们正在从事的汉语国际教育仍是一门新兴的、正在发展中的学科,尽管与之密切相关的古代汉语、现代汉语研究早已硕果满枝,能够为它提供滋养和支持,但它终究要去探索自己的道路、解决自己的问题。在与汉语国际教育事业一同成长的过程中,我有幸接触到面向留学生的对外汉语教学和面向中国本科生的汉语国际教育人才培养两项工作,有几点疑惑时常困扰着我:在汉语国际教育领域,文化教学的意义何在?如果我们在教授汉语的同时,也肩负着传播中华文化的使命,那我们应该教什么、怎么教?

一　扎实而丰富的文化教学是汉语国际教育人才培养工作的重要任务

汉语国际教育是一种语言教学,这点毋庸置疑,但教汉语绝不是这项事业的终极追求，国家大力发展汉语国际教育事业的目的并不仅仅是让汉语"走出去"，而是要让中国文化"走出去"，是一种通过多种形式的交流合作提升自身文化软实力、树立国家文化形象、扩大民族文化影响力的公共外交战略。通过汉语教学和文化教学，让越来越多的人了解并认同中国文化，从而"增进世界人民对中国语言和文化的了解，发展中国与外国的友好关系，促进世界多元文化发展，为构建和谐世界贡献力量"（《孔子学院章程》），这才是汉语国际教育事业的宗旨。

（一）文化是语言学习的起点和目标

文化教学和语言教学具有同等重要的地位，并非可有可无的点缀，从学习者的角度看，它是语言学习能够开始、持续并深入下去的保障。相信大家都有这样的感受，无论我们学习哪一种语言，最初吸引我们的与其说是语言本身，不如说是它所承载的那种民族文化。随着学习的深入，起先看上去新鲜有趣的语音、词汇、语法早已变成必须用强大毅力才能忍受的东西，这时候支持我们不断克服惰性和困难的仍是对那种文化的向往。或许有人会说：有的外国学生是因为觉得汉字有趣才学习汉语的，这也和文化有关系吗？回答是肯定的。被汉字吸引就是被中华文化吸引，虽然汉字只是汉语的书写符号，但它比世界上其他任何一种书写符号都更"有文化"。汉字将华夏民族在千年岁月里焕发的奇思妙想浓缩在一幅幅无声胜有声的简笔画中，记录着太多太多的民族记忆，学习汉字的过程也是一个不知不觉地了解中华文化的过程。我曾经教过一个西方学生，学汉语已经好几年了，但进步缓慢。从她的作业来看，汉字书写没什么大问题，直到有一次让她在黑板上写字，我才吃惊地发现：她不是在"写"字，而是在"画"字，并且是从下往上画！虽然我很佩服她的记忆力，但还是忍不住在班里播放了一部美术片《三十六个字》。当时，她那种与汉字相见恨晚的兴奋令我至今难忘。从来没有人给她讲过汉字的来历和这种文字所蕴含的文化信息，所以她始终在机械地记忆，这种有文字没文化的学习方式渐渐使她失去了学习兴趣，以至于无法深入和进步。

在当前有关汉语国际教育的研究中，语言、文化和教学法是三个最为重要的研究方向，它们的重要性通常被描述为"语言—教学法—文化"。或许，强调语言和教学法的初衷是突出学科特色，使汉语国际教育早日摆脱中文学科的"束缚"，走上独立发展的道路。然而，过于重语言轻文化，不仅不能培养出优秀的汉语国际教育人才，反而会人为地局限了这一事业的发展空间，甚至会让学生形成"语言是科学，文化是伪科学"的偏见。人们常说语言是文化的基石，没有语言就没有文化；而事实上，文化更是语言的灵魂，没有文化，就没有"有灵魂"的语言。

（二）能够进行有效的文化教学是汉语国际教育人才的必备素质

从事对外汉语教学、特别是在海外从事对外汉语教学的教师往往既要帮助学生掌握汉语，同时又很可能是学生和中国文化之间起联结作用的唯一桥梁，必须同时担负教授语言和传播文化的双重使命。教师唯有用丰富、有魅力而又生机勃勃的中华文化不断吸引和激励学生，才能保证他们对语言学习拥有持久的兴趣和动力。外国学生学习汉语的出发点各不相同，但我们教授汉语的目的只有一个：帮助他们在无障碍的交流中了解中国，在充分了解和理解的基础上建立并加深对中华文化的好感和认同感。掌握一门外语与接受那个国家的文化是两回事，如果每一个学习汉语的外国学生都是一支潜力股，那我们就应该不遗余力地用自己的文化去征服他们，把潜力股培养成绩优股，让中国在世界上拥有更多朋友；不然，就算我们能让地球人都学会汉语，又有什么意义呢？

绵延五千年的优秀中华文化是我们赖以生存的精神家园，这其中既包括积淀深厚的传统文化，也包括不断改革创新的当代文化；就像进行有效的汉语教学要首先掌握规范的汉语知识一样，要进行有效的文化教学当然要具备丰富的文化知识。但从实际情况来看，相当一部分青年学子在成长的关键时期忽视了文化知识的积累，不仅对传统文化知之甚少，甚至对诸如民族、宗教、政策等涉及当前国情的问题也模棱两可。造成这一现象的原因是多方面的，而任由这一现象存在和发展下去的危害却是不容忽视的。我曾参加过国家汉办组织的"对外汉语教师培训营",在培训课程中有一些中国文化讲座。每场讲座结束以后都会出现非常火爆的场面,很多青年教师涌到讲台前面,恨不得把老师桌上所有的纸都拿走,还有一些人不容分说地把自己的U盘(优盘)插在老师的电脑上,使培训负责人不得不出来严肃纪律。这种情形让我觉得非常诧异,后来我才了解到,很多参加培训的教师即将出国赴任,外方院校向他们提出要求,希望他们在教汉语的同时,也开设一些中国文化讲座。而这时候大家才发现自己对这些其实很陌生,于是就想依靠疯狂搜集教学资料来武装自己,使自己迅速成才。

这个亲身经历的事件令我印象深刻,当一个人被放到异域文化背景中的时候,他就不再仅仅代表个体,别人会将他视作某种文化的代表,希望通过他更多地了解那个国家。这时候,如果对民族文化一无所知,那么作为中国人介绍中国文化就成了一件异常困难的事情,这不能不说是一种遗憾。而且,与本国文化传统的疏离往往带来"身份文化"的模糊,造成跨文化交际中的无所适从。"身份文化"是某种民族文化为身处其中的人们提供文化认同感、凝聚力和心理归属感的核心部分,有了坚定的民族文化传统,无论走到哪里,都能确认自己的民族身份,不会迷失在异族文化的汪洋中。今天,我们都希望能将学生培养得更加现代化和国际化,但或许我们首先应该让他们更加中国化和民族化,使他们不会轻易陷入对他国话语的盲从,这也是汉语国际教育专业人才培养工作的重要组成部分。如果用烹饪来比拟语言、文化、教学法三者的关系,那么语言是餐具、教学法是厨艺,而文化是食材。巧妇难为无米之炊,餐具再怎么精美、厨艺再怎么高超,缺少了丰富新鲜的食材,也只能画饼充饥。

二 通过文化教学帮助汉语国际教育人才建立必要的文化知识储备

在源远流长、包罗万象的中国文化面前,外国学生是热切而茫然的,如果我们希望他们看到的中国是美好的、健康的、积极的、进步的，就不能把所有文化产品一股脑地灌输给他们，而要去粗取精、去伪存真，让学生利用宝贵的学习时间尽可能多地了解那些能代表中华文化精髓、反映中华文化创新发展的内容。相应的，在我们帮助中国学生建立文化知识储备的时候也要有一个鉴别和筛选的过程，为他们以后的研究和教学工作确立正确的方向。

文化产品五花八门，尽管它们确是"中国的"，但却不一定都能"代表中国"。对文化产品进行甄别，筛选出那些有资格进入大学课堂的内容，这是文化教学的基本前提。就拿传统艺术来说，有些艺术形式，例如我们所熟知的戏曲、民乐、舞蹈、书法等，在千百年的岁月中、在一代代艺术家手中经过千锤百炼，成为足以代表民族美学风格和民族精神的经典之作，这样的艺术形式是应该充分加以展示介绍的。而有些艺术形式，尽管可能很"时髦"，但因其先天局限无法在形式、内容和品格上完全摆脱粗糙、粗鄙、粗俗，甚至精华与糟粕并存，让学生接触这样的艺术形式就要格外小心，如果任由泥沙俱下，必然适得其反，违背了传播优秀中华文化的初衷，容易让学生对中国文化产生误读甚至误解。这就像我们学习中国文学一样，刚开始总要从经典作品读起，等到自己有了一定的理解和鉴赏能力，再去接触通俗文学不迟。在一次带学生参加留学生汉语比赛时，我曾看到一个兄弟院校的学生，语言学习能力很强，表现欲也很强，但因盲目模仿一些比较低俗的艺术形式，不仅没能促进语言学习，反而把自己的语言面貌搞得一塌糊涂。这固然有学生自身的原因，但他的指导老师恐怕也难辞其咎，看到学生误入歧途而不加以劝阻，反而鼓励他以模仿此低俗艺术形式参加汉语比赛，实在令人惋惜。

此外，因为文化是人类社会实践的产物，而人类的社会实践活动又总处于不断发展之中，促使文化不断产生与发展，所以文化教学应兼顾传统文化与现代文化，体现出中华文化生机勃勃的发展态势。动态性是文化的重要特征，任何文化都是动态性的文化，当一个民族的文化不能发展的时候，它也就死亡了。即使是古代文明和传统文化，也不是停滞不前的东西，它们会随着当代人的考察和研究，得到不断的丰富发展。或许最初吸引外国学生的是五颜六色的传统文化，就像第一次来中国旅行的人往往首选长城、故宫一样。但我们应该让学生了解,中国除了有文化遗产之外,还有日新月异的现代文明,这对于他们了解当代中国社会也更有帮助。在培养汉语国际教育人才的时候,我们也要帮助学生建立有关中国当代文化的知识储备,同时有意识地引导他们对传统文化进行现代性解读,而不是将其作为固定不变的、没有生命的知识范畴。

三 探索有效的文化教学策略

文化熏陶是一个长期的、潜移默化的过程,但无论对于中国学生还是外国学生,文化教学在全部教学时间中所占的比重都无法与语言教学相比,在课时少、缺少激励机制的情况下,如何让学生心甘情愿从各种作业和考试中挤出时间投入对文化的感受和学习,就成为文化教学的难点。如果硬要展现全景,难免浮光掠影、语焉不详,让学生感觉"吃不饱",所以文化教学应尽量突破课堂时空的局限,以更丰富多样的形式调动学生的积极性,并在讲授知识的同时,实现中外学生的广泛参与。

(一)课堂教学与课外活动相辅相成

课堂教学与课外活动都是文化教学的重要组成部分,二者应密切结合、相辅相成,而不应脱节,课堂教学将确保文化传播的系统性、准确性,而课外活动将延伸课堂教学的深度和广度,使文化传播有更广泛的参与性和更强的互动性。通常,各类文化体验属于学生活动范畴,而文化类课程属于教学范畴,两者并没有什么必然联系,于是常常出现这样的情况:参加活动的学生对活动内容不甚了了,而学习过相关知识的学生却不一定来参加活动。这样一来,活动的效果可能大打折扣,而文化教学的成果也很难在实践中得到检验和深化。为此,我们或许可以摸索一种以课堂教学为先导、以课外活动为拓展的文化教学模式。

2011年我与鲍震培教授等四位老师一起开设了南开大学首批素

质教育核心课程之一"中华传统艺术"。我们选择了各人擅长的京剧、书画、音乐、曲艺等四种民族艺术，以系列讲座的形式将各部分连缀起来，在课堂教学部分采用深入浅出的方式，配合多媒体教学，让学生准确客观地了解每一种艺术形式的历史发展、艺术规律，以及它们在中外文化交流中的作用。同时，我们又多方寻求支援，组织学生走进剧场、音乐厅、美术馆，并让学生参与实践，而在每次观摩实践之前，我们一定会通过专题讲座或请艺术家与学生面对面交流的形式，让学生有足够的知识准备，并让他们在活动后提交报告，使他们能够带着问题、任务和思考去参加活动，而他们的报告也会成为我们改进课堂教学和课外活动的重要参考。"中华传统艺术"课程自开设以来得到了全校各院系本科生的欢迎，并于2014年入选"中国大学素质教育优秀通选课"。

2014年12月和2015年3月，我们在学院、天津戏剧博物馆、天津艺术职业学院、天津振兴京剧基金会、天津文艺广播等单位的大力支持下，先后举办了两场名为"盛世雅韵中华情"和"青春国粹喜相逢"的、以弘扬中华传统文化为主旨的专场演出，邀请社会各界观众观看，其中包括800余名中外学生。参加演出的既有专业艺术院团的名家新秀，还有"中华传统艺术"课程的任课教师和学生，活动的组织实施也基本上由学生担任主力。这两场活动取得了良好的社会反响，国内各大媒体也对此进行了报道。这两场演出的成功举办给我们这样的启示：第一，我们在课堂上的铺垫越充分，针对性越强，活动的效果就越好。两次活动之前学生对相关艺术形式的基本规律以及演出当日的节目内容已有了比较充分的了解，在观看时他们感到自己完全能看懂，能够积极地参与互动，现场气氛热烈而融洽，不像那些毫无铺垫的进校园演出总面临冷场的尴尬。第二，榜样的力量是无穷的，教师的艺术水平虽无法和专业演员相比，但他们走上舞台却意义非凡；学生们会因此感到，原来这些传统艺术离我们并不遥远，连我们的老师都愿意为此勤学苦练，并且能粉墨登场，说明这些艺术值得我们去深入了解钻研。第三，要努力实现中外学生的共同参与，学生在活动中承担的任务越重要，他们对活动本身的认同感就越强，同时他们也会从彼此的积极性、创造性中获得激励。

（二）从展示到阐释的深层需求

相信大家都有这样的感受——外国学生虽然汉语水平低，但他们往往有着成熟的分辨和思考能力，不满足于仅仅参加一些娱乐性质的体验活动，而希望能够对课程真正了解、理解，进而做出自己的分析和判断。如果教师把传播目标定得过低，仅仅以"讲过多少次""来过多少人"为评价传播效果的标准，而不深入分析究竟"传播了多少文化"；仅仅满足于视觉、听觉元素的展示，忽略了中国文化内涵的渗透与影响，那就必然与外国学生希望了解中国深层次文化现象的心理期待不相符合。文化教学不能仅展示直观易懂的文化符号，而要在此基础上充分开发富含情感与文化内蕴的符号，传播中国文化的深层内涵。中国文化要确立自身在世界文化中的独特地位，必然要在全世界范围内弘扬中国文化的优良传统，彰显中华文化中为西方所欠缺的优良品质。其实，中华文化的每一种成果都来自中国人艰苦卓绝的创造过程，都反映着华夏儿女的智慧与汗水，我们在展示这些成果的时候，应该将与之相关的人文精神一起进行系统阐释。换句话说，当饮食文化、书法绘画不仅仅是"舌尖上的中国""笔尖上的中国"，而变成了"心尖上的中国"时，一定能唤起听者更多的共鸣。

说到这里，我要特别感谢日本北九州大学叶言材教授的启发。为了传播中国文化，他带学生去龙井村看茶园、品新茶，让他们亲身感受中国人的勤劳智慧；他带学生缅怀中日文化交流的先驱者，通过生动史实告诉学生中国人是如何用包括馒头、面条在内的文明成果去熏陶日本的；他还带学生去参观南京大屠杀纪念馆，让学生用自己的眼睛去发现真相。我想，日本学生在经历了这些之后，再去品尝中国美食、再去分析历史、再去思考中日关系，一定会有更丰富的情感、更开阔的视野、更客观的态度，这才是实实在在传播了中华文化。我曾经为叶老师率领的短期班教授过《汉语写作》这门课，大部分留学生写的作文从初级到高级内容都差不多，进步的标志只反映在字数的递增和语法错误的递减上，但这些学生的作文却令人耳目一新。虽然还受到汉语水平的局限，但他们已经能让人感受到深入思考、独立判断的勇气，这份勇气不是语言赋予的，而是文化赋予的。

目前，在遍布世界各地的孔子学院，由汉语国际教育专业学生组成的志愿者队伍已经成为海外汉语教学和文化传播的重要力量。为了更好地适应工作需要，越来越多的学生开始自觉地去学习书法、剪纸、朗诵等艺术特长。这是一种可喜的现象，说明学生们已经意识到对外汉语教学工作不是单一的语言教学，并愿意为此增强自身文化教学的能力。热心于文化传播，并能够亲身展示中华文化，这是一个良好的起点，但我们不能满足学生只拥有热情和表面功夫，而应有针对性地加强汉语国际教育专业文史哲相关课程建设，使学生能够将这些知识融会贯通起来，具有对中国传统文化、当代文化进行深入解读和阐释的能力。汉语国际教育专业的文学文化类课程确实与中文系有所区别，但区别不应表现为课时数和受重视程度的差异，而应体现为由不同教学目的所决定的教学重点与教学方法的差异，否则极易造成学生知识面的狭窄和人文精神的缺失，不利于他们成长为优秀的文化传播者。

中华文化拥有数千年的悠久历史，以其辉煌灿烂的成就在物质文化、精神文化等各个领域长期居于世界领先地位，成为人类文明史上的高峰，并在汉、唐、宋元、明清掀起了四次海外传播高潮，以多种形式为人类文明的进步与繁荣做出了重大贡献，塑造了以中国本土为中心、辐射东亚地区的"中华文化圈"，并对西亚、欧洲、美洲各国产生了深远影响。一种文化国际影响力的变化是与该国综合国力密切相关的一个永不间断的过程。当前，随着中国综合国力的不断提高和国家政策的大力提倡，中华文化正在迎来海外传播的新高潮。尽管我们个人的力量是微弱的，但我们深为自己能够在 21 世纪成为推动中华文化走向世界的一分子、见证中外文化在新时代的碰撞和交融而感到自豪。相信我们所经历的困惑和喜悦都将成为宝贵的经验，而我们的探索和努力也一定有助于规范的汉语、绚烂的中华文化走向更广阔的天地，迎来更美好的明天。

参考文献：

[1]周思源. 对外汉语教学与文化[M]. 北京：北京语言大学出版社，1997年.

[2]张占一，毕继万. 如何理解和揭示对外汉语教学中的文化因素[J]. 语言教学与研究，1991（4）.

[3]冯韬. 孔子学院对发展中国家公共外交的意义[J]. 人民论坛，2015（2）.

[4]高金萍，郭之恩. 孔子学院与公共外交[J]. 中国文化研究，2013（4）.

[5]李期铿. 专家析孔子学院的公共外交使命：促中国形象提升[N]. 光明日报，2013-7-11.

短期汉语古典诗词课教学琐谈

桑宝靖　桂香　南开大学

【内容提要】 古典诗词是中华文化的精髓，更是中华文化软实力的典型代表，在短期汉语教学中开设古典诗词课程，有助于汉语语言的学习和对中国文化的深入了解。短期汉语古典诗词课包括语音、词汇、语法等的语言教学和理解诗词内涵、诗情意境的文化教学。其中文化教学又是短期古典诗词课的重点和难点，特别是在有限的时间内，让学生对具有典型性的古典诗词的形式、特征、含义等有所了解和掌握，在教学方法上就要以结构、功能、文化相结合的原则为主导，循序渐进，并把"跨文化意识"融入到教学理念中去，以期达到理想的教学目标。

【关键字】 短期汉语教学　古典诗词课　教学内容　教学方法

短期汉语教学(本文所指的是学习时间在16周左右的汉语短期教学，以下简称短期汉语)，以突出时效性为目的，强调在短时期内对汉语交际能力的培养。而语言产生于人类的文化，语言因文化的进步而不断发展，因此语言与文化的学习是相辅相成的，即便是在学习时间有限的短期教学中，文化教学同样不能忽略。特别是中国文化历史悠久、博大精深，更是人类文明的瑰宝，对语言学习者而言具有独特的魅力。所以对短期汉语语言学习者来讲，利用有限的时间学习具有典型意义的中国文化，是非常具有吸引力和十分必要的。而中国的古典诗词是中华文化的精髓，更是中华文化软实力的典型代表，所以如果能够在短期汉语教学中（本文主要指针对具有初级汉语水平的学生进行的短期汉语教学）开设古典诗词课程，无论是对语言教学还是对文化教学来讲，都具有积极的意义。

一 短期汉语古典诗词课开设的必要性

古典诗词作为中国古代文学的精华，是中国古代文明的积淀，它不仅是中国古代文学的优秀成果，更展现了广阔的社会生活内容，至今仍具有鲜活的生命力与积极的教育意义。古典诗词是古人对生活的实际体验与创造性的理解，正如《诗大序》所说，"诗者，志之所之也，在心为志，发言为诗"。所以，我国自古就重视诗歌的教化作用，《毛诗正义》指出，诗可以"成孝敬，厚人伦，美教化，移风俗"（《十三经注疏》，中华书局 1980：269—270）。因此，诗词不仅可以表达情感，抒写性情，更具有感化、启发、教育的功能，而且还可以提供丰富的社会和自然科学知识，甚至揭示现实生活中的矛盾与弊端等，是中国传统文化的宝贵财富。正如袁行霈（1996：10）所说："古典诗词的陶冶作用是潜移默化的，它的作用可以跟随学生的一生，并且随时随地表现出来。"因此，学习古典诗词，有助于对中国文化的深入了解，甚至可以起到修身养性的作用。

古典诗词虽不同于交际用语，但凝结着中华文明丰厚的文化精髓与悠久的精神传统，对汉语学习者有着独特的魅力。法国著名汉学家戴密微曾说："汉诗为中国文化之最高成就或中国天才之最高表现"[①]。美国著名汉学家海陶玮（1953）也对中国古典诗歌有这样的评价："中国文学的最高成就是抒情诗歌。诗歌的传统始于公元前数百年，一直流传到现在，从来不曾间断，虽然其全盛时期远在唐宋二代。从量的方面来说，没有任何欧洲诗坛能出其右；从质的方面来说，也可以同欧洲同类形式文学作品相颉颃而无愧色。"且中国诗歌从汉代开启丝绸之路时开始依地缘关系的远近传译于国外，且随着改革开放后中国经

---

① 见于巴黎版《敦煌学》第五辑，戴密微先生逝世三周年纪念专号（钱林森，1990：365）。

济的腾飞，汉学在世界范围内再次复兴，中国古典诗词一直是中外文化交流的重要方面。至今，古典诗词外文译本已有英、法、德、意、西、葡、荷、俄、匈、捷、日、朝、越等二十几个语种，可见古典诗词在世界中影响之大，传播范围之广。

汉语短期教学需要在短时间内进行汉语学习并在语言能力上获得快速提高，学生也期望切实地了解中国的真实生活与具有典型性的文化。汉语教学表层是语言教学，深层则是介绍和传播汉民族文化。文学是人类文化活动的产物之一，其本质是人与现实的审美关系，而"现实"是通过语言的折射获得的；因此，文学艺术的借鉴不仅可以提高人们的文化修养，还可以帮助人们提高语言水平。所以，对于文学作品的学习也是语言中不可或缺的重要组成部分。恩斯特·卡西尔（1988：142）认为："一切伟大诗人都是伟大的创造者，不仅在其艺术领域是如此，而且在语言领域也是如此。他不仅有运用而且有重铸和更新语言使之形成新的式样的力量。"对短期学习者来说，学习凝聚着中国民族文化精华的古典诗词，则更具有吸引力和现实意义。而且语言学习不能单纯局限于语言知识的输入，而是要通过学习语言作品去实现的。因此，古典诗词课程的开设在短期汉语学习中就具有特殊的积极意义。

二　短期汉语古典诗词课的教学内容

由于汉语短期学习的时间有限，为了达到古典诗词教学的预期目标，教师需要按照教学时限对教学内容进行充分地选择和准备，这样才能高质量地传输知识与信息，提高教学效率，达到预定的教学目标。因此，有目的地选择符合教学目标的古典诗词，就显得尤为重要。短期汉语教学是一种强化速成式教学，古典诗词的选择应具有较强的典型性、系统性、可读性。古典诗词的教学内容可以每个主题为一单元，根据诗歌的内容分为节日习俗、思乡送别、咏物叙理、咏古讽今、抒怀言志等不同主题，并按照主题内容选择诗词。在选择诗词的过程中，以学生的汉语水平与学习兴趣为参照，每个单元诗词的编排可按时间顺序，便于学生对中国古典诗词的发展过程有大致的了解。另外，古典诗词的选择还要以学生的汉语水平和学习兴趣为依托，因此选讲的古典诗词应当以名家名篇为主，且较为简短明易，尽量避免难以理解的词汇与典故。在风格上，可以适当兼顾诗词内容情节与情感意境的交融与辉映，以便学生的理解掌握以及师生间的互动交流。对于一些内容较长，但又有典型代表性的诗词，可以在背景介绍的基础上着重于佳句名言的学习，这样就可以达到以点盖面，化繁为简的目的。

（一）短期汉语诗词课的语言教学

相较于文化教学而言，因为短期汉语教学时间有限，古典诗词教学可以适当放宽对语言教学的要求，但这并不是说语言教学就可以忽略。因为毕竟"语言是文学的媒介，正像大理石、青铜、黏土是雕塑家的材料"（萨丕尔，1997：20），因此，处理好古典诗词课中的语言教学，便会成为文化教学顺利进行的保障。

语音、词汇和语法本是语言教学的三个基本内容，在汉语短期古典诗词教学中，也要通过语音、词汇和语法的教学，既让学生清楚地了解古典诗词的含义，同时也达到辅助语言学习的目的。

初级汉语水平的学习者已经可以掌握基本的汉字读音，但在短期古典诗词的教学中，仍然要强调发音练习和对基础语音知识的掌握。特别是古典诗词中会出现一些同音字、谐音字，这些字、词也是交流用语中的有益补充。更重要的是古诗词讲究押韵和平仄的变化，这些音韵和谐的节奏，不仅可以使学生的发音技能得到锻炼和提高，还有助于学生掌握其传递出的重要文化信息。刘珣（2000：357）认为语音教学应"让学习者体会到语音和声调在语流中的变化，注意重音、停顿、节奏和语调"。古典诗词讲究平仄押韵，不同的题材与句式有不同的节奏，而且诵读起来有一定的规律可循，便于学生记忆。因此，对于语音教学，特别是对短期班学生发音水平和能力的提高，古典诗词的学习可以发挥很好的作用。

古典诗词中的词汇丰富多彩，一些名词、形容词、量词等仍大量出现在现代汉语中。因此，古典诗词不仅可以丰富学生的语汇，更可以帮助学生实现对交流与词汇的连锁记忆，从而为今后在口语交际中更为准确的运用打下基础。古典诗词短小精悍，且句式规整，具有节奏感，因此可以充分发挥人类右脑的功能，使学生能够更快更多地记住诗词中的信息。所以，诗词的朗读背诵，可以充分运用形象思维，更容易记住和掌握诗词中韵律和谐的语汇。因此，古典诗词的学习，对于巩固并扩大学生的汉语词汇是非常好的一个途径。

古典诗词因受字数及格律的制约，多用形式多样的古汉语语法，这是其增强艺术效果、形成独特的风格意境必不可少的手段，也恰是古典诗词深奥难解的因素之一。但这些灵活多样的语法现象也不失为语法教学的宝贵资源，比如词类活用、省略句、词序的变化等语法现象，可以成为汉语语法结构要素训练的素材。需要注意的是，在短期教学过程中要注意取易去难，深入浅出地帮助学生理解句法的变化。

另外，古典诗词语言凝练、意蕴深远，多运用简短的字句表达极为丰富的内涵，因此在古典诗词中，常常会借助各种修辞手段来描述景物、制造情境、寄托情感。古典诗词中常用的修辞手段有比喻、拟人、夸张、排比、对偶、借代、双关、衬托，等等。这些修辞手段既生动活泼，又通俗有趣，且在现代汉语中仍然袭用。学习这些修辞手段，一方面有助于学生正确地理解诗词的内涵，另一方面也对学习现代汉语中的修辞方法提供了借鉴，并且有助于学生在语言运用过程中增加表达的准确性、艺术性，进一步提高汉语语言的表达水准。

（二）短期汉语古典诗词课的文化教学

法国汉学家桀溺曾对中国古诗有这样的评价："这些诗歌所提供的完美形象，正好反映了中国民族的精神风貌……"（〔法〕桀溺，2007；钱林森，1990：220）。古典诗词本质上是抒情的艺术，其所提供的形象、蕴含的情感是诗歌的生命力所在。这种情感不仅使古典诗词具有了独特的气质神韵，也体现着中华民族的典型精神风貌。因此这种情感带给读者的不仅是审美方面的愉悦,更有着一种内在的令人感动的心灵力量。因此,古典诗词的教学与学习,不能仅仅停留于字面意义上的解读,而要引领学生去理解字面背后更为深刻的文化内涵,以达到在短期教学时限内,激发学生学习中国文化、语言的兴趣,并为今后进一步的学习奠定良好的基础。

  首先,要了解诗词作者及写作背景。作家作品的背景介绍是在对古典诗词内涵讲解前的必要铺垫,也是学生学习古典诗词前的"热身"。适当加入诗人生平及其作品创作背景等内容的讲授,可以提高留学生关于诗词的知识修养,为更好地理解诗词的内容、作品表达的思想感情等打好基础。这里需要注意的是,背景知识的介绍应和诗词所传达的整体信息紧密相扣,言简意赅,点到为止。因为过多的语言讲解、过多的信息输入会增加学生记忆负担,应当让学生有直观而轻松的学习感受。

  理解字词的含义。古典诗词虽然字数不多,但字词都属古代汉语,精练的字词后面隐藏着更为丰富的内涵。因此在教学的过程中,要引领学生理解字词后面的深层含义,这也是古典诗词教学中词汇教学的重点和难点。特别是一些特定的词汇,如地名、人物、风俗、典故等更涉及内容广阔的文化背景知识,因此更要用浅显易懂的语言引导学生理解。这些人物、风俗等,实际上是激发学生学习的兴趣点,因此不能过于专业化、复杂化,避免给初学者造成晦涩枯燥的印象。

  理解诗词的整体内涵。古典诗词含义深刻,对单独字词的理解并不意味着对整篇诗词的含义的理解。帮助留学生理解诗词的整体内涵,也是教学中的一个重要内容,教师可以用浅显的现代汉语加以解释,这样便于帮助他们了解整篇诗词的大致内容。同时还应注意,知识性文化的输入要简单明了,避免枯燥的灌输。另外,很多诗词都有多国语言的译本,也可以让学生根据母语译本和汉语的解释加以讨论,发现问题,更有利于他们的学习与认识。

  体会诗情与意境。在学生对古典诗词的基本内涵了解和掌握以后,可以从诗词美学角度进一步阐发。古典诗词或言情、或状物、或说理,或喻事，依据内容的不同而在诗词意境上产生相应的变化，这是古典诗词的魅力与精华所在，也是讲授的难点。这种诗情与意境的体会，也是要在交际性文化的基础之上进行，这样才能避免过多的文化冲突与随之而来的文化盲点。

与西方的诗歌相比，中国古典诗词简洁凝练，不仅表现了诗人瞬间的感发和审美体验，更体现了民族传统的文化精神。保尔·戴密微曾在《中国古诗概论》中指出："读者应当把这些诗（中国诗歌）中所展示的细小画面看成是从现实事物中提取出来的成千上万的意象。你们会从这些景象中看到所展现出的人类的全部生活……"（钱林森，1990：63）这段话精确地指出了中国古典诗词的精髓——对汉民族文化的全面展示。正是因为中国古典诗词蕴含着独特的民族文化气息，它的表达方式、思维特征，及其表现出的价值观念、风俗习惯等，都与中华民族的传统文化和民族心理有着深刻的内在联系。因此，在古典诗词的教学之中，能够把诗词蕴含的民族文化内涵传输给学生，也是文化教学的一项重要内容。如古人崇尚中庸之道，凡事喜欢适度、适当，不偏激、不过分，中正平和作为为人、为政的最佳状态也体现在诗词之中；华夏文明历史悠长，诗词中所描写的日常生活中的礼仪、风俗、习惯以及物质文明等，是中华民族千百年来的智慧结晶，也是汉文化丰富多样的体现；中华民族待人接物时含蓄内敛，凡事讲求礼节与门面，用委婉的方式表达心中的情感，在诗词中的表现就是常以巧妙的隐喻、含蓄的技巧，表现诗人的情感和深远的意境；诗词之中弘扬和赞美的我国传统的忠、孝、义、勇等优秀的道德品质，更是展现了中华民族的宽仁博爱的民族气节等。这种文化内容的传输，可以辅以中外文化对比、课堂讨论互动等实用而可行的方法，以期达到最为理想的教学效果。

在全球一体化的今天，各国文化也借助各种媒介迅速传播。在短期对外汉语教学中，我们要抓住这个契机，将中华文化加以展现和弘扬，使留学生在学习中国古典诗词的同时，了解中华文化，热爱中华文化。

三 短期汉语古典诗词课的教学方法

（一）结构、功能、文化相结合

古典诗词教学的原则既应遵循对外汉语教学的基本原则，又因其教授内容为古代文学作品而具有特殊性。刘珣（2000：305）曾在对外汉语教学的原则中提出"掌握汉语的基础知识和基本技能，培养运用汉语进行交际能力的原则"。这种对外汉语教学的普遍规则，同样也适用于古典诗词教学。但因古典诗词有对文化偏重的特殊性，则更应当像陈光磊（1994：28）所指出的："为了把隐含在语言及其使用之中而为本族人所习焉不察的文化因素显露于语言层面之上，便于在第二语言教学中加以说明，易于学习者理解和掌握……"这实际上应当是古典诗词教学的主要手段和目标。

短期汉语初级水平的学生，仍处于语言教学的初级阶段，应该贯彻结构—功能—文化相结合的教学原则。古典诗词因负载了大量的文化背景知识，文化教学成为其重点和难点，依照结构—功能—文化相结合的原则，在施行时可以以文化为纲，以结构和功能相辅，并与语言教学相结合，主动而系统地传授文化知识。因此，在课堂实践中要对古典诗词结构、内涵进行分析，以使其意义也就是其功能得以体现。实际上，无论是分析古典诗词的结构、句式、内涵的过程，还是凸显其情感意境的结果，都是以诗词所蕴含的历史、文学等文化背景知识为中心而展开的。这样既顺应了语言教学初级阶段的教学原则，又使得古典诗词的文化功能得以显现，也达到了在短期教学中传播中国文化、辅助语言学习的目的。学习古典诗词，文化与语言相结合，结构与功能相结合，这就增强了学习者对语构文化因素的掌握力度，也体现了短期古典诗词文化教学对语言教学与文化教学的双向促进与融会贯通。

（二）激发兴趣、制造情境、循序渐进

克拉申曾在输入假说中提出"情感因素对输入的信息起了过滤作用"，他认为学生的情感因素对语言的吸收与否有着重要影响。古典诗词往往给留学生以深奥、难解的印象，这就会大大增加学习者的心理负担；但另一方面，留学生对蕴含中国传统文化的事物有着浓厚的兴趣，对古典诗词的学习也非常期待。从教育心理学的角度说，兴趣就是自主决定，是个体的内在需要。对同一件事，自主决定比非自主决定更能诱发个体的快乐体验和参与意识，是可以推动人们求知的一种内在力量（郭德俊，2005：183）。充分激发起学生的学习兴趣，鼓励并调动学生学习的积极性才能保证教学的顺利进行，也能使学生享受轻松而又高效的学习过程。

为了调动学生的兴趣，在教学过程中应当积极营造和谐良好的学习情境。目的语文化不仅仅是通过学习，更是通过长期在目的语环境中的熏陶而得来的，正如布鲁纳（2011：102）所说："学习与思考永远都是置身在文化情境里，并且永远都需依赖文化资源的使用。"课堂活动环节的设计应围绕教学内容和教学目标开展多项活动，让学生参与到课堂活动中，从而调动学生的学习积极性。因此，在古典诗词的教学设计中，应借助多媒体辅助教学，如可使用PPT向学生展示古典诗词所包含的文学、历史等文化知识，PPT的图片及文字，有助于学生对古典诗词的内容产生直观的理解。同时，也要充分利用视频及音频资料，比如一些根据古典诗词改编的音乐、歌曲，或者相关的视频资料，这样就可以通过听觉的旋律、视觉的动感画面"将视觉感受和听觉感受结合起来"（徐子亮，吴仁甫，2005：22），让学生有身临其境的感受。在教学过程中，可以采用讲授与活动、学习与讨论相结合的教学方式，知识性较强的内容主要由教师讲授为主，可根据具体的讲授内容进行师生互动，多运用启发式、发现式教学法，避免机械刻板的知识灌输，从而能够活跃课堂气氛、激发学生的学习兴趣，达到良好的教学效果。

遵循循序渐进的学习规律。刘珣（2000：310）认为："语言教学，不论是结构、功能还是文化，都应体现由易到难、由近及远、由具体

到抽象、先简后繁、先一般后特殊、循序渐进的原则"。古典诗词本身包含了语言教学中语音、词汇、语法、修辞和文化教学中的知识文化教学和交际文化教学,内容繁复,而且要在一定的时限内让学生对古典诗词有大体的了解和认识,就要在学习内容安排上分清层次,适应学生的认知能力和交际的需要,建立知识结构的最佳关联,如此才能帮助学生吸收文化信息并掌握一定的语言技能。因此,建立分级的学习目标,遵循由易到难的原则,按照循序渐进的原则完成教学计划,才能达到最优的教学和学习效果。

(三)将"跨文化意识"融入教学理念

英国人类学家泰勒(E. B. Tylor)对文化下的定义是:"文化是一种复杂的整体,其中包括知识、信仰、艺术、道德、法律、习俗以及人们作为社会成员而获得的一切能力和习惯。"(Goodnough, 1981: Chapter 4)也就是说文化内涵丰富,且具有典型的地域性与民族性。对外汉语中文化教学的主要任务,就是要帮助外国留学生在良好的学习心态下去理解中国文化,熟悉并了解中国,从而促进汉语语言的学习。但这一过程会因学习者的文化差异,在思维、表达、审美等各个方面产生文化的碰撞。针对这种在第二语言学习中的文化冲突,西方语言教育界兴起以"跨文化意识"为主导的互动教学模式。这种教学模式旨在以文化人类学、社会语言学、语用学和跨文化交际学为理论基础,以培养学生的跨文化意识和跨文化能力为教学目标。这一新兴教学模式的重要原则是要意识到并非所有的文化教学都是要改变学生的自身的文化行为,而是要求学生认识到人们的某些行为是受文化影响的。

所谓"跨文化",实质上就是第二语言学习者在不具备目标语社会集团成员所具备的那些知识的情况下需要突破自己的知识网络,向目标语社会集团成员学习新知识。古典诗词是中国文化的最精彩内容之一,具有独特的民族性格,体现着民族的根本精神、思维方式、价值取向、表达方式以及审美方式。因此古典诗词在教学过程中需要跨越文化障碍,这是教学中进行文化传输所要解决的问题。因此,把"跨文化意识"融入到短期古典诗词的教学指导理念中去是非常必要的。

古典诗词是我国精神文化的典型体现，它不仅代表我国的传统民族精神，还展现着我国的传统思维方式、价值观念、表达方式以及审美取向。因此在教学过程中，特别是针对短期学习的学生来说，由于接触、熟悉中国文化的时间有限，所以更要以"跨文化意识"为指导，向文化背景不同的留学生展现中国文化的特质，在帮助学生理解古典诗词的内涵的基础上，理解这种由文化而导致的在行为、思维、观念等精神活动上的差异，从而促进中国文化的传播，推动中外文化的交流。需要注意的是，这种"跨文化意识"的融入，是为了便于文化知识、语言知识、交际能力的交融与互补，这样就在一定程度上能够体现语言教学和文化教学的结合。另外，也不能因为"跨文化意识"而削弱了传输汉文化的深度与广度。以"跨文化意识"为指导的教学，既要使文化冲突最小化，又要达到最大限度传输中国文化的目的。如果能够在学习的过程中让学生理解、接受中国文化，并逐渐引导学生以"中国文化"的方式思考、表达，也就是说通过文化途径成功培养了留学生的中国化思维，那就是达到了相当理想的教学目标了。

参考文献：

[1]〔清〕阮元校．十三经注疏（影印）上下册[M]．北京：中华书局，1980．

[2]〔法〕桀溺著．洪放、钱林森译．论《古诗十九首》[A]．钱林森编．法国汉学家论中国文学——古典诗词[M]．北京：外语教学与研究出版社，2007．

[3]〔美〕爱德华·萨丕尔著．陆卓元、陆志韦译．语言论：言语研究导论[M]．北京：商务印书馆，1997．

[4]〔美〕恩斯特·卡西尔著．丁晓等译．语言与神话．上海：三联书店，1988．

[5]〔美〕海陶玮．中国文学在世界文学中的地位[J]．比较文学，1953（5）．

[6]〔美〕杰罗姆·布鲁纳著．宋文里、黄小鹏译．布鲁纳教育文

化观[M].北京：首都师范大学出版社，2011.

[7]陈光磊.从"文化测试"说到"文化大纲"[J].世界汉语教学.1994（1）.

[8]崔永华.对外汉语教学设计导论[M].北京：北京语言大学出版社，2008.

[9]郭德俊.动机心理学：理论与实践[M].北京：人民教育出版社，2005.

[10]刘珣.对外汉语教育学引论[M].北京：北京语言大学出版社，2000.

[11]罗常培.语言与文化[M].北京：语文出版社，1996.

[12]吕必松.汉语和汉语作为第二语言教学[M].北京：北京大学出版社，2007.

[13]钱林森编.牧女与蚕娘[M].上海：上海古籍出版社，1990.

[14]徐子亮，吴仁甫.实用对外汉语教学法[M].北京：北京大学出版社，2005.

[15]许力生.语言研究的跨文化视野[M].上海：上海外语教育出版社，2006.

[16]游国恩.中国文学史[M].北京：人民文学出版社，2007.

[17]袁行霈.古典诗词与情趣的陶冶[J].教学与教材研究，1996（2）.

[18]赵金铭.对外汉语文化教学研究[M].北京：商务印书馆，2006.

[19]周小兵.对外汉语教学导论[M].北京：商务印书馆，2009.

[20]Goodnough, W. H. *Culture, Language and Society* [M]. Benjamin Cummings Publishing Company, Chapter 4. 1981.

[21]Krashen, Stephen. *Second Language Acquisition and Second Language Learning* [M]. Oxford: Pergamon, 1981.

[22]Lado, Robert. *Linguistics across Cultures: Applied Linguistics for Language Teachers* [M]. Ann Arbor: University of Michigan Press, 1957.

非母语者汉语习得与教学

日本学生汉语疑问句语调习得的实验研究

温宝莹 韩亚娟 南开大学

【内容提要】本文对 10 名初级日本留学生做了一项实验,运用调域和起伏度进行分析,结合声调和语调的关系,并与中国发音人进行了对比,找出了两者的异同,由此得出日本学生汉语疑问句语调的特点。首先,在汉语疑问句语调习得方面,日本学生整体起伏度较小,句首和句末调域相差不大;句中调域得到压缩和降低;句末调域虽有扩展,但扩展幅度小,且句末调域无明显的提高现象。其次,在汉语声调习得方面,日本学生阴平习得较好,阳平和上声容易混淆,去声调多降不到底。

【关键词】句调域 词调域 字调域 起伏度

何谓语调?赵元任先生曾说过:"真正的语言有语言的抑扬顿挫的神气,这就是语调,有了语调,方才成为一种活的语言。"可见,如果不能很好地把握所学语言的语调,就很难说出地道的语言。

石锋(1999)提出语调格局的概念,即指语句调型曲线的起伏格式及其所表现的各调群调域本身的宽窄和相互之间的位置关系。根据这一概念,王萍、梁磊等研究了汉语普通话陈述句和疑问句的语调,根本晃等研究了日语陈述句语调,郭嘉等研究了英语语调。

关于汉语疑问句语调,王萍、石锋(2010)指出,汉语北京话疑问句语调主要表现为两个特征:一是调域提高,二是调域扩展。调域提高包括语句调域上线和下线整体升高、各调群调域上线和下线的提升,其中句末调群上线抬高的幅度显著大于下线。调域扩展包括全句调域的扩展,特别是句末调群调域的最大化扩展,达到全句调域的跨度;其中后字的字音调域跨度最大,达到句末调群的全部调域,是调域最大化扩展的源头。

赵元任曾经对声调和语调的关系有明确的阐述,提出了三个著名的比喻——"橡皮带""代数和""大波浪与小波浪"。这些比喻给汉语语调研究指出了一条捷径。曹剑芬(2002)指出,汉语里不同语气的语调轮廓(即总体音阶走势)跟英语或其他语言中的情形相仿,但语调在汉语里的实现方式具有不同于非声调语言语调的特色。这种特色主要体现为声调跟语调之间相互依存和相互制约的对立统一关系:语调存在于声调之中,它的总体音阶走势必须通过声调体现出来;而声调实体本身的实现又受语调综合旋律的制约。石锋(1999)指出,声调研究在于分析音高曲线的高低升降的走向,及在调域内部的相对位置,而语调研究关心调域的宽窄、上移或下移的幅度。

本文采用石锋语调格局的研究方法,结合声调和语调的关系,对10名普通话水平为初级的日本发音人的疑问句样本进行分析,并与中国发音人的疑问句数据进行对比。

一 实验说明

(一)实验语料

语料是在王萍、石锋(2010)的实验语句基础上添加 2 个而成,共有 6 个,均为自然焦点疑问句:

①张忠斌星期天修收音机？ ②吴国华重阳节回阳澄湖？
③李小宝五点整写讲演稿？ ④赵树庆毕业后到教育部？
⑤李金宝五时整交讲话稿？ ⑥李小刚五点半写颁奖词？

(二)语料录制

发音人共有 10 位,5 男 5 女。他们均是南开大学汉语言文化学院的母语为日语的日本留学生,平均年龄为 22 岁,学习汉语时间为 3~12 个月。录音设备使用联想笔记本电脑、普通外置麦克风。录音软件采用 Cool Edit Pro 2.0,录音格式为:11025Hz,16 位,单声道。录音在安静的教室进行。在自然状态下,每个实验句连续说三次,句子之间间隔为 4 秒,共得到 3×6×10=180 个样品句。

(三)语音样本的分析

使用南开大学语音软件"桌上语音工作室"对样品句进行实验分析,使用 Excel 进行数据分析和作图。首先,取各实验句的平均音高数据,再根据平均音高数据计算出各实验句的半音值。计算公式为:

$$St=12\times lg(f/fr)/lg2$$

其中"f"表示需要转换的赫兹数值,"fr"表示参考频率,男性设为 55 赫兹,女性设为 64 赫兹。根据半音值得到语句调域、词调域和字调域。

其次,根据计算出的半音值,进行百分比归一计算,进一步做出起伏度图。归一公式为(石锋等,2009):

$$Ki=100*(Gi–Smin)/(Smax–Smin)$$
$$Kj=100*(Gj–Smin)/(Smax–Smin)$$
$$Kr=Ki–Kj$$

其中 Gi 代表词调域上线半音值,Gj 代表词调域下线半音值;Smax 为语句调域上限半音值,Smin 是语句调域下限半音值;Ki 为词调域上线百分比,Kj 为词调域下线百分比,Kr 就是词调域的百分比数值。

本文用作对比的汉语母语发音人的疑问句数据和图形来自王萍、石锋(2010)。

二 实验结果和分析

(一)句调域分析和对比

计算出各实验句的平均半音值,再把同一个发音人发的 6 个句子放在同一个图中,就得到句调域。然后在句调域中划分出各个词调域,其中各词调域的最高上线为句调域的上线,各词调域的最低下线为句调域的下线。如图1所示。

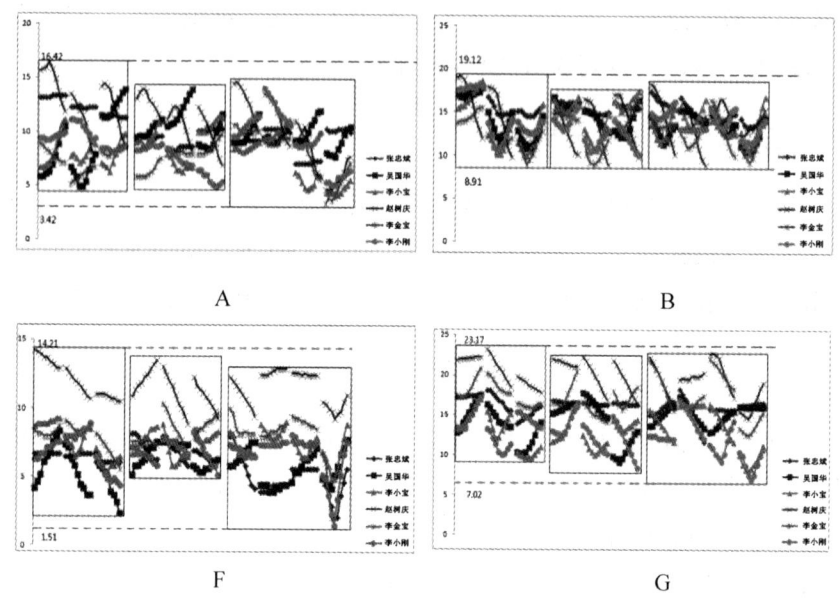

图1 半音标记的疑问句调域图(AB 为男,FG 为女)

从图1可以看出,在10位日本发音人中,有5位发音人都是句首词调域上线为句调域上线,句末词调域下线为句调域下线(其中男性4位,女性1位),有3位发音人句末词调域覆盖全句调域(都是句首词调域和句末词调域相同,男性1位,女性2位);有2位发音人句中词调域覆盖全句调域(均为女性)。可见男性语句总调域大多一致,表现为句首词调域上线为句调域上线,句末词调域下线为句调域下线,而女性发音人之间表现不一。此外,从图中可以看出,日本发音人的疑问句句调域较平缓,各韵律词之间、各字之间起伏度较小,调域宽窄相差不多。

日本发音人和中国发音人疑问句总调域对比(见表1和表2)。从表中可以看到:日本发音人疑问句总调域平均值小于中国发音人,相差5.1个半音(日本发音人为13半音,中国发音人为18.1半音)。日本发音人疑问句句调域上线和下线平均值均小于中国发音人，日本发音人句调域上线平均值小于中国发音人，相差 8.2 个半音（日本发音人为 19.6 半音，中国发音人为 27.8 半音）；日本发音人句调域下线平均值也小于中国发音人，相差 2.9 个半音（日本发音人为 7.9 半音，中国发音人为 10.8 半音）；上线降低幅度大于下线。由此可见，与中国发音人相比，日本发音人疑问句句调域较窄，总体表现为全句调域的下降和压缩。

表 1　10 位日本发音人疑问句总调域

	男					女				
	A	B	C	D	E	F	G	H	I	J
半音	13	10.2	17.6	12.9	12.7	9.2	16.2	11.3	13.9	12.9
范围	3.4-16.4	8.9-19.1	5.8-23.4	6.0-18.9	1.5-14.2	8.9-18.1	7.0-23.2	12-23.3	8.7-22.6	3.4-16.3

表 2　4 位中国发音人疑问句总调域

	甲	乙	丙	丁
半音	21.8	14.1	19.7	12.7
范围	3.2-25.0	17.0-31.1	7.6-27.3	15.2-27.9

（二）词调域分析和对比

每个实验句都可以分为三个韵律词，可以分别称作句首词、句中词和句末词。根据实验所得出的音高数据和半音、百分比的计算公式，可以得出各韵律词的半音值和百分比范围。各韵律词的半音范围就是各韵律词的调域，百分比是对半音值的归一化处理，能够过滤发音高低和调域宽窄方面的差异，使不同发音人的实验结果具有可比性。

表 3 和表 4 是日本发音人疑问句词调域和中国发音人疑问句词调域对照表。

首先，句首词和句末词对比。在 10 位日本发音人中，有 5 位发音人均是句末词调域跨度大于句首词调域跨度（女性有 4 位，男性只有 1 位），相差最大值出现在 H 发音人，为 2.3 个半音；有 3 位发音人是句末词调域跨度小于句首词调域跨度（均为男性）；有 2 位发音人句末词调域跨度等于句首词调域跨度（男女各一位）。可见，女性发音人多是句末词调域跨度大于句首词调域跨度，而男性则句末词调域跨度小于句首词调域跨度。而中国发音人均是句末词调域跨度大于句首词调域跨度，相差2.9~6.5个半音，都要大于日本发音人。此外，10位日本发音人句末词调域上线与句首词调域上线相差不多，有两位发音人出现相同现象，句末词调域下线均小于或等于句首词调域下线。而中国发音人句末词调域上线均大于句首词调域上线，句末词调域下线均小于句首词调域下线。由此可见，中国发音人句末词调域得到最大扩展和提高，而日本发音人的句末词调域虽然得到扩展，但扩展幅度小于中国发音人，而且，日本发音人的句末词调域没有明显的提高现象。

表3　10位日本发音人疑问句词调域

		半音（St）			百分比（%）		
		首	中	末	首	中	末
男	A	11.5（4.9-16.4）	9.0（4.9-13.9）	11.2（3.4-14.6）	89（11-100）	70（11-81）	86（0-86）
	B	10.2（8.9-19.1）	8.6（8.9-17.5）	9.4（8.9-18.3）	100（0-100）	84（0-84）	92（0-92）
	C	14.3（9.1-23.4）	12.5（7.7-20.2）	16.5（5.8-22.3）	81（19-100）	71（11-82）	94（0-94）
	D	11.8（2.4-14.2）	8.4（5.1-13.5）	11.4（1.5-12.9）	93（7-100）	65（29-94）	90（0-90）
	E	12.9（6.0-18.9）	10.8（7.1-17.9）	12.9（6.0-18.9）	100（0-100）	84（8-92）	100（0-100）
女	F	8.6（9.2-17.8）	8.6（8.9-17.5）	9.2（8.9-18.1）	94（3-97）	94（0-94）	100（0-100）
	G	13.5（9.7-23.2）	13.9（8.4-22.3）	15.7（7.0-22.7）	83（17-100）	86（9-95）	97（0-97）
	H	8.3（13.6-21.9）	8.2（12-20.2）	10.6（12.7-23.3）	74（14-88）	73（0-73）	94（6-100）
	I	12.3（9.4-21.7）	13.9（8.7-22.6）	12.8（9.1-21.9）	88（5-93）	100（0-100）	93（2-95）
	J	12.9（3.4-16.3）	10.8（4.5-15.3）	12.9（3.4-16.3）	100（0-100）	84（8-92）	100（0-100）

表4　4位中国发音人疑问句词调域

	半音（St）			百分比（%）		
	首	中	末	首	中	末
甲	16.9（5.5-22.4）	16.4（8.6-25）	20.9（3.2-24.1）	77（11-88）	75（25-100）	96（0-96）
乙	11.2（19-30.2）	11.2（18.5-29.7）	14.1（17-31.1）	80（14-94）	79（11-90）	100（0-100）
丙	13.2（9.4-22.6）	12.4（10-22.4）	19.7（7.6-27.3）	67（9-76）	63（12-75）	100（0-100）
丁	6.6（19.9-26.5）	5.3（20.2-25.5）	12.7（15.2-27.9）	52（37-89）	42（39-81）	100（0-100）

其次,句首词和句中词对比。在 10 位日本发音人中,有 5 位男性发音人均是句首词调域跨度大于句中词调域跨度,相差最大值出现在 D 发音人,为 3.4 个半音,女性发音人则句首词调域跨度多小于或等于句中词调域跨度(2 位大于,2 位小于,1 位等于)。而中国发音人句首词调域跨度均大于或等于句中词调域跨度,可见,日本女性发音人与中国发音人差距较大,而日本男性发音人则无显著差异。此外,10 位日本发音人句首词调域上线均大于句中词调域上线(I 除外),句首词调域下线有 5 位发音人(男性 1 位,女性 4 位)大于句中词调域下线,有 3 位发音人(男性 2 位,女性 1 位)小于句中词调域下线,有 2 位相等(均为男性)。而中国发音人句首词调域上线多大于句中词调域上线,句首词调域下线多小于句中词调域下线,无太大差别。由此,与句首词相比,二者句中词调域均得到降低和压缩,但日本发音人句中词调域压缩的幅度更大。

最后,句中词和句末词对比。日本发音人除 I 外,其余 9 位均是句末词调域跨度大于句中词调域跨度,相差最大值出现在 C 发音人,为 4 个半音,而中国发音人相差 2.9~7.4 个半音,多大于日本发音人。此外,日本发音人除 D、I 外,其余 8 位句末词调域上线均大于句中词调域上线;除 H、I 外,其余 8 位句末词调域下线均小于句中词调域下线(B、F 相等),与中国发音人无明显差别。由此,与句中词相比,日本发音人句末词调域得到扩展和提高,但扩展幅度小于中国发音人。

根据百分比数值,日本发音人句首词百分比跨度在 74%~100% 之间,句中词在 65%~100% 之间,句末词在 86%~100% 之间,而中国发音人句首词百分比跨度在 52%~80% 之间,句中词在 42%~79% 之间,句末词在 96%~100% 之间。在句首词、句中词百分比跨度上,日本发音人多大于中国发音人,尤其是句首词百分比跨度,日本发音人最小为 74%,而中国发音人最大为 80%;在句末词百分比跨度上,中国发音人大多数达到 100%,而日本发音人中只有 3 位达到 100%(其中 2 个还是句首词和句末词都达到 100%)。由此可见,中国发音人的疑问句词调域从句首到句中有明显的变化,而日本发音人的疑问句词调域变化不明显，比较平淡，而且句末词调域没有达到最大化扩展。

（三）字调域分析和对比

字调域是词调域内部各字音的声调音域。可以通过各字调域的宽窄、词调域与声调的关系，来考察日本发音人在语调和声调方面的习得情况。句首词调域如图2所示。

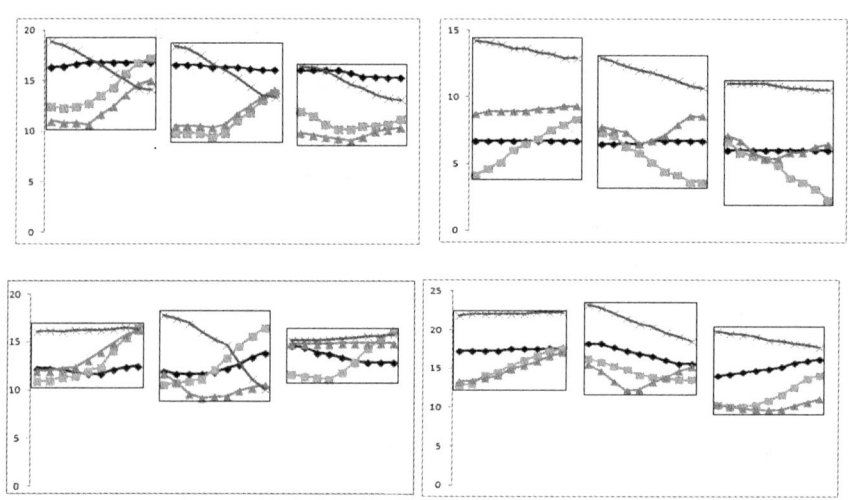

图2　句首词调域图（两男两女）

据图2可以看到，日本发音人句首词调域多是由词首字上线和词末字下线决定，这与中国发音人有相似之处。从句首词调域中各字调域的宽窄来看，多是词中字调域较宽，而中国发音人多是词末字调域较宽。从句首词调域与声调的关系来看，日本发音人句首词调域上线多由去声决定，而下线则多由阳平和上声决定；而决定中国发音人上线的可能有三个声调，即阳平、上声、去声，决定中国发音人下线的只有一个声调，即上声。

句中词调域如图3所示。

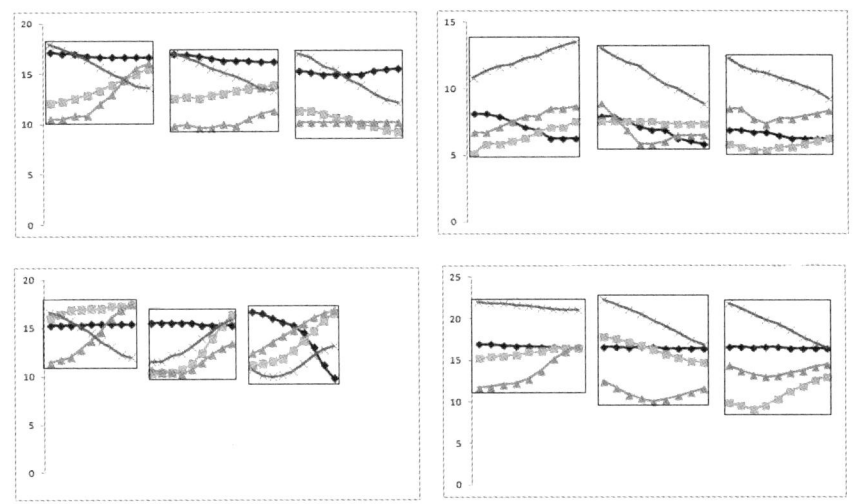

图 3 句中词调域图（两男两女）

据图 3 可以看到，日本发音人句中词调域也多是由词首字上线和词末字下线决定，中国发音人也是如此。从句中词调域中各字调域的宽窄来看，多是词末字调域较宽，与中国发音人相似，但日本发音人每个字调域宽窄相差不多。从句中词调域与声调的关系来看，日本发音人句中词调域上线多是由去声决定，而下线则有多是由阳平决定；而决定中国发音人句中词调域上线的可能有三个声调，即阳平、上声、去声，决定中国发音人句中词调域下线的只有一个声调，即上声。

句末词调域如图 4 所示。

据图 4 可以看到，从句末词调域中各字调域的宽窄来看，多是词末字调域较宽，中国发音人也是如此，但日本发音人每个字调域宽窄相差不多。从句末词调域与声调的关系来看，日本发音人句末词调域上线多由去声决定，而下线则多由阳平决定；决定中国发音人上线也多是去声，但决定中国发音人下线的只有一个声调，即上声。此外，日本发音人词末字表现出独特之处，即先下降再上升。

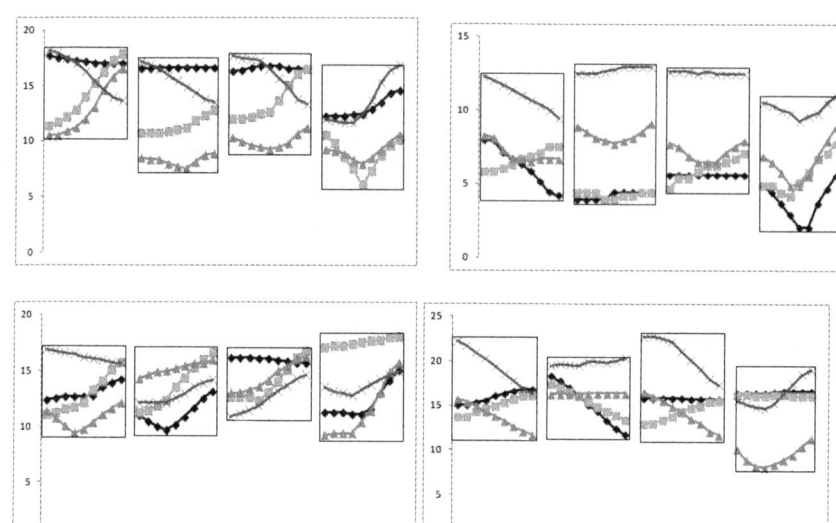

图 4 句末词调域图（两男两女）

综上，中国发音人各韵律词调域上线多由三个声调决定（除句末词），下线多由上声决定；而日本发音人各韵律词调域上线多由去声决定，下线多由阳平决定，很可能是因为日本发音人去声调值过高，降不到底，而且把阳平和上声混淆。

由此，可以看到日本发音人在声调方面的习得情况。日本发音人阴平调习得和中国发音人相似，但日本发音人把阳平调和上声调混淆，甚至出现重合现象，而且去声调下降较平缓，有的甚至和阴平调相似。可见，在声调习得中，阴平调容易习得，阴平和上声容易混淆，去声调下降较平缓。

（四）起伏度分析和对比

句子语调的起伏度（Q 值）计算是在词调域的百分比数据基础上进行的。根据词调域百分比数值，可以得到各韵律词百分比的最大值和最小值，上线为百分比的最大值，下线为百分比的最小值，利用上线和下线计算出中线的值，公式为：

$$中线 = \frac{上线 + 下线}{2}$$

然后用前一词调域的百分比数值减去后一词调域的百分比数值,从句首到句末,依次进行;上中下线同样处理,正值为降,负值为升,进而得到起伏度值(Q值)和起伏度图。起伏度值可以将不同年龄和性别的发音人、不同语气和口气类型的语句放置在同一空间中对照比较,在可比性的基础上进一步具有可统计性,使语调研究进入量化分析过程(石锋等,2009)。如图5所示。

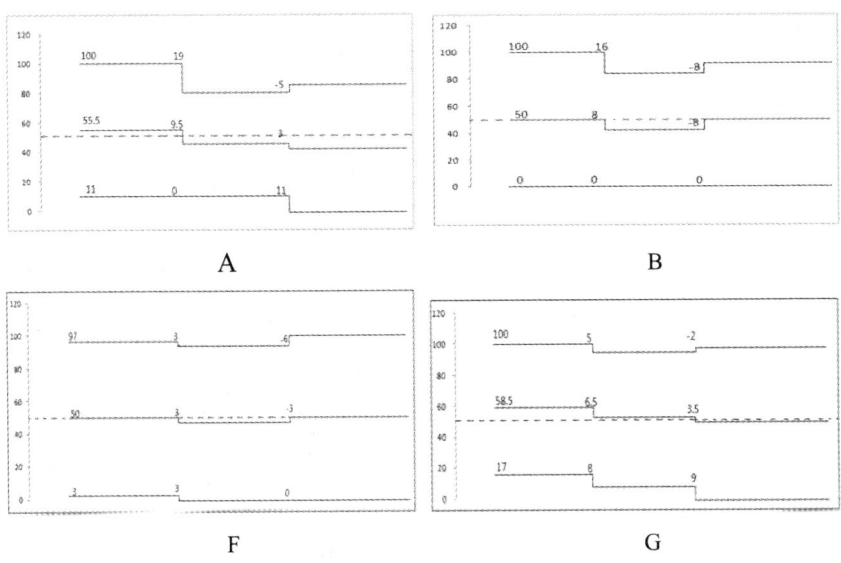

图5 日本发音人疑问句起伏度图

从图5可以看出日本发音人疑问句的起伏状态。日本发音人起伏度变化不明显,较为平淡。10位日本发音人起伏度中线都在50%左右,其中有5位发音人中线等于50%。可见,日本发音人发汉语疑问句时语气较平淡。

表5和表6是日本发音人疑问句调群起伏度Q值和中国发音人疑问句调群起伏度Q值对照表。

表 5　日本发音人疑问句调群起伏度 Q 值表

		起点 Q0			Q1			Q2			Q		
		上线	中线	下线	上线	中线	下线	上线	中线	下线	上线	中线	下线
男	A	100	55.5	11	19	9.5	0	-5	3	11	14	12.5	11
	B	100	50	0	16	8	0	-8	-8	0	8	0	0
	C	100	59.5	19	18	13.5	8	-12	-0.5	11	6	13	19
	D	100	53.5	7	6	-8	-22	4	16.5	29	10	8.5	7
	E	100	50	0	8	0	-8	-8	0	8	0	0	0
女	F	97	50	3	3	3	3	-6	-3	0	-3	0	3
	G	100	58.5	17	5	6.5	8	-2	3.5	9	3	10	17
	H	88	51	14	15	14.5	14	-27	-16.5	-6	-12	-2	8
	I	93	49	0	-7	-1	5	5	1.5	-2	-2	0.5	3
	J	100	50	0	8	0	-8	-8	0	8	0	0	0

表 6　中国发音人疑问句调群起伏度 Q 值表

	起点 Q0			Q1			Q2			Q		
	上线	中线	下线	上线	中线	下线	上线	中线	下线	上线	中线	下线
甲	88	49.5	11	-12	-13	-14	4	14.5	25	-8	1.5	11
乙	94	54	14	4	3.5	3	-10	0.5	11	-6	4	14
丙	76	42.5	9	1	-1	-3	-25	-6.5	12	-24	-7.5	9
丁	89	63	37	8	3	-2	-19	10	39	-11	13	37

首先，起点 Q0。日本发音人起点 Q0 的上线分布集中，分布范围为 88~100，且男性发音人都为 100；而中国发音人分布较分散，分布范围为 76~94。日本发音人起点 Q0 的中线分布较集中，在 50 左右，中国发音人则比较分散。日本发音人起点 Q0 的下线分布范围为 0~19，中国发音人为 9~37。

其次，Q1 是句首跟句中调群的起伏度。10 位日本发音人中，9 位 Q1 上线均为正值，8 位中线均为正值，7 位下线均为正值，即上中下线都以降为主。这些表明日本发音人句中调域比句首调域缩小收敛，呈下降趋势。而中国发音人下线大多为负值，即以升为主，上线与日本发音人无太大差别。

再次，Q2 是句中跟句末调群的起伏度。10 位日本发音人中，8

位 Q2 上线均为负值,即以升为主;6 位中线为正值,8 位下线为正值,即以降为主,表明日本发音人疑问句句末调域得到最大化扩展。但与中国发音人相比,日本发音人 Q2 上线的平均值的绝对值要小于中国发音人(日本发音人为 9.5,中国发音人为 18),日本发音人上线提升的幅度小于中国发音人;日本发音人 Q2 下线的平均值要小于中国发音人(日本发音人为 9.5,中国发音人为 21.8),日本发音人下线降低的幅度小于中国发音人。所以表明日本发音人疑问句句末调域虽然得到最大化扩展,但扩展幅度远小于中国发音人。

最后,Q 值是 Q1、Q2 的代数和,代表全句的起伏度。10 位日本发音人中,7 位 Q 值上线为正值,即以降为主,而中国发音人全为负数,可见日本发音人疑问句上线有下降现象;日本发音人 Q 值下线全为正值(其中 3 位为 0),即下线降低,但日本发音人 Q 值下线平均值小于中国发音人(日本发音人为 6.8,中国发音人为 17.8),说明日本发音人疑问句下线降低幅度小于中国发音人。由此可见,日本发音人疑问句调域没有得到最大化扩展,呈下降趋势,整体起伏度较小。

三 结论

本文通过研究 10 名日本学生汉语疑问句的习得情况,初步得出了以下结论:

语调习得方面。日本发音人与中国发音人在汉语疑问句语调上有一定的相似之处:句中词调域得到压缩和降低,句末词得到扩展。这表现了人类语言的普遍性特征。日语和汉语一样有各种各样的句法语调,用于表示陈述、肯定、疑问等语气。这种句法语调的变化主要以音高的变化为主,变化一般表现在句末。根本晃(2010)用实验的方法研究了日语一般疑问句语调,指出:日语一般疑问句的调群调域宽度为:句末调群调域最大、句首次之、句中调域最小,汉语疑问句也是如此。初学汉语疑问句的日本学生很容易按照日语的语调来学习汉语,所以两种语言的相似性促成了正迁移,对理解汉语的语调有一定帮助。

日本发音人与中国发音人在汉语疑问句语调上也有很多不同。首先，日本发音人发汉语疑问句时语气较平淡。日本发音人各韵律词之间、各字之间调域宽窄相差不多，整体起伏度较小，而且整体呈下降趋势。其次，日本发音人各韵律词调域小于中国发音人，句末调域虽然得到最大化扩展，但扩展幅度远小于中国发音人。其原因有以下几点：

首先，日语疑问句的句末，一般都用终助词"か"来表示疑问，而不是用语调表示疑问，这相对地削弱了语调的作用。汉语中经常用不带疑问词的疑问句，语调可以代替疑问词提问。所以，与日语相比，汉语中不带疑问词的疑问句更自然。所以对于日语疑问句，用平调说，还是表示疑问，句子的疑问意义并没有改变。汉语则不同，一般来说疑问句必须用升调，用平调或降调不能表示疑问。而且根本晃的日语疑问句语调格局图也显示出：日语疑问句语调较平缓，句末词调域虽然最大化扩展，但是上升幅度小且有的被试表现出平等和下降现象。所以初学汉语的日本学习者把日语疑问句语调特点迁移到了汉语疑问句。

其次，日语是黏着语，一般一个假名为一个音节，每一个音节读的时间一样长，其字调是平直的，字调发生在单词的音节和音节之间，音节内没有字调的高低或强弱的变化；而汉语字调的高低和强弱很重要，汉语的字调发生在音节内部，不同的字调表示不同的汉字。侯锐（2011）指出汉语字调的幅度较宽，根据5度标记法的记述形式，其幅度为1～5，即5度；日语字调的幅度较窄，参照汉语5度标记法的记述形式，其幅度为2～4，即3度。字调和语调有着密切联系，所以初学汉语的日本学习者发汉语疑问句时，很容易受日语字调调域较窄的影响。

声调习得方面。日本发音人，阴平习得较好，与中国发音人无太大差别，阳平和上声容易混淆，去声调多降不到底，这与汉语声调特点有关。汉语的去声的调值为51，下降幅度很大；而日本发音人在发音时间上过于短促，导致去声降不到底。

可见，母语的迁移对第二语言习得有很大影响，特别是对于初学者来说。母语与第二语言的普遍共同的特征,会对学习者产生正迁移,更好地帮助学习者掌握第二语言;母语与第二语言的不同之处,会对学习者产生负迁移,从而使学习者出现很多偏误。

参考文献:

[1]曹剑芬.汉语声调与语调的关系[J].中国语文,2002(3):195—202.

[2]陈文芷.汉日疑问句语调对比[J].世界汉语教学,1994(2):26—32.

[3]〔日〕根本晃,石锋.日语声调核在陈述句语调中的表现[J].南开语言学刊,2010(1):45—52.

[4]石锋.汉语语调格局在不同语速中的表现[A].石锋、潘悟云.中国语言学的新拓展:庆祝王士元教授六十五岁华诞[C].香港:香港城市大学出版社,1999:381—394.

[5]石锋,王萍,梁磊.汉语普通话陈述句语调的起伏度[J].南开语言学刊,2009(2):4—13.

[6]石林,温宝莹."洋腔洋调"初探——美国学生汉语语调习得[J].南开语言学刊,2012(1):42—49.

[7]王萍,石锋.汉语北京话疑问句语调的起伏度[J].南开语言学刊,2010(2):14—22.

[8]王萍,石锋.试论语调格局的研究方法[J].当代外语研究,2011(5):10—17.

[9]王幼敏.日本人学汉语中的声调语调问题[J].华东师范大学学报(哲学社会科学版),1998(2):95—96.

[10]石锋,王萍,梁磊.汉语普通话陈述句语调的起伏度[J].南开语言学刊,2009(2):4—13.

[11]〔日〕根本晃.日语一般疑问句语调的起伏度分析[A].第九届中国语音学学术会议论文集[C],2010:936—941.

基于结构特征的"比"字句偏误考察[①]

王红厂 刘登美 南开大学

【内容提要】 本文基于中介语语料库,根据"比"字句的表层句法结构,重点从比较结果、比较项、比较视点、比较标记等四个方面,对留学生使用"比"字句存在的偏误类型进行了分析,对偏误的原因进行了解释。

【关键词】 "比"字句 偏误 比较结果 比较项

"比"字句(X 比 Y+W)使用频率比较高,下位句式繁多,是留学生学习汉语句式中的难点之一。吕文华(2002),陈珺、周小兵(2005),王茂林(2005)等从对外汉语教学角度,或把"比"字句按照句式、语义的难易进行了等级切分,分化了"比"字句的习得难点,或提出对外汉语教学中比较句语法点的选项和排序,或对留学生习得"比"字句下位句式的顺序做了深入研究。本文则根据"比"字句的结构特点,从比较项 X/Y(也有把 X 称为比较主体,Y 为比较基准)、比较标记、比较视点和比较结果等方面来分析韩国留学生学习汉语"比"字句时所存在的问题。

本文的语料来源于北京语言大学 HSK 作文动态语料库。本次共收集到韩国留学生 751 条语料,其中正确的和有误的语料分布如表 1 所示。

[①] 本文系教育部人文社会科学研究青年基金资助项目(项目编号:12YJC740153)的阶段成果。

表1 "比"字句使用正误情况

统计方面	数量	所占百分比
正确的"比"字句	369	49.1%
有偏误的"比"字句	382	50.9%
总计	751	100%

根据表1，我们可以看出高级阶段韩国留学生"比"字句使用正误情况大体持平，"比"字句偏误率达到51%。这说明即使到了高级阶段韩国留学生掌握"比"字句的情况仍然不是很好，也可看出"比"字句的习得对留学生来说确实是一大难点。

一 偏误分布的总体情况

为了更好地说明偏误出现的系统性和规律性，我们基于"比"字句的结构特征，将语料的偏误分为比较项的偏误、比较视点的偏误、比较标记的偏误、比较结果的偏误以及其他偏误等五种。其他偏误包括"比"字句的否定形式误用、句式杂糅等情况。这几种偏误具体分布如表2所示。

表2 偏误的总体分布情况[①]

	偏误数量	百分比
比较结果	223	49.1%
比较项	121	26.7%
比较视点	23	5.1%
比较标记	7	1.5%
其他	80	17.6%
总计	454	100%

根据上表，我们可以看出韩国留学生在习得"比"字句过程中，在比较结果方面出现的偏误是最多的，其次是比较项、其他、比较视点、比较标记。比较结果偏误比重最大，这是因为"比"字句结构中

---

① 有些例句中不止一方面的偏误，故此表的偏误总数量大于表1的偏误例句数量。

的比较结果类型多样,语法、语义条件也很复杂。任海波(1987)曾将"比"字句比较结果分为 AP、VP、AV、NP 等四大类型,每一类型又有各自不同的句法、语义限制。学习者在学习过程中容易把这些不同句式搞混,因此难免出现这样或那样的偏误。所以,汉语学习者在学习"比"字句的过程中,比较结果方面是重点,也是难点。

其次,比较项方面的偏误也很多,这也与"比"字句的结构特点有很大关系。因为在"比"字句中,比较项可以很简单,也可以很复杂,它有完全式和省略式,但这个省略又有众多规则。学生在未能完全掌握这些规则前,不可避免地会出现各种偏误。

至于比较视点方面的偏误比较少,是因为它与"比"字句结构特征的关系较为疏远,任何比较句都会含有比较点,否则也无法进行不同事物之间的比较。而"比"是"比"字句的比较标记,所以与之有关的偏误最少。

二 偏误的具体分析

(一)与比较结果相关的偏误分析

充当比较结果的以谓词性成分为主,由于名词性谓词做比较结果的情况在本次语料统计中并未出现,故本文只讨论形容词性谓词和动词性谓词做比较结果的情况。下面我们分别就这两种情况,对比较结果中出现的前三大偏误类型进行重点分析,即程度副词误用、比较值偏误和补语偏误。考虑到"比"字句结构特征,我们的论述顺序不按照偏误率的高低顺序。另外,除此三大偏误,我们还将分析比较结果中第四大偏误类型,即助动词偏误。鉴于助动词的使用与比较结果谓词性质关系密切,同时为了保证文章结构的对称性,本文将不对此类偏误进行比较结果上的划分,而是将此类偏误分析放在了动词性成分充当比较结果的最后一条目。

1. 与比较值相关的偏误

比较值是比较结果中的谓词部分。比较值是比较的结果,是对比较视点的说明，所以比较值需要与比较视点在语义上或语法上能够搭配。在本次语料分析中，韩国留学生在这方面出现的偏误主要有两类：一是比较值与比较视点不搭配；二是比较值缺失。例如：

（1）*现在的代沟问题比以前更深。

（2）*但是程度比以前少得多。

（3）*人们应该比以前更锻炼身体。

（4）*吸烟者比非吸烟者得癌症的几率两倍。

（5）*吸烟的人比不吸烟的人得癌症的可能性几倍。

例（1）的比较视点是"代沟问题"，形容"问题"不能用"深"，可改为"严重"。例（2）的比较视点是"程度"，修饰"程度"不能用"多"或"少"，可把"少"改为"轻"。 笔者认为，比较值与比较视点不搭配这一偏误，更重要的是由词语误用引起的，是因为韩国留学生学习汉语词汇时，没有掌握好词语搭配的规律。例（3）应改为"人们应该比以前更注意锻炼身体"。"锻炼身体"是过程性动词短语，不符合"比"字句比较结果具有"变化"或"差异"的语义特征，不能进入"比"字句。但前面可加上心理动词"注意"就可以了。

例（4）和例（5）是两例比较值缺失的偏误。学生把具体的差异——"两倍""几倍"看作了比较结果，但却丢失了真正的比较结果——形容词谓词。这种表示具体差异的补语必须跟在形容词后，才能充当比较结果，而不能独立充当。所以，这两例都要补上所缺的比较值。例（4）可加形容词"高"或"大"，例（5）加上形容词"大"。造成比较值缺失这一偏误，是因为韩国留学生对"比"字句结构认识不全面，对"比较视点"和"比较值"概念的理解还不是很明确。

2. 程度副词误用

本次语料统计中，程度副词误用是韩国留学生习得"比"字句的第一大偏误。而误用率最高的程度副词就是"很"，其他误用副词还有"非常""太""极""比较"以及副词性短语"越来越"等。例如：

（6）*歌曲内容也比以前很丰富。

（7）*从个人健康来看，抽烟的人比不抽烟的人得病的机会非常高。

（8）*反而，我觉得我父母的思想比我太先进。

（9）*随着经济、科学的发展，代沟的问题比以前越来越厉害。

现代汉语中程度副词是一个相对封闭的词类，它又可以具体分为各种不同的类，有的程度副词能用于"比"字句，有的不能。这是因为程度副词有两类（王力，1943）：绝对程度副词（如"很""非常""太""极"）和相对程度副词（如"还""更""比较""越发"）。绝对程度副词与形容词结合后，就有了极限程度意义，其修饰、限制的相对限制形容词就失去了显示差异的这一语义特征，所以就不能进入表示程度差异的"比"字句了。所以，以上各例中的"很""非常""太"都应换成"还""更"等相对程度副词。

相对程度副词表示相对程度的比较，但并不是所有的相对程度副词都能进入"比"字句结构。比如"越来越"这个相对程度副词性短语，表示程度随时间的变化而变化，这也与"比"字句结构表示程度变化的语义相排斥。

3. 补语偏误

补语本身就是汉语学习中的一大难点，再运用到"比"字句结构，韩国留学生就更难免出现各种偏误。补语偏误是本次语料统计中的第三大偏误。例如：

（10）*对我影响最大的一个人是比我一岁大的一个女性。

（11）*我父亲比他的朋友们早一点结婚。

（12）*吃用化肥和农药的食品的人比吃"绿色食品"的人早点死。

（13）*而且我发现"绿色食品"的味道比"非绿色食品"好多。

例（10）（11）（12）出现这种偏误的原因主要是韩国留学生受母语 SOV 语法规则的影响，例（13）则是因为形容词谓词后遗漏了"得"，应该是"得多"一起做补语。

4. 能愿动词偏误

本次语料分析中，发现韩国留学生在能愿动词偏误上表现形式主要是错序和遗漏。例如：

（14）*因而如此比五十岁以上的人可享受自由、开朗。

（15）*父母与子女之间比兄弟之间更发生很多不好的事情。

当结论项为谓语性成分时，能愿动词不论是表示主观意志或是客观情况，都应该出现在"比"前。所以，例（14）应改为"因此可比五十岁以上的人更享受自由、开朗。"例（15）则属于遗漏了能愿动词的情况，应改为"父母与子女之间比兄弟之间更会发生很多不好的事情。"

（二）与比较项相关的偏误分析

比较项是"比"字句中要进行比较的两种事物，比较主体和比较客体应该是性质相同、具有可比性的两种事物。在句法结构上，"比"字前后可以是名词、动词、短语或小句，但一定要一致。所以，在标准的"比"字句表层结构中，比较前项和比较后项是相同的。然而，在汉语的实际使用情况中，并不总是标准结构，相反省略形式更是常态。但是不管怎样省略，比较前后两项的深层语义要一致，句法结构上也能补充完整。本次语料分析中，比较项的偏误率仅次于比较结果，而且比较项出现的偏误都是比较项不对称。具体表现有以下几种类型：

1. 省略不当造成的比较项不对称

一直以来，省略都被看作造成比较项不对称的最重要原因，如李临定（2011）认为，"比"字句左项（前比较项）的省略不能快于右项（后比较项）的省略。虽然这种说法不具有普遍性，如"他比我岁数大"，但是这一原则的提出也有其根据，毕竟承前省略更符合信息理解的程序。例如：

（16）*听说女人比男人抽烟对身体更不好，好像生孩子的原因吧。

例（16）属于比较前项省略不当。这句话中的比较项要用完整式，不能省略，"女人"后面要加上"抽烟"。因为"从信息的接收和理解来看，信息的引发要比信息的逆推更容易些，或者说，'承前者'比'蒙后者'更符合信息理解的程序"（刘颖，2000：438）。

（17）*学汉语可能比别的语言难一些，你非下点功夫不可。

（18）*父母的少年时期比子女的经济条件不好。

例（17）和例（18）则是比较后项承前省略相同部分不当。例（17）"学汉语"和"别的语言"在句法结构上不一致，在语义上也无法进行比较，所以比较后项中的动词"学"不能承前省略。例（18）比较前项中心语"少年时期"和比较后项中心语"经济条件"，语义上不能进行比较，应该把比较视点"经济条件"提前，变为"父母少年时期的经济条件比子女的差"或"父母的少年时期经济条件不比／没有子女的好"。此句除了省略不当这一偏误，还涉及"比"字句否定式误用，关于这一点我们会在后面有详细的解释。

2."的"误用造成的比较项不对称

"比"字句中，"的"字结构的省略情况很复杂，马真（1986）对此做了详细讨论。本次语料分析中，"的"的误用主要有三大类：比较后项省略时，该用"的"却没用；比较后项省略时，不该用"的"却用了；比较项中心语省略不当。例如：

（19）*虽然那里的老师比乡村还好。

（20）*商店里的东西比市场还新鲜得多呢。

例（19）（20）都是比较后项省略时，该用"的"却没用。结构助词"的"的遗漏造成了比较项不对称。这类偏误是出现最多的一种"的"的误用偏误。当比较前项和比较后项都是偏正结构，而且中心语相同时，韩国留学生在使用过程中，经常省略比较后项中与比较前项相同的那部分，中心语连同结构助词"的"一并省略。这样的省略往往会造成比较主体和比较客体的种类发生变化，不具可比性，从而造成了"比"字句的使用偏误。

马真（1986）认为，如果"N_1/N_2 的 N"表示领属关系时，一般只能用"N_2 的"替换"N_2 的 N"。尤其是当比较属性对比较项中的定语和中心语都适用时，如果比较后项"的"字省略后，就会造成语义上的变化，使比较主体和比较客体失去了可比性。韩国留学生往往容易忽略"的"的这一重要作用，在进行比较时，常省略结构助词"的"，造成比较项语义上的不可比。

（21）*我知道爸爸的心比我的更痛苦。

例（21）则和前面两例句不同，比较后项结构助词"的"多余，应去掉。此例不属于比较项都是偏正结构的"比"字句。此例中 W 是 N_1 和 N_2 的共有属性，且同时适用于 N_1、N_2、N，这里的 W 具有高度的适用性,所以不仅"N_2 的 N"要省略为"N_2",而且"N_1 的 N"也要省略为"N_1"。例句中"痛苦"这一属性是"爸爸"和"我"都具有的,而"心"则是人体的部分器官,不用特别强调,"人感到痛苦"这个语义就很充分了。所以,例(19)应改为"我知道爸爸比我更痛苦"。

(22)*那国家里的植物生产率也很高,所以人活的时间比另一国家还长。

(23)*吸烟的人比不吸烟的寿命更短。

这两句中的偏误都是由比较项中心语省略不当引起的。这里"N_1 的 N"和"N_2 的 N"都要用完整式才行,因为两项的定语性质是对立的,中心语要补全才能保证比较项的对称性。

总之,对两种事物进行比较时一定要搞明白比较主体和比较客体都是什么,二者是否具有可比性,句法上是否可采用省略式;如果用省略式,省略程度又该如何把握。作为母语非汉语的韩国留学生,他们很难在很短时间内体会到汉语中的这些若隐若现的规律,还需要在大量的目的语浸染中才能逐渐体会得到。

3. 比较项介词遗漏造成的偏误

(24)*吸烟的行为女人比男人影响更严重。

(25)*我觉得汉语说话比韩国话表显更容易,更方便。

应分别改为"吸烟的行为对女人比对男人影响更严重""我觉得用汉语说话比用韩国话更容易,更方便"。

4. 比较前项后移造成的比较项不对称

"比"字句是以比较客体 Y 为参照物对比较主体 X 进行考察,从而得出比较结果 W。所以,比较主体 X 应该放在比较客体 Y 的前面。"比+Y"一般情况下不能位于句子开头,比较前项 X 也不能后移,否则就导致了比较项的不对称。此类偏误产生的原因主要是韩语对韩国留学生产生的影响,下面举例如下:

(26)*比以前现在的发展速度还快。

(27)*比饿死,吃农作物得点病还是好嘛。

(28)*比以前产量大大提高。

以上三例都是因"比+被比较的对象"放在了句首，比较前项后移，从而导致"比"字句结构出现问题。在韩语比较句里，比较结果的位置是固定的，总居于句末；比较标记跟在比较客体后，其位置也是固定的；但是，比较项的位置则是比较自由的，即比较主体和比较客体的位置可以互换，虽然这种互换的形式在韩语中不占主流（金燕，2007）。而在汉语中，比较项的顺序是固定的，一定是比较主体在前，比较客体在后，比较标记"比"位于二者之间。如果一定要强调比较客体，将比较客体置前的话，则需要借助其他手段，那就不是"比"字句了。

（三）比较标记的缺失造成的偏误

在"比"字句的使用中，如果遗漏"比"字这个比较词，"比"字句的比较意义就不能显示出来，从而造成偏误。在"比"字句中，比较词"比"是不可或缺的。而韩国留学生在学习过程中，有时会出现"比"字缺失的偏误。比如：

（29）*后来如果再遇到困难时，这时，你以前更容易克服。

（30）*我们以前富了很多，所以已经忘了以前我们的艰难的日子了。

（31）*大部分人们都我更喜欢流行歌曲。

（32）*你们来到这里以前，我每天亲自去山下抬水，所以比我来得晚的你们辛苦得多。

例（29）和例（30）都是"以前"前面缺失"比"字。这两句的语义都是"现在跟过去比，发生了什么变化"，重在差异程度上的对比。例（31）"比"字缺失，比较意义不能显示出来，例（32），"'比'我来得晚的你们辛苦得多"前还应再加个"比"，造成此例偏误的原因，主要是因为学生在句法层次分析上未弄清楚。

（四）与比较视点相关的偏误分析

比较视点是所比较的内容，是比较主体和比较客体共同具有的属性或特点。"比"字句的比较视点有时出现在句子中，有时又可隐含。

由于比较视点的隐现规律不易把握，韩国留学生出现比较视点上的偏误也就在所难免。不过，从整体上看，比较视点的偏误较之其他三大方面，偏误率还是最低的，主要表现为比较视点的缺失和表达不明确。例如：

（33）*因为发生不好事情的话，唱一首流行歌曲的话就比以前好得多了。

（34）*我知道把怀里的小女儿送到外地的您们的心情比我难过得多。

例（33）中的比较点"心情"不能隐去。因为"好"的语义包含多种选择特征，可以是身体，也可以是心情等，而唱完歌后具体是哪方面好多了，很明显，此句中所要表达的应该是心情上。例（34）比较结果形容词"难过"的语义指向是人，包含"您们"和"我"，而且这里的"难过"这个词本身就能激活比较视点"心情"，所以，这里的比较视点"心情"可省，且这种情况下比较视点隐含式更是常态。

（五）其他偏误

这里把不能归入以上四种偏误的归入其他偏误。例如：

（35）*可是生存环境比以前不好。

（36）*虽然乡村的生活没有比城市的生活那么方便。

关于"比"字句的否定式，有的教材认为是"X 不比 Y……"，有的教材认为是"X 没有 Y……"。笔者更倾向于第二种观点，因为"不比"句并不是否定相比较事物间的差别，相反带有辩驳的语气。韩国留学生在"比"字句否定式学习过程中，最容易出现"X 比 Y 不+Adj"。这种偏误的原因有两种：一是母语影响，二是目的语规则泛化。在韩语比较句中，否定词放在比较结果谓词的后面，而汉语"不比"句中的"不"是不能放在比较结果位置的，这就造成了否定副词错位的偏误。另外，这一偏误也与目的语规则泛化有关，因为在否定副词"不"的使用方面，学生已经学过，形容词前加"不"是自由的，于是他们就不加区别地用于"比"字句中，从而出现了形容词谓语前加"不"的偏误。我们在这里将这些偏误句都改为"X 没有 YW"。

（37）*人们的想法也比以前不同。

（38）*这次比以前不一样了。

例（37）不该用"比"字句而用了"比"字句，例（38）则是将表示差比的"比"字句和表示平比的"和……（不）一样"句式二者杂糅在一起了。

三 结语

前面我们根据"比"字句的表层句法结构，从其构成成分分析了韩国留学生使用比字句时存在的各种问题。总而言之，造成这种情况的原因主要有三种：

一是汉语"比"字句的复杂性。汉语"比"字句句式种类比较多，有的句式下又能细化出其他二级句式。这些句式之间的细微差别又是多种多样，倘若不能加以具体区分，势必会产生许多偏误。

二是目的语规则的过度泛化。第二语言学习者掌握了一定的目的语规则后，往往会运用类推法不当地用于新的目的语的一些语言现象上，从而出现偏误。例如，"比"字句中绝对程度副词的使用等。

三是母语影响。在第二语言习得中，学习者在尚未完全掌握目的语规则时，常会依赖母语，尤其是在语言规则相近的情况下，便会用母语的规则代替目的语的相应的规则。如前面提到的比较结果、比较项的一些偏误。

四是教材的编写。教材是教学理论和教学法的体现者，同时也是课堂教学的直接依据，因此，教材的编写直接影响学生的习得过程和习得效果。目前，对外汉语教材关于"比"字句的编排各种各样。总体上存在的不足是编排不够系统，安排过于集中，不分阶段，且讲解简略。如《新实用汉语课本》，"比"字句只在两课中出现，即第十七课（第二册）和第三十七课（第三册）。学习是一个循序渐进的过程，把所有句式不分难易，一股脑全倒给学生，不仅给学生增加学习压力，还容易忽视各个句式之间的联系与区别。

参考文献：

[1]刘慧英.小议"比"字句内比较项的不对称结构[J].汉语学习，1992（5）：17—20.

[2]马真."比"字句内比较项Y的替换规律试探[J].中国语文，1986（2）

[3]任海波.现代汉语"比"字句比较结果的类型[J].语言教学与研究，1987（4）：91—103.

[4]王茂林.留学生"比"字句习得的考察[J].暨南大学华文学院学报，2005（3）：28—35.

[5]夏群.汉语比较句研究综述[J].汉语学习，2009（2）：58—64.

[6]肖奚强.略论偏误分析的基本原则[J].语言文字应用，2001（1）：46—52.

[7]徐茗."比"字句结果项与比较点的联系[J].安徽师范大学学报，2005（2）：230—235.

[8]陈珺、周小兵.比较句语法项目的选取和排序[J].语言教学与研究，2005（2）：22—33.

[9]李临定.现代汉语句型（增订本）[M].商务印书馆，2011：416—420.

[10]吕文华.对外汉语教材语法项目排序的原则及策略[J].世界汉语教学，2002（4）：86—95.

[11]王力.中国现代语法[M].上海：中华书局，1943.

[12]刘颖.现代汉语中几种表示相同比较的句式[J].安徽师范大学学报（人文社会科学版），2000（3）.

[13]金燕.朝汉比较范畴表达对比[D].延边：延边大学汉语言文化学院，2007.

试析对外汉语教学中教学角度的切入和情境设定的合理运用

——以范围副词"都"与"也"的辨析及副词"更"的讲解为例

李聪聪 冉启斌 南开大学

【内容提要】对外汉语教学需要很多方法和技巧,近些年情境教学的盛行极大地促进了对外汉语教学事业的发展,但同时也出现了一些情境设定不合理的现象,需要在课堂操作时加以注意。对于比较复杂的语法点,特别是以副词为代表的虚词如何进行教学,是一个需要突破的瓶颈,教学角度的切入是一个较好的解决办法。

【关键词】对外汉语教学 情境设定 切入角度 副词

对外汉语教学法在近几年讨论得比较热烈,而且出现了一些颇具影响力的教学法和教学法流派。对外汉语教学法也经历了一个演进过程,其间借鉴了语法翻译法、直接法、听说法等第二语言教学法,于20世纪50年代逐渐形成一种"以综合法为基础,以实践性原则为中心"的对外汉语综合教学法。

20世纪80年代以后,教育思想发生了重大变化,更加体现"素质教育"人文内涵,对教育理念、教学手段甚至教材选择都有很大的影响。无论从教学还是学习的角度都更加强调实际的意义。汉语是一种表意体系的意音文字，意义的表达，常常和语境有紧密联系。对外汉语教学法在从单一到综合模式的演变过程中，也更加强调教学的目的性，即培养汉语学习者的汉语基础知识和听说读写基本技能，更加突出运用汉语进行交际的能力。以老师的填鸭式教学为中心逐渐到以学为中心、以学习者为主体。随着信息理论和建构主义理论的兴起和发展，情境教学逐渐被提起并受到很大重视。

简单地说，情境教学就是指在教师人为"创设"的"情境"（有情之境）中所进行的教学。它与我们通常所说的教学情境的差别，就在于"人文性"，是"一个渗透着教育者意图的""生活空间"，即所谓的"优化的环境"（李吉林等，2002：13—14）。

在对外汉语教学中，我们会遇到很多用一般的教学方法解决不了的问题。有些只是一个知识点的讲解问题，有的甚至是一类教学中亟待解决的问题。对外汉语教学过程其实就是对每一个知识点进行润物细无声教授的过程，但是一个知识点讲不好，就会影响留学生对这一类的语音、词汇、语法、汉字等方面的认知。特别是语法点的教学，更加需要有针对性。每个语法点犹如作为个体的人，在与其他人类的共同性之外还有自己独有的个性。如果对外汉语老师将个性特征作为教学的切入点，教学就会顺利得多，也会更有效率。切入角度的把握需要对外汉语教师对语法点、教材及其学习者的情况有一个全面的了解。

这里要注意的是对外汉语教学的角度切入和国内的语文教学的教学角度切入要区分开，而且要和纯语法讲解的理论研究区分开。这里是要针对留学生学习汉语过程中，为了更好的实现教学的目的，提高教学效率，同时也为了从留学生学习的角度出发，以他们的思维和能理解的方式，或者可以说，是以人类共通的认知事物的方式进行的教学策略。

本文以范围副词"都"与"也"的辨析以及副词"更"的教学讲解为例，来说明对外汉语教学中角度的切入与情境设定的合适运用的相关问题。

一 教学角度的切入教学——以范围副词"都"和"也"的辨析为例

在现代汉语词汇中,副词是一个比较复杂的词类,几乎每一个词都有自己独有的特点及其他兼有的词性和句法功能。中国人自己有时都难以区分开的词语,对于外国人来说更加困难。将两个相近的副词结合辨析学习,如果讲得好就能起到事半功倍的作用,使留学生有效率地掌握和区分;如果讲得不好,则两个相关的词语就会一直成为留学生学习的"拦路虎",甚至对于以后的副词及相类似的词语、语法的学习造成一定的影响。所以,对副词的讲解,特别是对相近副词的讲解很重要,选择好的教学方法尤为重要。对此可以采用的教学策略有很多,这里重点以角度的切入和情境设定为例,来分析一下如何进行展开教学。

副词"都"和"也",都可以表示范围,经常在一段话中同时出现,但用法有很大不同。

下面是以一篇初级阶段留学生练习的短文《小张的家》中的例句作为分析对象:

五点半小张的爸爸、妈妈都回家了。他姐姐也来了。我们在他家吃了晚饭,晚上八点半我们就回学校了。

如前文所说,角度的切入就要找准所要教授的语法点所独有的特点,让留学生在较短的时间内抓住该语法点的要领,注意到重点和难点。

范围副词"都"与"也",就是对留学生教学过程中的一个重点和难点。有的教师,特别是经验不丰富的年轻教师觉得无从下手。那么怎么样才能更好地将这两个词传授给留学生呢?下面从三个角度来进行阐述。

(一)表述侧重的角度——总说和分说

范围副词"都"在遍指意义时,一般所指的事物都是明确的,而且前面一般都是复数或多个事物，一般放在所指词之后。更重要的一点就是"都"所表示的是总括、评注性的意思。副词"也"，一般是单独就某一个个体进行分说，强调后面的与前面的主语有相同的性质、动作（巴丹，张谊生，2012：69—74）。

总括与分说是从认知角度来说的。心智扫描是人类基本的认知能力，分为次第扫描和总括性扫描。前者如同放电影，后者如同拍照片。从这个角度出发，袁毓林指出："都"式的认知方式是"总括式扫描"，"也"式的认知方式是"次第式扫描"。所以从人类共有的认知角度就可以很好地将"都"与"也"区分开（袁毓林，2004：3—14）。

所以，在具体的语法教学中，对外汉语教师可以明确地告诉留学生，如果前面是有多个事物，表示对前面事物的概括说明，使用"都"。如：苹果和橘子都是水果。而"也"是在具体分说一个事物，表达与前文所提到的事物具有相同的表现。如：马克很喜欢看这个电视节目，我也很喜欢看。

（二）语义背景角度——有无预设

不同的语法点，有时会有自己不同的使用条件和背景，有时一旦缺少背景或情况，就不能正常使用，否则会不符合语法或语用。"也"的使用一般是前提是前面已经介绍了一个事物，强调后面的与前面的主语有相同的性质、动作。所以这个前提就是使用"也"的背景。如果缺失了就会造成语义的不足。如：下雨了，杰西也带伞了。明显让人感觉到句子中脱漏了什么内容。

而"都"字，一般需要特殊的隐含语境或背景材料，所需概括的内容直接给出。如：他把冰箱里的面包、牛奶都吃了。

所以对外汉语教师在教学中，应该有意识地对"也"进行创设语境，这在下面的情境教学环节即将讲到。如：下雨了……

老师可以从向留学生提问入手组织情境教学：下雨了，大家如果出门应该带什么工具呢？……对，雨伞。这句话可以说"下雨了，杰西带伞了，以防被雨淋湿"。或者如果马克今天带伞了，杰西带伞了，杰西有跟马克相同的行为。那么应该怎么说呢？……对！这句话可以说"下雨了,马克带伞了,杰西也带伞了"。

(三)搭配角度——常用的固定句式

"都"与"也"在表示范围时都有自己的固定结构。通过句型的载入就可以很好地区分二者。这里所要注意的是,句型的典型性、准确性和单一性。同时注意最好在大量的引入例子的情况下让留学生和教师一起归纳出句型结构,这样比教师直接给出答案的教学效果要好得多。单独一个范围副词就有很多个搭配,如果一次性在一节课都给留学生,会让他们负担太重。留学生不仅不能很好理解本节课的功能,还会和其他的用法相混淆。

如:当"都"表示范围的时候句式分为两类,总括对象在"都"之前的句式有(陈洁,2013):

A. "每""各""所有""全部""一切""任何"和重叠量词等表范围的词+"都"
B. 表任指的疑问代词+"都"
C. 关联词"无论""不论""不管""哪怕"+"都"
D. "都"+"是"

总括对象在"都"之后的句式有:

E. "都"+表疑问虚指的疑问代词
F. "都"+人称代词
G. "都"+动词+(的)+名词

如果在本节课《小张家》里就只能单独用 A 这个句型,并且要更加具体。如:(S1+S2)+都+动作/性状,这样就更加有具象化的效果。同样在讲解"也"的时候,也要有适应本节课用到的语法点。如(S1+动作/性状,+),S2+也+动作/性状。

此外,要注意不要直接告诉留学生"人称代词""体词性成分""谓词性成分"等概念,而是用例句和例词来说明,而且是与"都""也"连用的例句,这样留学生能够直观地看到真实的交际语句,在生动、典型的词语、句子中就会形成相应的理解。鼓励他们多说多练习,在此过程中留学生就会掌握得更快。并且由于典型词语和例句的积累能很好地锻炼留学生的阅读和写作能力。

当然这里只是对"都"与"也"辨析的角度,对其他的副词,或者其他语法点的讲解需要对外汉语教师针对语法点独有的特点进行教学角度的切入,比如主客观的角度、确定性与否的角度、变化与否的角度,等等。

二　合理、典型语境的设定——以副词"更"为例

作为副词的"更",很难用具象的实物和图片进行情境的设定,比一般的教学要困难得多。和"更"同类的副词都会有这种情况,对于这种比较抽象的词类,也是可以创设情境的,只是需要教师做好很多前期工作。比如教师对语法点的深入研究、对留学生偏误预测等,增加教学的针对性。总的说来,对外汉语教学中,情境的设定需要注意以下几个方面。

(一)情境的设定要联系留学生的实际语言水平和生活经验

情境教学是一种功能性的教学方法,教师根据教学目标设定具体、真实或者接近真实的场景,激发留学生情感,吸引留学生入境体验,使留学生变被动接受为主动思考,培养留学生解决问题的能力(杨立华,2010:104—105)。如果想真正能吸引到留学生的兴趣,不仅要注意到课堂上的教师语言,而且在情境设定的时候一定要了解留学生的实际汉语水平。比如创设副词"更"的情境,如果想起到很好的效果,不是直接将课文中的句子表演出来,这样留学生理解不了相关的高级词汇的解释,还浪费课堂的时间;而是用留学生能够理解的语言随意和同学对话:

老师:"马克同学,你今天到教室很早啊,昨天也这么早么?"

马克:比昨天早十分钟吧。

老师:嗯,马克同学昨天来得很早,今天怎么样?是不是又比昨天早了很多?那么这时候怎么表达呢?对,可以用"更早"来表达:"马克同学昨天来得很早,今天比昨天更早"。来,大家跟我一起重复

说一遍。

这段话看似很平常，其实仔细研究就会发现，这位老师对每个留学生的学习情况，甚至到教室的情况都了如指掌，这不仅鼓励了留学生勤奋学习的劲头，而且更加贴近留学生生活实际，和"培养留学生运用汉语进行灵活交际的能力"的目标相挂钩。留学生通过进入这种情境，很自然地接受了"更"的用法的讲解，也加深了对该语法的印象。

（二）情境设定的典型性、准确性

近些年情境法盛行，有些教师在不能很好理解前提的情况下就运用，于是就会出现"两下不相合"的情况。一方面是由于老师没有对所要讲述的知识点很好的掌握或者没有全面的备课。另一方面是由于情境设定的随意性，没有考虑到在何种情境必须用到这种语法点，而不是既可以用这个语法点也可以用另一个语法点。情境设定如果不具有典型性，就会影响留学生的理解和交际运用。

如"更"，《高等学校外国留学生汉语教学大纲》中列举的关于副词"更"的语法教学项目不多，共两个：

（1）初等阶段语法教学项目中，编号是019（表程度）。

（2）高等阶段语法教学项目中，编号是 049（递进复句"……尚且……更何况……"）。

如果在初等阶段的教学（即表达"程度"的教学时），以下的例子就有问题：

A. 如果没有爷爷的话，我在故乡的生活肯定更（很）难过的。

B. 我不喜欢跑步，更（也）不喜欢游泳，只喜欢打羽毛球。

C. 喝了这壶酒，小张觉得更（X）热了。

如果在国内语文教学中，这些句子如果不细究，或许还可以作为课文讲解的辅助句子。但是在对外汉语教学中，这些句子就是留学生作为规范句子来学习、研究甚至作为日后交际的根据。所以情境的设定一定要恰当，否则说明我们所设定的情境和所要解释的问题不一致。

这里的 A 句，可以不用"更"，可以用括号内的"很"，只是作为一种客观陈述也不是不可以的。B 句的"跑步"和"游泳"之间虽然有主体相同的情感倾向，但这是两个事物，二者没有程度上的关联，更没有使用"更"的必要，如果换成"也"，也不是不可以。C 句只是"喝了酒"就"更热了"，显然从逻辑上就没有合理性，所以如果去掉"更"，句子也是成立的。如果非用"更"，则前面必须加上另一个情境"小张突然觉得很热"，即最后的句子为"小张突然觉得很热，喝了这杯酒，小张／他觉得更热了"。

所以，对外汉语教师在情境设定时一定要注意到典型性和准确性，切不可随意而为。

（三）情境要考虑到留学生容易出现的偏误

教授语法点之前一定要注意该语法点容易出现错误的地方，在课堂情境设定的时候就要提示留学生，何种表达是规范的、何种表达是错误的，提高教学的针对性。

比如在讲授"更"时，更的偏误主要有以下三种情况（王睿，2014）。

（1）"更"的漏用

如与泰国相比，在中国，这个行业有前途。

（2）"更"的误用

①"更"与"可"的误用：要是日常生活用语，就可没问题了。

②"更"与"再"的误用：再加一个人的话，再不用说，当然经常发生矛盾。

③"更"与"还"的误用：还不好的是，看到一家人每一个人的行为举止都也是很差的时候。

（3）"更"的逻辑错误

我通过这个假期，体会到中国人的友好，更喜欢学中文、更对中国感兴趣了。

了解到"更"的这些容易出现的偏误时，情境设定时就会有的放矢。留学生也会提高警惕，少出现此类错误。

（四）情境的创设要有课堂的互动性

现代对外汉语教学无论什么教学法，都在遵循着"以学生为中心，以教师为主体""精讲多练"等原则；同样，在情境设定时也要注意这些原则的贯彻落实。情境不是老师自己在讲台上的表演活动，而是为了调动留学生的积极性、主动性而进行的教学活动，所以"互动性"很重要。

以"更"为例：

老师：A 同学，听说你已经考过了 HSK 3 级，真是好棒！其他同学有没有考过的？

B：老师，我昨天刚考过 HSK 4 级，是不是也很棒？

老师：嗯。同学们，你们都进步得很快！A 同学汉语很棒，B 同学更棒。C 同学，你来说下刚才老师表扬这两个同学的句子。

C：A 同学汉语很棒，B 同学更棒。

老师：嗯，非常好。

C：老师，我的汉语比他们两个更棒，我已经考过 HSK 5 级了。

老师：C 同学，你的句子非常好。我们班还有考过 HSK 6 级的学生。大家想想，我们应该怎么用"更"来表达呢？

这种师生互动和留学生之间互动的情境，不仅可以活跃课堂气氛，充分练习交际用语，而且很好地促进了留学生运用知识的能力。

三　结语

对外汉语教学中情境的设定是一个需要广泛关注的问题，很多教师都在积极引用，但却往往忽略其使用的细节和根源。采用情境教学需要在了解留学生的汉语水平、偏误频率、典型性以及兼顾课堂的互动性等方面进一步下功夫。而对于以副词为代表的词语的讲解和辨析，需要以合理的角度切入，这样才能收到事半功倍的效果。教学有法而无定法，希望对外汉语教师以认真负责的态度，积极对某些教学问题进行深入地讨论、研究，在教学工作中能够真正解决棘手问题，创造出更多高效的方法和技巧，争取将中国的汉语传播、推广到更多的地方。

参考文献：

[1]祝辉. 情境教学研究[D]. 上海：上海师范大学人文学院，2005.

[2]王晓寅. 浅谈语文课堂的常见切入角度[J]. 学苑教育，2015（10）：32.

[3]王建强. 互动教学在对外汉语课堂教学中的运用[D]. 南京：南京师范大学国际文化教育学院，2011.

[4]王丽香. 现代汉语"全都"类总括副词研究[D]. 杭州：浙江大学人文学院，2013.

[5]吴庚堂. "都"与量化短语的配合以及总括的量[J]. 语言应用研究，2008（07）：31—34.

[6]林崇德，罗良. 情景教学的心理学诠释——评李吉林教育思想[J]. 教育研究. 2007，325（02）：72—76.

[7]赵金铭. 对外汉语教学法回顾与再认识[J]. 世界汉语教学. 2010，24（02）：243—254.

[8]董正存. 语言共性研究有助于对外汉语教学[N]. 中国社会科学报，2012，9（A07）：1—2.

[9]王均蓉. 对外汉语课堂教学技巧研究[D]. 成都：四川师范大学文学院，2010.

[10]袁娅. 汉语副词"再""还""也""又"偏误分析——以母语为英语的留学生为例[D]. 长沙：湖南师范大学，2014.

[11]刘艳. 多功能副词"也"的多角度研究[D]. 杭州：浙江大学人文学院，2008.

[12]李吉林，田本娜，张定璋. 李吉林小学语文情境教学——情境教育[M]. 山东：山东教育出版社，2002.

[13]巴丹，张谊生. "都"与"也"在任指句中的异同[J]. 广西

师范大学学报（哲学社会科学版）．2012（8）：69—74.

[14]袁毓林．"都""也"在"Wh+都／也+VP"中的语义贡献[J]．语言科学，2004（9）：3—14.

[15]陈洁．对外汉语虚词教学探析——以"之""都""了"为例[D]．武汉：华中师范大学文学院，2013.

[16]杨立华．对外汉语课堂情景教学初探[J]．吉林省教育学院学报，2010（8）：104—105.

[17]王睿．对外汉语副词"还""又"和"更"教学研究初探[D]．苏州：苏州大学，2014.

语言文字研究

"美轮美奂"的社会使用调查、分析及相关思考

王吉辉　　南开大学

【内容提要】"美轮美奂"的使用大大超出了其本身应有的范围，本文依据人民网的相关语料数据对这一假设性的结论进行了量上的充分验证并最终确认了这一事实。在此基础上，就"美轮美奂"溢出使用的情况进行了认知上的分析，并就溢出的不同情况分别提出了相应的解决方案。

【关键词】美轮美奂　溢出使用　认知联系

一　"美轮美奂"的意义

"美轮美奂"，语出《礼记·檀弓下》："晋献文子成室，晋大夫发焉。张老曰：'美哉轮焉！美哉奂焉！歌于斯，哭于斯，聚国族于斯。'"《十三经注疏》郑玄注："心讥其奢也。轮，言高大。奂，言众多。"依此看，该固定语起初用以形容房屋高大、众多而且美观。现在不少工具书在对"美轮美奂"的解释上也都基本上遵从着它本源上的这一意义。《辞海（合订本）》的释义是："形容高大美观，多用于赞美新屋"；《新华成语词典》（2008）的释义与《辞海（合订本）》大同小异："形容房屋高大华美而众多"；《现代汉语规范词典》（2004）在指明"形容房屋高大众多、宏伟壮丽"这一意义的同时，还专门强调指出该固

定语"不用于形容建筑物以外的其他事物"。

二 "美轮美奂"的社会使用状况

"美轮美奂"的意义是其社会使用的参照和依据,从根本上指导并决定着它如何为人们所使用。然而事实上,它的社会使用现实却呈现出完全不同的另一番景象,溢出使用的情况非常突出。据对《人民网》中"人民日报系"①所属各报刊 2000 年 1 月 1 日到 2014 年 3 月 3 日的搜索发现,"美轮美奂"总共出现 1412 次②,其中仅有 224 条用于形容建筑③,约占总条目的 15.9%④。下面是"美轮美奂"修饰不同建筑类型的一些例子:

(1) 悉尼奥运会的主会场现在也拆了一半,剩下部分政府每年还必须拿出 4600 万澳元来维护;而<u>美轮美奂</u>的雅典奥运场馆闲置着,每年的维护费更是高达 1.02 亿美元。在热热闹闹的大型运动会后,场馆依靠什么来进行长期的经营维护,这已经成了一个世界性课题。

(http://www.people.com.cn 2006 年 1 月 28 日)

(2) 现在的大福补天宫,是 1922 年建的,1964 年和 1975 年曾做过较大修整,庙貌高低错落,富丽堂皇。正殿前的牌楼,<u>美轮美奂</u>,尤其上面的剪贴和雕琢,繁复精彩,细腻巧致,而牌楼前的一对足踩寰宇、张嘴欲跃的石狮,傲视群雄神态,惟妙惟肖,生动有趣。

(http://www.people.com.cn 2006 年 1 月 28 日)

(3) 在迪拜有一间郑和酒家。紧靠着著名的阿拉伯塔,是一大片<u>美轮美奂</u>的阿拉伯传统风格的建筑,称作阿拉伯胜地。一条运河流经其间,乘坐古老的水上的士"阿波拉",穿行于江南水乡般的画境,当

---

① "人民日报系"报刊指《人民日报》《人民日报(海外版)》《京华时报》《江南时报》《市场报》《国际金融报》《华东新闻》《大地》《华南新闻》《健康时报》《讽刺与幽默》《人民论坛》《人民文摘》《时代潮》等。
② 重复出现的情形没有计算在内。
③ 这里所说的建筑,还包括除了房屋以外的一些其他类型的建筑,像桥梁、牌楼等。
④ 假如将其意义仅限于修饰房屋,那么它在使用中的占比显然还会远低于这个比例。

驶入宁静港湾时,岸边的大红灯笼告诉你这里有华夏人家。

(http://www.people.com.cn 2006 年 1 月 28 日)

(4)上海浦东,谁不知道!高耸入云的金茂大厦,<u>美轮美奂</u>的东方明珠,陆家嘴一家挨一家的跨国公司……哪一个不是年轻人的梦想。

(http://www.people.com.cn 2006 年 1 月 28 日)

(5)广告中房型<u>美轮美奂</u>,环境尽善尽美,售房热线、接待时间更是一应俱全。然而购房者最关心的多少钱一平方米、总价多少等关键信息,却常常找不到。

(http://paper.people.com.cn 2013 年 11 月 1 日)

(6)整个大桥<u>美轮美奂</u>,让每一个现场观看的人相当震撼,我对此更是羡慕不已。后来又从电视上看到了雅典奥运会、都灵冬奥会的焰火表演,也都让人叹为观止。

(http://paper.people.com.cn 2008 年 7 月 24 日)

(7)这座高楼楼顶的景观更是令我欢喜万状,那是两个亭亭玉立的钟式亭。它们是一对<u>美轮美奂</u>的凉亭,又像两个倒扣的大钟,加上饰以鲜艳的色彩,在我的眼中简直是一件精致的艺术品。

(http://www.people.com.cn 2006 年 1 月 28 日)

"美轮美奂"用于非建筑类的情形有 1188 例,占总条目的比例高达 84.1%。这其中又以"服饰类""风景类"和"表演艺术作品类"为"美轮美奂"的主要修饰对象。用于"服饰类"的实例共统计到 33 例,约占总条目的 2.3%。比如:

(8)在两个半小时的音乐会中,谭晶演唱了《但愿人长久》《丝绸之路》《长城母亲》等歌曲。除了宛如天籁的嗓音,谭晶的数套造型也令人惊艳,特别是其中一袭蝴蝶造型的紫色晚礼服<u>美轮美奂</u>。

(http://paper.people.com.cn 2009 年 8 月 23 日)

(9)《贞观长歌》在央视一套播出后取得良好的收视率,剧中<u>美轮美奂</u>的服装吸引了大批观众,当天拍卖的物品为剧中部分戏服。

(http://paper.people.com.cn 2007 年 4 月 18 日)

(10)悟道飞仙的奇迹，美轮美奂的大裙，朝圣得道后的升华把我们带入了无境的天堂。宏大的裙摆衣袖，宽幅重叠褶皱，夸张的手工泼墨合奏起一部轰鸣的狂欢曲。

（http://paper.people.com.cn 2006年11月24日）

(11)大家都知道甲醛来自家庭装修使用的人造板、复合地板或者家具，但是当你看着装修过后美轮美奂的窗帘心花怒放时，你一定很难把它们与造成室内环境污染的甲醛联系起来。

（http://www.people.com.cn 2006年3月23日）

(12)有了这美轮美奂的丝绸，便从此有了丝绸之路。

（http://www.people.com.cn 2006年1月28日）

用于"风景类"共有159例，约占总条目的11.3%。比如：

(13)很多街心公园铺成石子路，坑坑洼洼，轮椅走在上面无疑会很颠簸；许多旅游景点景色美轮美奂，服务设施很齐全，但就是没有想到为那些行动不便的游客做些什么。

（http://www.people.com.cn 2006年1月28日）

(14)江教授说，中华民族源远流长，中国的旅游资源丰富多彩，既有美轮美奂的自然景观，又有厚重丰盈的历史文化景观，中外游客的选择面广泛，为什么非得看你的人造景观？

（http://www.people.com.cn 2006年1月28日）

(15)在邻近的双阳村，太王山、王毛山之间，菁菁稻田和美轮美奂的荷花池环绕形似巨龟、面朝湘江的乌龟山，巨龟伸头饮水，而马立安的墓就建在其"头顶"。

（http://www.people.com.cn 2006年1月28日）

(16)陵墓建筑既有时代气息，又蕴民族风格，是中国近代大型群体建筑的杰作。中山陵园是全国重点文物保护单位，现园林总面积达3000多公顷，四季景致美轮美奂。

（http://www.people.com.cn 2006年1月28日）

而"美轮美奂"更多见的是用于表演艺术作品类，这一类总共收集到678例，约占全部条目的48.0%。比如：

（17）这次筹备4年，中美首次合作的大规模文化交流活动，荟萃中国京剧、杂技、歌舞等多种艺术形式，800多名中国艺术家上演53个节目，为美国观众献上了一场美轮美奂、流光溢彩的中国文化盛宴。

(http:/www.people.com.cn 2006年1月28日）

（18）欣赏一件书法作品不仅仅是要认识作品中的某一个字，还要从审美的角度领略每幅作品中的意境，即便不认识其上的字，比如邵岩的《瞬》，尽管难以辨认，但它达到了古代画论中的字画同体说，看上去美轮美奂。

(http:/www.people.com.cn 2006年1月28日）

（19）火遍欧洲的疯狂青蛙在圣诞节之前推出了一张贺岁唱片，这只青蛙只会发出像婴儿般的简单音节，配上最high的舞曲节奏和美轮美奂的三维动画，你就能和它一起上天入地、下海摸鱼，绝对够疯狂。

(http:/www.people.com.cn 2006年1月28日）

（20）在……的激情讲课中，学生陶醉于美轮美奂的艺术世界。下课时，教室里爆发出热烈掌声。

(http:/www.people.com.cn 2006年1月28日）

（21）2005年中央电视台春节联欢晚会上，21个聋哑演员将舞蹈《千手观音》演绎得天衣无缝、美轮美奂，获得春节晚会特别大奖和一等奖。

(http:/www.people.com.cn 2006年1月28日）

（22）两人默契的表演、和谐的动作和舒展的姿态在洁白的冰面上将《胡桃夹子》这个神话故事演绎得淋漓尽致而又美轮美奂，表演结束后，两人面对热情的美国观众，长时间向四面的观众谢幕。

(http:/www.people.com.cn 2006年1月28日）

"美轮美奂"溢出使用的情形远不止上述所提及的三类——它们三类之所以被单独提出来加以阐释，主要是因为它们在"美轮美奂"溢出使用的各类情况中相对集中。除此而外，还有318例（约22.5%的占比）处于完全散发或者非常小众的使用状态。比如：

——用于修饰具体物件

（23）中秋将至，月饼战酣，与往年相若，包装成为厂家斗智的焦点，月饼盒越做越精致。然而，这些美轮美奂的盒子最终无一不沦为堆填区的垃圾，既浪费又不环保，越来越多的有识之士呼吁，月饼包装也要讲究环保。

(http://www.people.com.cn 2006 年 1 月 28 日)

——用于修饰花

（24）温室里成长的花朵，经不得雪雨风霜；过度人性化的呵护，虽美轮美奂，却脆弱至极。

(http://www.people.com.cn 2006 年 1 月 28 日)

——用于修饰餐桌

（25）在宽管会见厅，则是一番温馨宜人的景象。服刑人员和其亲属不仅可"零距离"围坐在美轮美奂的西式餐桌前娓娓而谈，还有120个餐桌可供罪犯与家属亲情共餐。

(http://www.people.com.cn 2006 年 1 月 28 日)

——用于修饰美食

（26）厨和私房菜在本质上似乎更接近纯粹的专业精神……没有经营运作上的压力，如果主人是财大气粗，又热衷此道，即可不计成本做出美轮美奂的美食来。

(http://www.people.com.cn 2006 年 3 月 24 日)

——用于修饰烟花

（27）游轮到达八卦洲后，美轮美奂的烟花腾空而起，在炫目的烟花中，活动达到高潮。

(http://www.people.com.cn 2006 年 1 月 28 日)

——用于修饰人

（28）紫金医院的王院长告诉记者，1994 年 7 月份，"美轮美奂"的父亲吴先生昏迷了一个多月后，转到了我们医院。

(http://www.people.com.cn 2006 年 1 月 28 日)

——用于修饰地区

（29）"赤壁"已不是简单的地理概念，而作为一种精神，像基因一样注入赤壁人的血管里。我时刻期待着，一个美轮美奂的新赤壁在世人瞩目中崛起。

（http://paper.people.com.cn 2012年6月22日）

——用于修饰神韵

（30）她说，只有当演员被人物感动时设计的唱、念、做等各种手段，才能使昆曲激起观众强烈的情感共鸣，同时又不失昆剧载歌载舞、<u>美轮美奂</u>的神韵和特质。

（http://www.people.com.cn 2006年1月28日）

——用于修饰故事

（31）仙女湖，一个美妙的名字。我想，配称这个名字的地方，一定充满魅力，充满神奇。那里会有许多动人的传说和<u>美轮美奂</u>的故事。

（http://www.people.com.cn 2006年1月28日）

——用于修饰音乐

（32）<u>美轮美奂</u>的音乐把观众带到了神话般的境界，每一曲观众都报以雷鸣般的掌声。

（http://www.people.com.cn 2006年1月28日）

——用于修饰语言

（33）毕竟是诗人，作者用<u>美轮美奂</u>、极富哲理和生活质感的诗的语言给我们叙述了多年来他对社会、历史、文化、法律与道德、人生、生态等等方面的思辨。

（http://www.people.com.cn 2006年1月28日）

——用于修饰滋味

（34）入口鲜嫩、脆爽，犹如吃刺身一般，那种吃鲍鱼原汁原味的感受顿时从舌尖而来，还可蘸绿芥末酱，其滋味更是<u>美轮美奂</u>，胜过鲍鱼刺身。

（http://www.people.com.cn 2006年1月28日）

——用于修饰方向

（35）如果三者沟通顺畅、监督有效，则公共事务将朝着<u>美轮美奂</u>的方向迈进。

（http://www.people.com.cn 2006年1月28日）

——用于修饰文化

（36）"郑和文化"主要是郑和在七下西洋、中国古代空前的远洋外交活动中形成的，是面向世界、开放文明、气势宏伟、<u>美轮美奂</u>的文化。

（http://www.people.com.cn 2006年1月28日）

——用于修饰规划

（37）在明珠花苑<u>美轮美奂</u>的规划上，我们看到了明天一幅巨型的新江南水乡园林画轴——灰白色调的坡顶建筑呈扇形分布，与自然景物一脉贯通。

（http://www.people.com.cn 2006年1月28日）

——用于修饰色彩

（38）可以预期，彩信将成为移动增值业务新的动力，"拇指经济"因为彩信的横空出世而染上了<u>美轮美奂</u>的色彩。

（http://www.people.com.cn 2006年1月28日）

——用于修饰生机

（39）一行行文字如田地的麦穗，看似平凡，连缀起的意境却充满生机，一种<u>美轮美奂</u>的生机。这种蕴美于自然的不经意间，所带来的亲和力却与我们的心灵相通，为我们所沉醉。

（http://www.people.com.cn 2006年1月28日）

——用于修饰面纱

（40）2003年联赛对中国足球来说有着承上启下般的历史意义，它在结束末代甲A的同时揭开了<u>美轮美奂</u>的中超面纱。

（http://www.people.com.cn 2006年1月28日）

——用于修饰爱情符号

（41）80年代人的思想渐渐受到西方文化潜移默化的影响，他们在创新，在尝试，试图在青春的记忆里留下一个<u>美轮美奂</u>的爱情符号。

（http://www.people.com.cn 2006年1月28日）

——用于修饰气息

（42）实木地板和拼花组装实木地板，利用各种木材的天然色彩，如洁白如雪的桦木，金黄色的橡木，黄里带红的山毛榉，黑里透红的柚木，经过设计师使用电脑设计拼花，采用地毯式花纹设计，手工加工工艺，拼镶出各种图案，具有<u>美轮美奂</u>的典雅气息。

(http://www.people.com.cn 2006年1月28日)

——用于修饰吃法

(43)海带丰富的营养和<u>美轮美奂</u>的吃法也令南京不少市民感到惊讶。在机关工作的孙先生说，今天打个电话去该公司问问，顺便也买点尝尝，有机会准备自己动手做做。

(http://www.people.com.cn 2006年1月28日)

——用于修饰称呼

(44)《不列颠文学家辞典》对希尔顿的作品给予了特别的称赞，说他的功绩是创造了——或许是根据中国云南西北部的一个地名译出了"香格里拉"这一奇异名词，"香格里拉"这个<u>美轮美奂</u>的称呼被赋予了无尽的遐想。

(http://www.people.com.cn 2006年1月28日)

——用于修饰描写

(45)《烟霞余影》《雪夜》等<u>美轮美奂</u>的描写将人带到一种悠远、凄清的景致中，就像：我痴立在岩石上不动，看他瞬息万变，听他钟鼓并鸣。

(http://www.people.com.cn 2006年1月28日)

——用于修饰行情

(46)在影响汇率的多种因素中，市场关注的焦点重新回到利率上。借助美联储连续加息的力量，美元演绎了这场<u>美轮美奂</u>的上升行情，而欧元等非美货币普遍下跌。

(http://www.people.com.cn 2006年3月24日)

——用于修饰进球

(47)男性用专业的眼光看球：优美的脚法和传球、绝妙的配合以及<u>美轮美奂</u>的进球瞬间。

(http://paper.people.com.cn 2006年6月7日)

——用于修饰情调生活

(48)隆冬时节，飘雪纷飞，置身于温泉之中，酌一杯花雕，宁静中透出闲适，情调生活<u>美轮美奂</u>。

(http://paper.people.com.cn 2008年1月27日)

——用于修饰彩虹

(49)《东归》最突出的艺术特色,就是把母亲般的大自然表现得仁慈而广博,隽永而动人。从辽阔美丽的草原到<u>美轮美奂</u>的彩虹;从弯弯曲曲的河流到水草肥美的牧场,几乎在每一集里,我们都可以看到诗一般的意境……

(http://paper.people.com.cn 2008年6月12日)

——用于修饰审美气质

(50)《云水洛神》为中原文化注入一种细腻、深邃、<u>美轮美奂</u>的审美气质,这似乎和中原文化的多样性有很大关联。

(http://paper.people.com.cn 2009年4月10日)

——用于修饰颜色

(51)今天,我们无论是从空中俯瞰,还是隔江眺望,承载中华智慧的那一抹<u>美轮美奂</u>的"中国红"都是上海世博园最为闪耀的色彩,不仅于此,它还闪耀在世博会159年的文明进程中,更闪耀在中国五千年的历史长河中。

(http://paper.people.com.cn 2010年10月1日)

——用于修饰乡情

(52)乡情在迟子建笔下更是<u>美轮美奂</u>,《沉睡的大固其固》《逝川》《腊月宰猪》《日落碗窑》《布兰基小站的腊八夜》等小说中,乡亲们互帮互助、嘘寒问暖,营造出温暖的乡情世界……

(http://paper.people.com.cn 2013年8月30日)

三 "美轮美奂"溢出使用状况的合理性分析

语言尤其是其中的词汇与社会生活密切相关,社会变化中的风吹草动也最容易在词汇和它们的意义中反映出来。就"美轮美奂"而言,它的意义在社会使用中所发生的上述种种变化,在理论上算不上什么稀奇的事情,更无需大惊小怪。问题在于,凡事的变化都须遵循着某种内在的逻辑,偏离内在逻辑的变化通常会被社会当作不合逻辑甚或谬误来对待。语言中词语意义的变化同样需要遵从其自身的内在规律,而不是想怎么变化就怎么变化、想朝着哪个方向变化就能朝着哪个方向变化——这个规律,简而言之,就是应以词语自身的某项意义作为基础并通过建立某种关联来最终实现新的意义或者新的用法的产生——新产生出来的意义或者用法与所从出的意义之间的联系,正常情况下应该能够为社会感知到,甚至可以为社会重构、再现。如果情况不是这样,那么,所谓"新意义"或"新用法"出现、存在的合理性就大可值得怀疑。

  认知素是词语意义认知层次上的构成要素。认知素的多少以及当中任何一个认知素内容的变动都会直接影响到所在单位的意义,从而触发新意义或者新用法的产生。换言之,是意义中的一个个认知素而非整个意义才是意义引申构成的基础;同时,它们也是不同意义之间相互关联的联系基点,如果这种联系存在的话。[①]这样一来,判断一个词语意义引申得是否合理,抓住认知素并就其做出适当分析是其中的关键。

  "美轮美奂"的意义能够解析为"房屋""美观""高大""众多"等四个认知素[②]——这些都是它意义构成中不可缺少的部分——少了其中的任何一个,"美轮美奂"的意义都将既不完整也不准确。既然"房屋""美观""高大""众多"等是"美轮美奂"意义构成的认知素,那么,其中的任何一个认知素,从理论上看都可能成为触发引申的基础而产生出新的意义或新的用法,并且以它们为基础引申出的意义因为存在逻辑上的基础而没有理由不被社会所接受。只是在这些认知素中,"房屋"要比其他各认知素来得重要,因为该认知素是限制性的、区别性的,其他认知素须在该认知素所限定的范围内发生作用。一旦离开了这一指别性的认知素,其他认知素的作用也就由于失去了说明的对象而变得无所用处或者只能胡乱使用。

  "房屋"这一指别性认知素的存在实际上规定了"美轮美奂"意义

[①] "认知素"的概念由笔者率先提出。它形成于拙文《"打"意义的认知模式》(《金秋集-刘叔新先生执教南开五十周年纪念文集》,南开大学出版社,2008年1月)和另一小文《"给"的意义的认知模式分析》(《南开语言学刊》,商务印书馆,2010年第2期)。

[②] 请参见拙文《"打"意义的认知模式》和《"给"的意义的认知模式分析》的相关分析。

未来的演变方向。这种演变,合乎逻辑地看,无非包括如下三种的可能路径:

A. 指别性认知素不变,其他认知素成为意义引申的触发点。这种情况下,"美轮美奂"仍然仅适用于对"房屋"的描写,但描写的内容发生了变化,不再是或不再仅仅是"高大""众多"。

B. 指别性认知素"房屋"成为意义引申的触发点,其他认知素不发生变化。这种情况下,用以说明修饰的对象不是"房屋",而是以"房屋"为基础引申出来的其他对象;但是说明的内容没有发生变动,还是指"高大""众多"。

C. 指别性认知素和其他认知素都成了意义引申的触发点。这种情况下,用以说明修饰的对象不是"房屋",而是以"房屋"为基础引申出来的其他对象;同时,说明对象的内容也发生了变化,不再是或不再仅仅是"高大""众多"。

除却借助以上这些途径产生出来的新意义或者新用法,不能认为合理和正确。

借由"房屋"这一认知素而能引申出的和所能引申出的(上述 B 路径),无非是些与房屋有关的表示建筑类的对象。社会明明知道"建筑类"与最初的"房屋"之间存在相当程度的区别,但因为它们相互之间存在着联想能够达到的关联,因此这种新产生的意义或者用法,社会接受起来相对容易,至少不会十分抗拒使用上的这种变化。上述例(1)中,"美轮美奂"用以修饰"奥运场馆",这儿用的是它的最初的意义;而例(2)中修饰"牌楼"、例(3)中修饰"建筑"、例(4)中修饰"东方明珠"、例(6)中修饰"大桥"和例(7)中修饰"凉亭"等,用的都显然不再是其原本的用法——但是,它们这些突破在语感上尚还能为人们所接受。

即便如例(5)中用以修饰"房型"和下面的例(53)、例(54)中用以修饰房屋装修等,虽然较其他各例,在意思上又远了一些,但也并没有达到离谱和完全不能接受的程度。

(53)"金钱石头都是身外之物,就算爱石成痴,也只能欣赏这一辈子罢了。难得的是因石而结的这份缘分。"施先生的玫瑰石会馆,虽然装修得美轮美奂,但平时并不对外开放。不过,要是来了投契的朋友,参观玫瑰石会馆一定是保留节目。

(http://paper.people.com.cn 2008年9月9日)

(54)她将在中国收集到的明清老家具与她的羽西红相组合,将设在这里的新家装饰得美轮美奂。她曾激动地对记者说:"能在一个老古董的建筑中安置一个现代化的新家,这个愿望实在奢侈,但在锦江实现了。"

(http://paper.people.com.cn 2008年8月27日)

然而,用"美轮美奂"来修饰诸如"服饰""风景""艺术表演作品"等就会让人觉得匪夷所思。个中原因在于,"服饰""风景"以及"艺术表演作品"等修饰对象如果果真源于它原有的意义的话,那唯一能从原有意义中引申出这些修饰对象的认知素,只有一个,就是当中的"房屋"认知素——别的认知素与这些修饰对象更是风马牛不相及。然而,这一可能的引申途径实际上也根本行不通。要知道,从认知素"房屋"再怎么引申、再怎么联想,恐怕都无法借此引申出"服饰""风景"抑或是"艺术表演作品"等。另外,社会也无法在它们与认知素"房屋"之间建立起哪怕是一丝一毫的联系来——很显然,这些出现的新用法完全突破了"美轮美奂"意义引申的三种理论途径,因此不能不具备合理性。

这也就不难理解,对于"美轮美奂"的这些新用法,社会和学界不断有人指出其中的错误。单就"人民日报系"各刊物来说,我们发现至少有三位读者给编辑部写过信或发表文章加以纠正。何满子(2007)撰文指出了乱用"美轮美奂"来赞美一切不相干的对象:"不知其专赞建筑物而胡乱施之于一切华美的东西,岂不滑稽,岂不是搞笑?而在稍有文字常识的人看来,也近乎幽默。不过,这种'幽默',是只能唤起人们摇头苦笑的。"刘征(2008)也指出,"美轮美奂"的使用"而今泛化了。语言的运用发生合理的变化是常常有的。然而,有人说,这枚金戒指'美轮美奂',这位小姐'美轮美奂',这首歌'美轮美奂',无异说戒指大如城门,小姐体似丈二金刚,歌曲不具形体,更莫名其妙,未免太离谱了"。

四 "美轮美奂"大量溢出使用的原因分析

尽管研究者撰文指明、词典编撰者着意限定、读者不断投书呼吁，但是，"美轮美奂"溢出使用的情况未见有什么改观——依然朝着"乱用"的方向一发不可收拾。那么，到底是什么原因使得社会在其使用上出现如此大的反差？到底是什么原因使得社会在如此反差使用的情况下，仍然还处之坦然、仍然没有即便是试图做任何改正的迹象？要想厘清其背后的缘由，得首先弄清楚字面意义在固定语意义形成中的作用。

由固定语各组成成分的意义加合在一起形成的意义即是该所在单位的字面意义。不论字面意义自身多么的令人啼笑皆非（可能），但它们的产生毕竟不是无中生有，最终形成的字面意义与该固定语所要表达的真实意义之间，多多少少总是存在着或这样或那样的心理上的、逻辑上的或者意义上的关联。比如"养儿防老"，字面上形成的意义是"养儿子用来预防自己老（了以后无人奉养）"，而这恰巧也正是该固定语所要表达的真实的意思；也就是说，字面意义直接表达出了它的真实意义。再比如"过河拆桥"，由组成成分形成的意思是"（自己从桥上）过了河后就把桥拆掉了"，但这样的意思并不是社会用它来表达的真实意思——社会借此想表达"比喻达到目的后，就将帮助过自己的人一脚踢开"；不过，仔细想想，这两个不同意义之间似乎又存在着某种联系——后者的真实意义恰恰是用字面形成的意义做引子引申出来的。[①]正是因为汉字本身存在着意义，正是因为字面意义与所要表达的真实意义之间存在着某种程度的关联，所以人们往往习惯于从字面的意义来推断其所要表达的真实意义。一如上文所举的两个例子所显示的那样，从字面意义来推断固定语所表达的真实意义，存在着相当大的风险。如果固定语刚好如"养儿防老"一样，那么你倒也真的讨了个巧；可万一要遇见像"过河拆桥"那样的固定语，那么据

---

① 有关分析详见拙文《意义的双层性及其在成语惯用语划分中的具体运用》（《南开学报》，1998（4））。

其字面而得出的意思就会不十分准确，甚至相悖。用"七月流火"来"形容夏天酷热"便是这样的一个典型例子。社会以为它的意思就是字面上推演出来的"七月份的天气，空中好像流动着火焰一样"，从而引申出"酷热"之意。但其实，《辞源》上说，"火，星名，或称大火星，即心宿。夏历五月黄昏，火见于正南方，方向最正而位置最高，夏历七月的黄昏，星的位置由中天逐渐西降，知暑渐退而秋将至。"——所指意义为暑热行将退去，而根本不是大家所想象的那样，用以形容天气很热。[①]

"美轮美奂"的溢出使用之所以如此严重，这也与汉语社会的这种理解习惯和特点不无干系。

"美轮美奂"的字面意义被一些人解读为"美轮换着，美变幻着"；也有一些人则有另外的一种理解——虽然不清楚当中"轮"和"奂"的具体含义，但不管"轮"与"奂"所指为何物，都不会改变"美"这一属性。[②] 它们虽分属两种不同的解读，但却都不约而同地将"美轮美奂"意义表达的重点放在了"美"上，差不多将它当成了"美"的等义单位来对待，而"美"的用法其实又非常广泛。这恐怕是"美轮美奂"的修饰对象被不受限制地扩充开来并且社会用之泰然的重要缘由。

五 余论及其他

对"美轮美奂"溢出使用情况的分析已经表明，一部分溢出使用有其合理的逻辑作基础，可以看作意义的一种正常引申。对此，《现代汉语词典（第6版）》（2012）给"美轮美奂"的释义是："形容新屋高大美观，也形容装饰布置等美好漂亮"，比较及时地反映了这种变化，也接受了这种变化，较之于其他工具书来说，这无疑是一个进步。

然而，对于溢出使用中"不合理"的部分，我们该怎么办？是继

[①] 类似这样的例子还可以举出"差强人意""空穴来风"等。前者原意是"还能使人满意"，后来被误作"不如人意"；后者原指传闻有一定根据，后来被误用来表示毫无根据。

[②] 笔者曾就此对一些人进行了口头的调查了解。此种字面解释来源于此。

续投书呼吁纠正使用上的这种错误抑或是认可其用法上的突破？

据我看，语言毕竟是社会约定俗成的使用习惯而已。对应于"美轮美奂"原有意义的用法自然应该得到肯定，但是在当下，在其用法中的绝大多数都已突破原有意义的情况下，如果还在一味地反对，恐怕也只会"反"不胜"反"，仍然阻挡不了其用法上的这种突破。面对语言使用现实，认可、接受是最好的选择。杜永道（2011）在回答日本留学生如何使用"美轮美奂"时指出，就现在的实际使用情况来说，而用"美轮美奂"来形容房屋及装饰、布置的似乎比较少，用"美轮美奂"形容其他事物美丽（或美好）、绝妙的，似乎比较多（不是"似乎"而是事实——作者注）。在社会的实际使用中，"美轮美奂"的使用范围扩大了。这种词义扩大的现象，是自生自灭还是形成新的语言习惯，决定于社会的表达需要。如果在社会语言生活中，这种词义扩大的用法有助于满足人们的某种表达需要，并且在社会上流行开来，会渐渐形成一种新的社会语言习惯，并最终进入词典。从"美轮美奂"现在的使用情况看，这种可能性比较大。杜先生这一看法不无道理，对其意义的未来预测也与我们的看法相近。

实际上，语言中的类似情形早已出现过，比如像"恢复疲劳""打扫卫生""晒太阳"等说法分明不合逻辑，可是大家也都已经见惯不惯了。要是谁真去追究其中的逻辑的话，恐怕只会自讨没趣。再比如，像语法中的"很"直接加在一些名词前面的用法比如"很中国""很青春""很风度"等，曾一度遭到质疑，而现在似乎没有人再去指出其中存在的问题了。

当然，这并不是说对于"美轮美奂"中的每一个现实用法统统予以认可和接受。在对那些扩展了的对象进行意义概括以后，如果仍然还有个别的特殊用法不能被新概括的一个或以上的意义囊括进来的话，这只能说，它们这些个别用法的特殊性超出了社会普遍的认知范围，是个人言语中的使用，宜纳入不规范行列加以规范。

参考文献：

[1]中国社会科学院语言研究所词典编辑室. 现代汉语词典（第6版）[M]. 北京：商务印书馆，2012.

[2]商务印书馆辞书研究中心. 新华成语词典[M]. 北京：商务印书馆，2008.

[3]李行健主编. 现代汉语规范词典[M]. 北京：外语教学与研究出版社、语文出版社，2004.

[4]王吉辉. 意义的双层性及其在成语惯用语划分中的具体运用[J]. 南开学报，1998（4）.

[5]王吉辉."打"意义的认知模式[A]. 金秋集：刘叔新先生执教南开五十周年纪念文集[M]. 南开大学出版社，2008.

[6]王吉辉."给"的意义的认知模式分析[J]. 南开语言学刊，2010（2）.

[7]何满子. 语言的幽默与搞笑[N]. 讽刺与幽默，2007-4-6.

[8]刘征. 咬文嚼字[N]. 人民日报，2008-1-21（16）.

[9]杜永道. 美轮美奂 如何使用[N]. 人民日报（海外版），2011-1-8（03）.

[10]Edited by Hubert Cuyckens and Britta 1997 *Polysemy in Cognitive Linguistics*, John Benjamins B.V.

[11]John R.Taylor 1989 *Linguistic Categorization*, Clarendon Press, Oxford.

[12]George Lakoff 1987 *Women, Fire, and Dangerous Things*, The University of Chicago Press.

[13]Friedrich Ungerer, Hans-Jorg Schmid 1996 *An Introduction to Cognitive Linguistics*, Addison Wesley Longman, New York.

[14]Leonard Talmy 2000 *Toward a Cognitive Semantics* Vol, The MIT Press, London.

评注副词"大不了"的语义功能及语法化

董淑慧　　南开大学
宋春芝　　天津师范大学

【内容提要】"大不了"是评注副词,本文运用语法化理论考察副词"大不了"的语义功能及其主观性。"大不了"的语义功能被归纳为四类:A、B 两类是对已然事件的重要性或范围予以评价,C、D 两类是预测可能发生的结果或未知情况并予以评价。本文还在考察共时平面的句法位置的基础上,考察"大不了"语法化的语义基础和句法环境。

【关键词】大不了　语义　主观性　语法化

一　研究现状

现代汉语中"大不了"很常用,而相关研究却不多。《现代汉语词典》(2012:238)收录了2项用法:①[形]了不得(多用于否定或反问);②[副]表示至多也不过如此。《应用汉语词典》(2006:221)收录了3项用法:①[副]至多不过如此,充其量;②[形]了不得;③[形]比较起来(体积或数量)大不过,超不过。关于"大不了"的研究也很少,只有麻玉林(2010)、孙茂恒(2011)和谢晓明、刘渝西(2013)等三篇。它们从历时角度考察"大不了"形容词和副词用法的词汇化过程,即述补结构"大不了"通过何种途径获得"了不得、至多也不过"的语义功能。谢晓明、刘渝西(2013)还描述了述补短语"大不了1"、形容词"大不了2"和副词"大不了3"的表达功用,指出:"大不了 3 本身是一个表示主观小量的副词,后面限定的成分一般表示说话者对结果的一种最坏的推测。"

总起来看,词典对副词"大不了"的描述较笼统;谢晓明、刘渝西(2013)对"大不了 3"语义功能的描述很有见地,但不全面。本文在已有成果基础上,拟讨论如下几个问题:副词"大不了"表达功能是单一的吗?其后接"说话者对结果的一种最坏的推测"的语用条件是什么?副词"大不了"用法的来源是什么、又是如何演化的?"大不了"缘何具有主观性?

二 副词"大不了"的语义功能类型

副词"大不了"的语义功能有如下四类。

(一)A 式:"大不了+VP",对已然事实进行描述并予以评价

VP 为已存在事物或事件,A 式对事物或事件性质及其所涉及的范围进行主观"小化",义为"已然事实不过是 VP,范围不超过 VP"。VP 带有列举性。如:

(1)尤雅诗?她早就追求他,大不了通通电话,假期回来见见面,他连身边的人都顾不了,哪有闲情去理番邦的人。(岑凯伦《还你前生债》)

(2)纪君的手段当然胜过台青学校里那些小男生多多,那干小青年懂什么,大不了一辆机车跑天下,顶多冰室里喝杯木瓜牛乳,西门町抢张黄牛票;而且纪君条件学识大大不同,尹白当然比谁都清楚。(亦舒《七姐妹》)

(3)自与赵刺猬相好,赵刺猬倒对她十分照顾……后来年纪大了,赵刺猬来得便少了,再来也无非是遇到烦心事时,过来聊聊天开心,大不了再让李家少奶奶掐掐脑袋,这时吴老贵出去不出去都可以。(刘震云《故乡天下黄花》)

列举的事实 A、事实 B 在程度上可以是对等的,"大不了"在事实 A、事实 B 前,如例(1)和例(2)。例(1)说话人认为"她追求

他"的行为仅限于"通通电话,假期见见面",没有更深入的交往。例(2)说话人认为"小青年"的手段不外乎"一辆机车跑天下,喝木瓜牛乳,抢黄牛票"等小伎俩。事实 A 和事实 B 在程度上也可以不对等,事实 B 的程度高于事实 A,"大不了"则出现在事实 B 前,如例(3)当着丈夫的面,赵刺猬"让李家少奶奶掐脑袋"所反映出的关系密切程度,比"聊天"要高。对于"通通电话""让李家少奶奶掐脑袋"等行为,说话人表现出"无所谓"的态度,认为是小事,并未超出通常的、人们认可的范围和限度。

(二)B 式:"大不了+VP/NP",对已然事物或事件的重要性予以主观"小化"

说话人认为 VP/NP 是"不重要的事物"或"小事件"。VP 或 NP 通常只是一个,而非列举。如:

(4)大不了一个局长,不让当就算了,还能被尿把谁憋死!(刘震云《官人》)

(5)他说妇女现在还不能谈友谊;她们仍旧是猫、或是鸟、或者大不了是母牛。(《西方哲学史》)

(6)的确至今连立案也困难,似乎大不了算一桩民事纠纷。(莫怀戚《陪都旧事》)

(7)我们老夫老妻,又不是依依惜别的情人。大不了去趟上海,送什么行?(钱锺书《猫》)

前 3 例对已存在的事物或事情定性,说话人将"局长""妇女""案件"看得很轻,认为"不重要"或"不严重";后 1 例对事件"去趟上海"定性,认为是"小事件"。

(三)C 式:"大不了+VP/NP",预测可能发生的结果并予以评价

VP/NP 为已然事物或事件可能引发的后继情况。NP 带有很强的谓词性。C 式对该结果进行主观"小化",义为"可能发生的结果最多是 VP"。C 式分两小类。

1. C1式：VP/NP所关联的命题是消极意义的

VP/NP是极端的结果，是大事件。预测结果VP/NP也有两种列举形式：其一，只列终极可能，"大不了"出现在终极可能前，例如：

（8）孟保田说，他说大不了你将他的助理职务解聘了！（刘醒龙《菩提醉了》）

（9）他受够了，不想再受了，她想怎么样就怎么样好了，大不了两败俱伤同归于尽。（王海鸰《中国式离婚》）

（10）没关系的，少放一只两只不会有多大影响的。再说，大不了下个月、或者明年我们再来种就是了。（崔西·西克曼《龙枪》）

（11）今日尹白一连冲几个红灯，抱着撤销驾驶执照，大不了以后都不开车的原则，飞向车站。（亦舒《七姐妹》）

（12）如果动粗，大不了一条命。（《1994年报刊精选》）

（13）就算失败了，大不了以一个叛贼的身份就死罢了。（田中芳树《亚尔斯兰战记》）

其二，先列举一两种可能发生的情况，最后追加终极可能，"大不了"出现在终极可能前，表示"最严重的坏结果不外乎VP"。如：

（14）杨同行是个慢性子，孩子掉到井里都不着急，以为补几张票，大不了再罚点款就能摆平。（陆步轩《屠夫看世界》）

此外，预测也可以是虚拟的，即对于过去发生的或已存在的事实进行与事实相反的虚拟假设，过去的事件可能引发的一种后继极端结果，尽管事实上并未发生。如：

（15）事后涧表妹告诉我，当时她的心情是坚信严晓强能够活着，大不了留下点残疾，而一个有残疾的严晓强对她来说依然是可敬可爱的。（刘心武《曹叔》）

2. C2式：VP/NP相关联的命题是积极意义的

（16）"你看看，那些孩子比他大的也有，小的也有，就数你儒春割的草多，长大一准是好庄稼手！""大不了像他爹吧。"（冯德英《迎春花》）

（17）安娜，你骂他一顿又有什么用？他大不了向你道歉。（岑凯伦《合家欢》）

根据本文对北京大学现代汉语语料库例句的统计，C2 式只有 2 例，C1 式有 153 例，这表明 C 式关联的命题绝大多数是消极意义的。C 式出现的语境是非现实性的。非现实性的句子与将来时态密切相关，常有表示将来的时间词（如例（10）和例（11））或表假设关系连词"如果""假设""要是""就算""即使"等与之共现（如例（12）和例（13））。

（四）D 式："大不了+VP/NP"，推测未知情况并予以评价

VP/NP 并非极端情况，而是说话人对未知情况的猜测。如：

（18）告我什么？大不了是诽谤、抄袭，或是伤害风化。（钱锺书《灵感》）

（19）无非农业、工业、乡镇企业，大不了还有精神文明，还能问到哪里去？（刘震云《官场》）

（20）我就不信我看不懂那出戏。大不了是出外国戏。要么就是出古装戏。什么了不起的！（刘心武《我可不怕十三岁》）

对推测情况的列举有两种。一是列出所有可能发生或存在的情况。例（18）列出三种可能性，它们在程度上对等，"大不了"出现在三种可能前。例（19）说话人对可能发生或存在的情况先列举出一两种，最后追加发生情况范围中可能性最小的一种可能，"大不了"出现在该种可能前，表示可能发生或存在的情况"最多不过如此"。二是只列一种可能发生或存在的情况，该可能是发生或存在情况范围之内可能性最小的一种，如例（20）。

D 式中的"大不了"跟单纯表推测的副词"可能"不一样，说话人用"大不了"表现出对预测的未知情况"无所谓"的主观态度，认为都是"小事"。

综上，副词"大不了"的语义功能不是单一的。A、B 是对已然事件的重要性或范围予以评价，C、D 是预测可能发生的结果或未知情况并予以评价。总起来说，副词"大不了"宜看作"评注副词"。"大不了"相关联的命题可以是将来的，也可以是过去的或现在的。谢晓明、刘渝西（2013）所提到的"后接说话者对结果的一种最坏的推测"

只是其用法之一(即 C1)。值得一提的是,C1 式的使用频率远远高出其他几类。①

三 "大不了"主观性考察

谢晓明、刘渝西(2013)将副词"大不了"看作"表示主观小量的副词"是有道理的。"大不了"确实是表达了人的主观意志、情感认识,具有强烈的主观性。Langacker(兰盖克)将主观性纳入了认知语法的理论框架。"认知语法认为话语和感知有关,感知主体是说话人,话语意义也就不可能简单存在于客观世界里,而是不可避免地含有感知主体(人)对感知客体的认识。"说话人或听话人会出于交际的需要,从一定的视角出发来识解一个"话语事件"。语言的主观性源于感知主体的不同视角。从认知角度来说,无论对于已然存在的客观事实,还是对未然或未知情况,说话人都会有自己的主观看法。在已然语境中,客观事件已经发生,先于人的认知而存在,说话人对其有主观态度和评价,"大不了"表达说话人"主观小化"的态度。在未然语境中,人们做某一动作前或参与某一事件时,头脑中存在对其可能带来的结果的预期,包括最好的结果和最坏的结果。"大不了"表达说话人对预期的结果的主观态度和评价,表明说话人"主观小化"的态度。比如,同样是对死、丢命、丢官等预测的严重结果,加上"大不了""弄不好",说话人表达的态度和语气则大不相同。对比:

(21)怕个啥子哟,大不了就是我这一百五六十斤!(康克清《"文革"风雨中的朱老总》)

(22)父亲直摇头:"弄不好会使人七窍出血,甚至致死啊!"(《1994 年报刊精选》)

(23)如果你玩自焚,烧死了大不了赔个几十万,房屋照拆不误。(《阿凡达——儿童必看 成人不宜》,《合肥晚报》,2010-1-6)

(24)他上场咱们校队不但挽不回败局还要被别人笑话留下笑柄,

---

① 统计北京大学现代汉语语料库例句结果如下:A 类 5 例;B 类 13 例;C1 类 153 例,C2 类 2 例;D 类 8 例。

弄不好还会赔付给别人几十万的医药费。(宁愿孤独《无良邪少》)

同样是预测的可能发生的结果——"死"和"赔偿几十万块钱",例(21)说话人对"死亡"是超然的、无所谓的态度,将其看作"小事",从上下文的"怕个啥子"和"我随时准备到他老人家那里去报到"可得到印证;而例(22)说话人则把"死亡"看作极为严重的大事件,因而"直摇头"。例(23)说话人把"赔偿几十万"看作小事,而例(24)说话人则看得极为严重。对于事件可能导致的"极坏结果",说话人用"大不了"进行"小化",表达主观上的"轻视"和"无所谓"的态度;用"弄不好"进行"大化",表达主观上"极重视"和"视为大事件"的态度。在表示"预测可能发生的结果并予以评价"时,"大不了"和"弄不好"表达的语义功能是对立的。

"大不了"主观"轻视"和"无所谓"的态度,还可通过上下文得到印证,"大不了"后常有词语表明说话人限定或贬低的态度。在句法层面上表现为"大不了"后常出现表"主观小量"的词语结构。具体表现为如下几种情况。

第一,"大不了"紧接"(也)就是""(也)不过"等词语,如:

(25)就算我作了替死鬼,大不了也就是给个什么处分。(张平《十面埋伏》)

(26)大不了也不过战死沙场,死得磊落。(姚雪垠《李自成》)

第二,"大不了"紧接主观小量句末标"就是(了)""罢了""而已"。如:

(27)大不了总经理不做就是了。(张伟群、张逸《方宏坠楼自杀之谜》,《作家文摘》1993)

(28)从下等人的观点来看,历史若有变化,大不了是主子名字改变而已。(乔治·奥威尔《1984》)

(29)就算失败了,大不了以一个叛贼的身份就死罢了。(田中芳树《亚尔斯兰战记》)

第三,"大不了"紧接表示"罢了,不过如此"的助词"呗"。如:

(30)"大不了开除我呗。"刘云快速说了一句。(皮皮《比如女人》)

四 "大不了"的语法化考察

(一)副词"大不了"语法化的语义基础

副词"大不了"来源于其形容词用法。"了不得"义的形容词"大不了"通常出现在"否定句和反问句"中,也有一些用于陈述句,构成"的字结构",或"大不了"前出现程度副词"最"。如:

(31)大抵女子读了书,识了字,没有施展之处,所以拿着读书只当作格外之事。等到稍微识了几个字,便不肯再求长进的了。大不了的,能看得落两部弹词,就算是才女。(〔清〕吴趼人《二十年目睹之怪现状》)

(32)大不了的弃掉罗兀城,何必害怕哩?(蔡东藩《宋史演义》)

(33)最大不了,就算他们拍过拖,二哥如今都有芬姐姐!(岑凯伦《蜜糖儿》)

例(31)是对事实的描述,例(32)和例(33)是推测语境。"大不了的"和"最大不了"只能理解为"了不得的事情是""最了不得的事情是"义。"大不了的""最大不了"自身构成一个独立分句,与后面描述或推测的事件 X 构成"解释说明"关系复句。

进入复句"(最)大不了(的),X"是促使"大不了"语法化的重要环节。从语义关系看,"(最)大不了(的),X"本身所表达的意思是"(最)了不得的事件是 X",没有比 X 事件更重大的事情;从整个语境看,不管 X 是已然事件还是未然事件,说话人主观上把"X"看作小事件;尤其在未然语境中,说话人主观小化 X 的意味更为明显。随着"(最)大不了(的),X"句法关系的变化,"大不了"逐渐承担起传达说话人主观小化的表达功能。由于"大不了"内部为否定形式"不了('不能'义)",因而形容词"大不了"通常出现否定句和反问句语境中,副词"大不了"的 C1(即"预测可能发生的消极结果并予以评价")用法远远高于其他用法。也就是说,与副词"大不了"相关的命题大都是消极意义的。这实际上体现了语法化的"语义滞留原则"。

(二)副词"大不了"语法化的句法环境

"大不了"语法化进程中,"(最)大不了(的),X"句法关系的变化表现为两个方面:"'(最)大不了(的)'的句法地位逐渐衰弱,X的句法地位逐渐上升"和"'大不了'从句外成分向X(X为单句)的句内成分演化"。

1. "(最)大不了(的)"和"X"句法地位的变化

"(最)大不了(的)"作为复句的前一分句的地位并不是那么重要,其句法地位容易发生变动。尤其是当上下文中有其他词语或结构能表达与"大不了的"和"最大不了"相近似的意思时,"大不了"作为分句的句法地位就显得更加无足轻重。如:

(34)既然你的内心深处并不是反对共产党、反对社会主义,戴顶帽子,又有什么大不了的呢?大不了,到乡下去种田。(刘军《张伯驹和陈毅的交往》)

若将"大不了"看作承前重复"大不了的",且省略"的""大不了"看作复句的前一分句,是可以讲得通的;而且,"的"省略并不影响复句关系。但若将"大不了"看作位于句首的副词,也是可以的。这一例子可以看作处于过渡状态的、两可的例子。

与"大不了(的)"的句法地位的衰弱相伴随的是,X的句法地位不断突显和上升,成为说话人意欲表达的焦点。经常处于这样的句法环境中,"大不了的"与事件X所构成的"解释说明"关系逐渐模糊,"大不了"演变为副词,承担起主观小化的表达功能。

2. 从共时平面看"大不了"从分句到句内成分的演化

"语言的内部因素主要体现为句法环境的作用,句法环境是虚化的外部条件。"(姚双云,2010:64)句法环境在"大不了"语法化中起着重要作用。现代汉语中副词"大不了"的句法位置有四种:

A式:插入语(主谓结构前,并以逗号隔开),即"大不了,S+VP";
B式:主谓结构前,即"大不了 S+VP";
C式:动词性结构前,且动词性结构前无主语,即"大不了 VP";
D式:动词性结构前,"大不了"前有主语,即"S大不了 VP"。

分别举例如下：

（35）大不了，我把妈妈的麻雀台扛到我们新居来作饭桌。（梁凤仪《激情三百日》）A 式

（36）当年你爹只不过给我一个烂饼，大不了我还你个烂饼。（《周星驰喜剧剧本选》）B 式

（37）不用说了！大不了不笑不走路。（《周星驰喜剧剧本选》）C 式

（38）天大的事，有徐总经理在前面挡着，你大不了是个代理人。（周而复《上海的早晨》）D 式

在 A、B、C、D 四式中"大不了"虽然都可以看作副词，但四类句式有差异：A 式中的"大不了"为句外成分。B、C、D 三式中的"大不了"为句中成分。B 式和 C 式与 A 式有着密切的关联，是由 A 式演化而来的（A 式和 B 式的差别只在于"大不了"与"S+VP"有无逗号隔开）。B 式和 C 式的句法环境是直接诱发"大不了"向副词语法化的重要环境，并最终发展出 D 式的用法。D 式中，主语完全阻断了"大不了"与后面推测内容（VP）构成解释说明关系的复句的可能性，"大不了"从一个独立分句完全衰退为后一分句的状语。因而从语法化的等级看，D 式中的"大不了"的语法化等级高于 B 式和 C 式。

D 式的出现和发展是后于 A、B、C 三式的，这一点也可以从文献中得到印证。北京大学古代汉语资料库中，副词"大不了"无一例作状语；现代汉语语料库中，"大不了"做状语的也只有 3 例。如例（38），再如：

（39）自己大不了是个副教授，犯不着太卖力气的。（钱锺书《围城》）

（40）老子大不了坐十年八年牢。回来你的小命也难保！（《1994 年报刊精选》）

D 式"大不了"用例不多。我们搜索百度网页只得到两个例子。这表明副词"大不了"还处于动态的发展变化之中。如：

（41）死不了？大不了咱们不死了。（凤凰网论坛，2011-4-5）

（42）告状啊！随你告到哪里，老子大不了多写几份报告。（来自网络）

综上,"大不了"的语法化途径如下图所示:

```
大不了,句子(S+VP)           句子(S 大不了 VP)
──────────────────────────────────────────▶
    A 式         B 式    C 式      D 式
  "大不了"      (B、C、D 式中"大不了"为副词)
  为插入语              D 式语法化程度最高
```

参考文献:

[1]冯光武. 语言的主观性及其相关研究[J]. 山东外语教学,2006(5):26—33.

[2]麻玉林."大不了"的语法化[J]. 文学界(语言研究),2010(5):92—93.

[3]孙茂恒."大不了"的词汇化及其词典释义探究[J]. 鲁东大学学报,2011(4):38—44.

[4]伍倩. 话语的主观性在英汉人称指示语中的体现[J]. 考试周刊,2007(28):71—73.

[5]解惠全. 谈实词虚化[C]. 语言研究论丛(第四辑)[M]. 天津:南开大学出版社,1987:208—227

[6]谢晓明、刘渝西."大不了"的表达功用与演化过程[J]. 汉语学报,2013(1):40—48.

[7]姚双云. 连词"结果"的语法化及其语义类型[J]. 古汉语研究,2010(2).

[8]商务印书馆辞书研究中心. 应用汉语词典[M]. 北京:商务印书馆,2006.

[9]中国社会科学院语言研究所词典编辑室[M]. 现代汉语词典(第6版). 北京:商务印书馆,2012.

[10]Hopper, Paul. On Some Principles of Grammaticalization. In Traugott, E. C. & Heine, B. (eds.) *Approaches to grammaticalization* (Vol.1). Amsterdam: John Benjamins, 1991.

汉字难、易漫谈

王国栓　　南开大学

【内容提要】 汉字难学还是易学的问题一直是学界争论的焦点。本文从对比的角度论证了汉字确实难学的观点，又从汉字改革历史和现状的角度论证了汉字改革可以探讨、但现阶段还难以突破的观点。

【关键词】 汉字　汉字改革　国语罗马字　注音字母

每次看到外国人拿出吃奶的力气写汉字的时候我总是想，要是汉字再好写点儿该多好啊！

记得 2008 年 11 月《光明日报》刊载了一篇文章，叫作《"汉字难学"否　专家有新说》（以下简称《新说》），认为汉字"容易学"，并表达了希望中国人要多宣传汉字易学、把汉字汉语推向世界的美好愿望。

愿望是美好的，我们也希望这个愿望能早日实现。但是否靠我们中国人宣传汉字易学就能奏效呢？事情恐怕没有这么简单。本文就从实际出发，分析一下汉字到底易学还是难学，并在此基础上探讨一下汉字现代化的可能性。

一　和学韩语字的比较

为了探讨汉字难学还是易学，我前一段时间曾专门找了一位韩国留学生教我韩语字。韩语字的情况是这样的：

韩语共有 40 个基本字母，其中子音（辅音）19 个，母音（元音）21 个。它们是：

子音：ㄱㄲㄴㄷㄸㄹㅁㅂㅃㅅㅆㅇㅈㅉㅊㅋㅌㅍㅎ

母音：ㅏㅐㅑㅒㅓㅔㅕㅖㅗㅘㅙㅚㅛㅜㅝㅞㅟㅠㅡㅢㅣ

初步学会这些韩语字我用了两个多小时，达到的程度是会念会写。我想，如果达到熟练读写的程度，大概三天总可以了吧？而据韩国同学说，掌握了这 40 个基本字母就基本上会读韩语写的文章了。看来，学韩语字真的很容易。

《新说》提供了一些学习汉字"易""快"的材料，我们把这些材料和我学韩语的情况进行一下比较：

实验单位	所用时间	效果
作者	3 天	几乎所有韩语字
河北武安	1 年	认识 1931 个汉字
北京张广照	0.5 年	认识 2500 个汉字
北京新亚	2 周	认识 120 个汉字

我们还可以和学英文进行比较。我们学英语的 26 个字母（也就是英文的 26 个字）的时候，大概只用一节课的时间，加上进行熟悉的一段时间，也就是几天；而学汉字的时候，恐怕我们高中毕业时都没有把常用汉字都学会。

汉字易学吗？

实际上，我们只要把一些数字进行比较，汉字易学难学的争议就根本不是争议：英文字 26 个，甲级汉字 800 个，乙级汉字 804 个，丙级汉字 601 个，丁级汉字 700 个（根据《汉语水平词汇与汉字等级大纲》，2001 年版）。

黄伯荣、廖序东主编的《现代汉语》列出常见的别字 369 个，容易读错的字 357 个。

汉字易学在哪儿？

傅斯年说："中国字的难学，实在是世界上独一无二的。"

钱玄同说："中国文字，论其字形，则非拼音而为象形文字之末，不便于识，不便于写；论其字义，则音义含糊，文法极不精密。"

毛泽东说："看起来还是以采取这种外国字母比较好。……因为这种字母很少，只有二十几个，向一面写，简单明了。我们汉字在这方面实在比不上。比不上就比不上，不要以为汉字那么好。"

二　汉字为什么难学

吕必松教授认为汉字易学有两个原因：其一，学习汉字需要理解、模仿和记忆的要素较少，只有24个笔画、120个非整字部件和2500个常用汉字；其二，理解、模仿和记忆这些要素的难度较小，组成汉字库的绝大部分是象形字、指事字、会意字和形声字，而有关研究证明，最能帮助理解和记忆的是形象和事件。

把吕教授的观点用通俗一点的话说出来，就是说汉字大部分是象形字、指事字、会意字和形声字，具有见字知义、见字知音的特点，所以汉字比较容易学。这话是有一定道理的。拼音文字的字和词的音、义毫无关系，需要死记硬背；而汉字可以在一定程度上知音、知义，学起来相对简单些。可是，汉字在多大程度上有见字知义、知音的特点呢？这需要进行一些具体的分析才能知晓。

我们先分析汉字"见字知音"的特点。

我们知道，说汉字可以见字知音主要是指形声字，形声字的读音和它的声旁有一定关系。那么下面我们可以算一笔账。汉字中形声字大概占85%左右。常用汉字如果按3000个计算，那么就有450个字和它的读音毫无关系。也就是说，这450个字的读音就要死记硬背。剩下的2550个形声字表音的情况是怎样的呢？我们举个例子来看。

声旁：丁 dīng

（1）读音和声母完全相同的：盯 dīng、叮 dīng、钉 dīng，共3个。

（2）声调和声旁有区别：顶 dǐng、订 dìng、锭 dìng，共3个。

（3）声母和声旁有区别：厅 tīng，共1个。

（4）韵母和声旁有区别：灯 dēng、打 dǎ，共2个。

（5）声母和声调都有区别：亭 tíng，共1个。

在我们找到的 10 个以"丁"作为声旁的常用字中,有 3 个和声旁的读音完全相同,占 30%;而不相同的占 70%。不相同的 7 个字,声旁当然有提示读音的作用,但也有误导的危险。当然,举一个例子也许太简单了,但毕竟也能说明一些问题:汉字"见字知音"的特点并不那么准确可靠。

下面我们分析汉字"见字知义"的特点。请看下面这些字:

以 北 京 语 音 为 标 准 音 以 北 方
方 言 为 基 础 方 言 以 典 范 的 现
代 白 话 文 著 作 为 语 法 规 范

你能看出哪个字是什么意思吗?我看不出来。念大学的时候,老师告诉我,"北"是"相背"的意思,它的字形是两个人相背而坐,表示意见不合。你能看出楷体字"北"是两个人相背而坐吗?"话"左边是言字,右边是舌字,你看出它是个什么字了吗?你从它的字形推测出它的意思就是人类说的话的意思了吗?

说汉字有"见形知义"的特点,我们不反对,但汉字在多大程度上能够"见形知义"?

三 学汉字和学汉语词的关系

当然,学汉字的时候,我们可能有副产品,那就是学汉字的过程可以和学词的过程结合起来;也可以说,学了汉字,也就等于学了一些词,而学韩语字、英文就不会有这个收获。也就是说,学汉字的过程就是学汉语词的过程,至少是学语素的过程;而英文字是字、词是词,学了字对学词没有什么帮助。学汉字用的时间多,学汉语词用的时间可能相对较少;学英文用的时间很少,但学英语词用的时间可能相对较多。

我们举个例子。

《汉语水平词汇与汉字等级大纲(修订版)》列出甲级字、乙级字、丙级字、丁级字共 2905 个,我们取最前边的 5 个甲级字进行一下分析。

（解释用《现代汉语词典（第6版）》释义，有改动。）

1. 啊：（1）ā 叹词，表示惊异或赞叹；（2）á 叹词，表示追问；（3）ǎ 叹词，表示惊疑；（4）à 叹词，表示应诺、明白过来、惊异或赞叹等。

2. 矮：身材短、高度小、级别地位低。例如：矮小、矮子。

3. 爱：对人或事物有很深的感情、喜欢、爱惜或爱护、常常发生某种行为。例如：爱戴、爱抚、爱国、爱好、爱护、爱面子、爱情、爱人。

4. 安：（1）安定；（2）安装；（3）加上；（4）"安培"的简称。例如：安定、安顿、安放、安分、安静、安居乐业、安眠药、安身。

5. 吧：（1）象声词；（2）助词。

总结：学了一个"啊"字，等于学了4个词；学了一个"矮"字，除了可以掌握"矮"这个词外，还可以顺便掌握"矮小、矮子"等词；学了一个"爱"字，可以同时掌握十多个相关的词；学了"安"字，所掌握的相关词更多；学了"吧"字，等于学了两个词。

因此，我们可以说，学汉字的过程和学词的过程是紧密联系在一起的。学了汉字以后，学词的时间可能会大大减少。而拼音文字就没有这个优势。

但是，我们要知道，字和词是两个性质决然不同的概念。学字可以帮助学词，但学字难，这是另一回事。

汉字难学，汉语词容易懂；英文易学，英语词难记。字和词加起来，是学汉语用的时间多？还是学英语用的时间多？汉字对学汉语有多大的帮助？这恐怕得需要进行一番深入的研究。不过美国外交学院（Foreign Service Institude）曾经对以英语为母语的人学外语的时间进行过统计，这个数字也许多少能说明一点儿汉字对学汉语到底有多大的帮助（徐大明等，1997）：

语种	达到的程度	平均时间
法语、德语等	2+	720 小时
汉语、日语等	2+	1950 小时

四 汉字改革存在的问题

认为汉字易学,也就是认为汉字不需要改革;承认汉字难学,就是承认汉字可能需要改革。但汉字是不是一定要改革,这不仅仅是汉字难不难学的问题。

汉字难学,但改革开放以来,世界上学汉语的人却越来越多了,这怎么解释?学不学汉语,恐怕还是经济起决定作用。

汉字可以现代化。但汉字现代化以后,会不会割断历史?巴金曾说(转引自《新说》),有人以为废除汉字,改用拼音,只要大家花几天工夫学会,就能看书写信,可以解决一切,其实他不过同祖宗划清了界限,成了一个没有文化的文盲而已。一个历史悠久的文明古国,要是丢掉他过去长期积累起来的光辉灿烂的文化珍宝,靠简单化、拼音化来创造新的文明是不会有什么成果的。

实际上,汉字是否要改革,有很多重要的基础理论问题并没有得到很好的解决:第一,经济基础(中国的国力)和汉字、汉语的关系到底是怎样的?随着中国国力的进一步增强,国际上学汉语的人的进一步增多,汉字改革的问题是更迫切了,还是不再重要了?第二,如果汉字要改用拼音文字,那么,这个拼音文字和汉字的关系怎么处理?我们会不会割断历史?第三,汉字学习和汉语学习之间的关系到底是怎样的?学习汉字对学习汉语词有一定的帮助,这个帮助到底有多大?

问题是存在的。但存在问题并不等于说我们就可以放弃汉字改革的主张。如果我们对汉字改革连想都不敢想、连尝试都不敢尝试,那么,汉字难学的问题恐怕就永远得不到解决。我们必须做些什么。失败了,我们可以从中吸取教训,再继续做下去;成功了,为世界上学汉语的人节省一点儿时间,为把汉语推向世界贡献一份力量,何乐而不为?

五　汉字改革的历史

汉字难学，我们前人早就注意到了，也早就试图进行过汉字改革。对汉字改革的历史进行一下简单回顾，也许对我们理解目前的问题有所帮助。

鸦片战争以后，一些有识之士提出了"教育救国"的口号。但他们认识到，西洋文字容易学，因而教育容易普及；而汉字太难学，对普及教育极为不利。于是，汉字改革就被提到了议事日程上来。

首先是清末的切音字运动。当时的切音字者认为，日本假名在日本维新中做出了很大的贡献。因此一些人制订了汉字笔画式字母方案。比如卢戆章的《一目了然初阶》、王照的《官话合声字母》、劳乃宣的《增订合声简字谱》等。这些方案有两个特点：一，个人制订；二，个人推广。这两个特点隐含着两个缺点：一，个人制订，方案难免不完善；二，个人推广，影响难免受局限。

1911年辛亥革命成功，切音字运动复苏。1913年2月15日，"读音统一会"在北京召开，最后通过决议，采用"记音字母"，推行《国音推行七条》。1918年，"注音字母"正式公布。

1923年，当时的教育部《国语统一筹备会》开第五次常年大会，钱玄同提出了《请组织国语罗马字委员会》案，大会于8月29日决议组织"国语罗马字拼音研究委员会"。1926年9月14日"国语罗马字拼音研究委员会"召开会议，通过了《国语罗马字拼音法式》；11月9日，《国语罗马字拼音法式》由教育部《国语统一筹备会》作非正式公布；1928年9月26日，大学院院长蔡元培正式公布《国语罗马字拼音法式》。

1949年，正当全国解放战争进行得如火如荼的时候，吴玉章就代表当时的语言文字专家就汉字改革问题请示党中央，刘少奇做了指示："可以组织这一团体，但不能限于新文字，汉字简体字也应研究整理一下，以便大众应用。"吴玉章1949年8月25日给中共中央主席毛泽东写信，请示当前文字改革的指导原则。毛泽东将吴玉章的信交郭沫若、茅盾、马叙伦审议。三人在给毛泽东的复信中有下面这样的话："我们也认为中国文字的演进，必须走拼音文字的道路。但这一过程一定很长。除了有目的的有计划的研究提倡而外，尚有赖于全国交通的更发展，使全国各地方言交流融合，逐渐形成统一的国语。"

9月1日，毛泽东指定吴玉章、范文澜、成仿吾、马叙伦、郭沫若、沈雁冰等共同组织"中国文字改革协会"。10月10日"中国文字改革协会"在北京正式成立。吴玉章在开幕词中说："本会的目的是在团结中国文字改革工作者，其宗旨是提倡中国文字改革，并且研究和试验中国文字改革的方法。"

"中国文字改革协会"是在毛泽东的支持下建立的，它为汉字改革运动的复兴，为汉字改革运动的进一步发展，打下了良好的基础。

1952年2月5日，"中国文字改革研究委员会"召开成立大会，规定中国文字改革研究委员会的主要任务是：一，研究并提出中国文字拼音化方案；二，整理文字并提出其简化方案。

1954年12月23日，中国文字改革委员会举行第一次全体会议，宣告正式成立。1955年10月15—23日，教育部和文改会联合召开了全国文字改革会议。

1956年1月28日国务院第23次全体会议通过《关于公布〈汉字简化方案〉的决议》，《汉字简化方案》具有了法律效力。

1958年2月11日，第一届全国人民代表大会第五次会议批准《汉语拼音方案》。

以上我们非常简略地回忆了一下汉字改革的历史。但就从这么简略的回忆中，我们也能得到几点结论：第一，汉字难学是不争的事实；第二，前人在汉字改革方面进行了可贵的探索；第三，汉字改革依然任重而道远。

我们最后的结论是：汉字难。

我们的余论是：汉字需要改革？汉字不需要改革？

参考文献：

[1]马庆株. 汉语汉字国际化的思考[J]. 汉字文化，2013（3）.

[2]徐大明等. 当代社会语言学[M]. 北京：中国社会科学出版社，1997.

[3]赵元任. 通字方案[M]. 北京：商务印书馆，1983.

[4]国家汉语水平考试委员会办公室考试中心. 汉语水平词汇与汉字等级大纲（修订版）[M]. 北京：经济科学出版社，2001.

[5]中国社会科学院语言研究所词典编辑室编. 现代汉语词典（第6版）[M]. 北京：商务印书馆，2012.

对外汉语教材研究

重新认识《英华合璧》[①]

——一百多年前一部理念超前的教科书

郭利霞　　南开大学

【内容提要】鲍康宁的《英华合璧》长期以来没有受到应有的重视,本文通过梳理这本50年内修订和再版达14次的教材,发现其中包含着鲍康宁重要的汉语学习和教学理念,这些理念至今仍然比较超前。

【关键词】英华合璧　鲍康宁　特点　教学理念

19世纪到20世纪初叶来华的传教士中,相当一部分人具有深厚的汉学功底。鲍康宁(F. W. Baller,1852—1922)就是其中一位佼佼者。他于1873年来沪,1887年在安庆设立了"内地会"语言训练所,以语言培训为主,1910年迁到镇江。他编写了供传教士使用的教材《英华合璧》(A Mandarin Primary,1878)。这部教材广受欢迎,在他生前就修订出版了12次,他去世后又出到了14版。其中第八版做了重要的修订和扩充,基本奠定了以后各版的基础。之后他以一人之力编撰了和《英华合璧》相关的系列教材:《华文释义》(Lessons in Elementary Wenli,1912)即为《英华合璧》第八版的补充材料;在当时没有专门教汉字的教科书的情况下,编写了《笔画入门》(The ABC of Chinese

---

[①] 本文受2016年度国家社科基金重点项目"19世纪来华传教士记录的官话方言及其历时演变研究"资助(项目编号:16AYY002)。

Writing,1913);1919 年又编写了《日日新》(*An Idiom a Lesson*,1919),书中一些字词右上角的数字表示在《英华合璧》中的页数,据此可以找到这些字词的详细用法和释义;《字迹分析》(*Mandarin Primer Character Analysis*,1926)也可以看作《英华合璧》的辅助教材。这些教材既可以单用,也可以配合《英华合璧》使用。第八版的声调按照作者编写的《汉英分析字典》(*Analytical Chinese-English Dictionary*,1900)标写。

《英华合璧》的影响非常大,不仅当时被广泛采用,出版后多次重印和修订,而且被其他教材作为范本。如 1904 年出版的《福州方言入门二十课》(A Manual of the Foochow Dialect in Twenty Lessons, by C. S. & A. E. Champnesses)的体例完全是模仿《英华合璧》,Champness 说:"大部分内容亦步亦趋地模仿《英华合璧》,差不多可以说是鲍康宁著作的福建方言版。"(陈泽平,2010:16—17)。鲍康宁去世后的 1938 年,澳籍传教士马守真(Robert Henrry Mathews)在《英华合璧》的基础上,编写了 *KUOYÜ PRIMER: Progress Studies in the Chinese National Language*,其结构、体例、内容基本沿用了鲍氏的《英华合璧》,鲍氏《英华合璧》中的 17 篇课文被完全保留。

《英华合璧》共出了 14 版:第 1 版 1878 年出版,1900 年第 4 版,1911 年第 8 版,1915 年第 9 版,1921 年第 12 版,1923 年第 13 版,1926 年第 14 版。教材使用对象是中国"内地会"的新成员,即未来的传教士。本文主要采用的是 1911 年第 8 版的电子版,由于个别页码脱漏,也参考了第 12 版。

一 《英华合璧》的体例、结构和内容等

《英华合璧》第 8 版的内容有:①第 8 版前言;②概要,包括:计划和范围、送气音、送气音和不送气音对照表、声调、声调练习、罗马字注音系统、声母和韵母、声母和韵母表注释、声韵组合、部首表、汉字、按照笔顺写字、教师指南;③主体的四卷;④附录,包括课文重要词语用法索引(Analysis of Lessons)、按音序排列的词语目录

（Syllablic Index to Characters and Phrases）、指要录（Index to Translation of English Sentences），指要录是第1—30课翻译练习英文句子的汉语译文。

《英华合璧》是一本系统性非常强的教材，主体分为四卷：Elementary（初阶）、Advanced（进益）、Supplementary（增补）、Miscellaneous（大全）。第一卷解释和说明简单的习语，第二卷处理复杂一些的内容，第三卷通过增加词汇和短语进行扩展，第四卷给出涉及各种主题的词汇并有三篇课文。

前三卷的目录一笔带过，即第1—30课：第1—273页；写作练习补充词汇：第274—280页；量词表：第281—282页。第四卷则有详细的目录：道德和宗教词语摘要（A Selection of Moral and Religious Terms），包括礼仪（Moral）、道界（Theological）、祷告文（Form of Prayer）、旧约（The books of the Old Testament）、新约（The books of the New Testament）、佛教（Buddhism）、道教（Taoism）、叙谈真道（Dialogue with an Enquirer）、学界（Eduction）、文法（Some Expressions Used in Chinese Composition）、礼法须知（The Essentials of Etiquette）、政界（government）、商界（Commerce）、书房（The Study）、厨房（The Kitchen）、卧房（Bedroom and Nursery）、客堂（Reception Room）、家用常谈（Household Expressions）、房屋（Houses and Building）、衣服颜色（Clothing and Colours）、水陆两途（Travelling）、称呼（Rank and Relationships）、文件（Some Expressions used in Legal and official Documents）、身体（The Person）、药材（Materia Medica）、舆地（Geographical Notes）、中国城邑（Chief Cities of China）、中国江河（Chief Rivers of China）、大运河（The Grand Canal）、中国名湖（The Lakes of China）、东亚名埠（Names of Some of the Principal Places in China and the East）。其中祷告文和叙谈真道是宣扬上帝的。

前三卷每课都由八个部分组成：生词（注音，英文解释）、俗语（在每课的第一页）、语法、注释、杂句、翻译（英译汉）、书写练习、辑要。

杂句是为了学生更好地理解课文内容。由于没有汉字，也减轻了学生的负担。

翻译部分特别强调要求学生独立完成。书写练习强调在练习前最好先读一下有关书写笔顺的部分。辑要相当于课文。

第一卷每课结尾加了"参见某某课",参见的是包含着对所给词语进一步说明的某课。通过这一安排,初学者在遇到他弄不清的问题时不至于困惑,而是可以有一些有用的材料使他受益。词汇表中词语后面的小数字表示和第281—282页的量词对应的数字。这一安排使学生可以一看就知道量词的意义,并且可以避免误用。每课后面都有书写练习,对提高学生读写能力大有裨益。书写练习要参照书中提示的XXV页的笔画书写,汉字后面的R表明这是一个部首。

每课练习和词汇后的阅读课文旨在帮助学习者说话得体并使得语言学习更加有趣。这些阅读课文所涵盖的范围很广,很多情况下这些课文同样是为了激发和保持兴趣。课文中的一些表达式并非是各地通用的。加脚注是用来说明复杂的习语。为了使意义完整或保证句子更好,插入了一些书中后来会出现的词语。这些词语标注的L或V,表明它们出现在某课或词汇表中。由于讲故事不可能没有词语,因此必要时引入了一些新词。这样一来,就使得大量有用的词汇和广泛的题材成为可能。有了这些课文的辅助,学生不仅可以习得好的习语,而且可以帮助他们判断词语的用法,看句子是如何连接的。这些课文应该一读再读,有些部分应该记住,直到耳朵听到一个错句时就像在一段和声中间出现了一个不协调的声音。

每五课后面加了复习练习。没有给出例句的翻译,因为对学生而言,有老师的帮助,判断做得正确与否并不难。

这一版的声调是按照作者自己编写的《汉英分析字典》(*Analytical Chinese-English Dictionary*,1900)标写的。第五声或入声的字拼写时用结尾的 h 表示,北京话的声调也标在汉字旁边,数字 1、2、3、4 分别代表上平、下平、上声和去声。

为了方便参考,课文在小标题下分成了小节,书后附有完整的索引。这样任何习语和结构都可以轻而易举地找到。

翻译练习及其答案旨在提供英汉和汉英翻译的材料。可以进行英汉互译，然后对照答案。培养学生正确使用词语和习语的能力。

虚构的对话中通过和一个信仰基督教的游客的对话，为学生精选了一些有用的口语短语。

在第 346 页的"书房"（The Study）标题下，是一些旨在使学生可以立即与老师进行交际的词语和句子。这些句子是最急需的，可以使师生开始互相理解。

二 《英华合璧》的主要特点

鲍康宁以一人之力，完成这部至今看来都不过时的优秀教科书，其中有很多值得我们借鉴的地方。这部教材最突出的特点有两个：一是系统性强；二是针对性强。

首先是系统性强。

鲍康宁编写了一系列和《英华合璧》配套的教学材料，由于是以一人之力编写的，作者对内容非常熟悉，不同教材和不同课之间的互参随处可见。在《日日新》（1919）第二部分的阅读文章前，作者提到："一些字词右上角标注的数字表示这些字词在《英华合璧》中的页数，在《英华合璧》中可以找到这些字词的详细释义、用法，等等。"《字迹分析》（1926）第一部分以《英华合璧》第一到第五课的生词为例，列举了一些形似字，同时标注这些字出现在《英华合璧》哪一课第几页；第二部分按照笔画数将第六到第三十课的高频字按笔画由少到多列出，标注发音，并有英文翻译。

《英华合璧》12 版前言说：想学写汉字的可以参考作者的 *ABC of Chinese Writing*。另外，作者还准备了一本作为《英华合璧》入门的小书《日日新》（*An Idiom a Lesson*）。

《英华合璧》的系统性还体现在对层级的设定和教学上。全书分为四卷，大致相当于初级、初中级、中级、高级。每个层级的目标设定非常清楚，初级是最基本的，初中级是比较复杂一些的，中级是扩展，高级是词汇量的扩大。100 多年前传教士编写的教材一般都是一本，我们尚未见到像鲍康宁这样有意识地设定不同层级的教材，而且一本教材有多本与它配套的辅助教材。这种理念和做法在新时期的汉语教学界也是最近才兴起的一种做法。

第一课到第二十课只处理词汇表中出现的词语最常见的形式和用法,而在后面的课才给出其他的意思和用法,此举的目的是为了帮助学生更彻底综合地掌握语言。如果更早介绍的话可能对学生不但没有帮助,反而会把他们弄糊涂,目前应该扩大词汇量,增加不同词语的知识。

胡明扬(1997)关于词汇教学的设想指出,中级阶段的词汇教学主要任务是帮助学生扩大语汇量,可以适当讲一点儿构词法,介绍一些常见的近乎词头和词尾的成分,如性、化等。高级阶段的语汇教学可以适当归纳一些多义词,讲讲原义和引申义、比喻义之间的关系。一些学生容易用错的常用词应该和学生的母语对照,进行比较深入的对比分析。在高级阶段,应给学生创造更多机会运用汉语词语,通过练习和对练习的分析与讲解,进一步提高学生掌握汉语语汇的实用能力。

鲍康宁从进益(Advanced)卷开始介绍或区分一些近义词,如老/旧、倒/但,表示可能的系列词语,表示确定不确定的系列词语;多义词,如发、当、费;词缀,如法、匠。

增补(Supplemented)部分介绍更多近义词,如和"到底"意思相近的词、表示"什么时候"的词、表示推理的词、表示概数的词,区分造/修等;多义词如吃、尽、正、打、当;词缀如头、处等。难度递增,从中可以看出鲍康宁对学生的层次把握是胸有成竹的。这种分阶段教学的意识和做法也值得我们借鉴,特别是对于中高级阶段而言。

《英华合璧》的系统性还体现在循序渐进,复现率高上。每五课复习一次,前后照应,词汇复现。

其次是针对性强。

主要表现在鲍康宁对教学重点和难点的精准定位上。和同时代的传教士一样,鲍康宁非常重视英汉对比,对于那些英语中没有的语言现象给予了足够的重视,如送气音、声调、量词等。鲍康宁说:最初学汉语的学生首先会对送气音和声调印象深刻，因为它们迥异于西方语言。他非常重视量词的学习，不仅在课后列有50个常用量词，而且在每个生词后都标出了可以搭配的量词。注音不仅注北京音，也注南京音。从第一册第二课开始就有意地在生词表中列举一些名量搭配，凸显语法为词服务。

鲍康宁特别重视学生要学习体面官话，非常重视语音教学。他不仅花费大量笔墨进行语音的描写和比较，而且反复强调发音准确的重要性，如强调"声调练习表应该反复看，直到耳朵能分辨出两个不同声调并可以单独听出某一声调"。只有语音掌握扎实了，才能进入课文的学习："当学生可以反复准确地发出声调时，就可以丢开声调表，开始学习课文了。课文的目的是练习声调以及学习习语。"

另外，和同时代的传教士如艾约瑟一样，他对词汇学习以及词汇量的积累也非常重视，教材第四卷主要是不同主题词汇的一个汇总。这种方法可能不太适用于今天的汉语教学，因为这种方法需要学生有很强的学习动机和很强的自学能力；而对于100多年前鲍康宁的学生——传教士而言，掌握大量词汇是必要的，而这些学生都有着非常强的学习动机。

作者以学习者为中心，一是重视激发和培养学生的兴趣，二是根据使用情况不断增补和修订。第二版增加了杂句和翻译。第三版出现了卡片式的量词表，作者提到用对比的方法比用分析的方法教语法更有效。一次次修订，使教学内容和编排越来越符合学习者的需求。正是由于高度关注学生的学习需求、学习难点，才能编写出如此有针对性的教材。

鲍康宁的《英华合璧》几乎符合今天学者们对一部好教材的所有标准，如：针对性，实用性，趣味性，系统性，科学性等。岳岚（2013）认为《英华合璧》的势头远远盖过了威妥玛的《语言自迩集》，该教材有适应性、针对性、便利性、指导性、科学性、时代性和趣味性等特征。更可贵的是，根据教学情况和学生反馈不断改进教材内容和教学方法，这种高度负责的态度正是以学生为中心的具体体现。

三 《英华合璧》体现出的鲍康宁的汉语学习和教学理念

鲍康宁为《英华合璧》倾注了大半生的心血，其中集中体现了他的汉语教学观和学习观。我们概括为如下几点。

（一）比较的方法贯穿始终

最重要的是英汉比较，语音，词汇，语法均如此。观察细致，描写全面准确，分析透彻实用。其次是不同区域方言的对比，如南北差异，或中西部差异，这一点在语法部分体现得最为集中。再次是语言系统内的对比，如对送气、不送气音的区分。我们以送气不送气音和声调为例说明。

鲍康宁反复强调送气音和声调，列了很多实用的表格，如送气/不送气对比表；找了很多最小对比，如：当—汤，剪—浅，丁—听，古—苦，官—宽等。

声调练习表有两个。表一是五个单字调的训练，例字是声韵母都一样而声调不同的五个字，如：夫扶府付福，梯题体替剔，衣移倚义益，低提底弟的。表二是由五个声调不同的字组成的有意义的句子，如：车行有定辙，心平有大福，招牌可上漆，天晴雨就缺，天明早上学等。

也有四声的句子，如：山前有店，关门请坐，江河水面，偏疼老二，先谈孝道，听人吵闹，心同好办等。

从单字调的训练到有意义的句子的训练，表二的句子意义明确，朗朗上口，可见鲍康宁深厚的汉语功底，也可见其用心之深之苦。这种方法值得我们借鉴，这种反复推敲的态度更值得我们学习。

除了语音系统内部的比较，鲍康宁还做了简明的地域方言比较，即：南方官话有五个声调，北方官话有四个，从理论上讲，西部官话也是四个声调。南方官话的五个声调是：上平声，下平声，上声，去声，入声。

鲍康宁之所以重视方言的介绍，跟教学对象不无关系，这些接受完汉语培训的学生将到不同的地方传教，他们自然需要对各地方言有些了解。反观我们今天的教材和教学，普通话一统天下，这当然有利于普通话的推广，而且也可以满足绝大多数学生的需求；但另一方面，也人为地限定了学生，使他们对丰富的汉语方言一无所知。

（二）重视语用

李晓琪（2004）认为产生语法偏误的原因很多，但有两点特别值得引起注意。第一点是语法和词汇分家。语法规则的应用范围要由可能出现在这一结构中某一位置的词来划定。如果只讲语法规则，不讲语法规则的使用范围，容易使学习者误以为语法规则是普遍规律，从而使语法规则扩大化。第二点是语法和语境脱离。知道哪些词可以出现在哪个语法规则中也还是不够的，因为有些语法格式孤立地看是正确的，而在具体的语境中就文不达意。在"动词+得／不+补语"这一格式里，"惯"充任补语，一般出现在谈论"习惯不习惯"的语境里，如：住得／不惯，"起"则与谈论钱的话题分不开，如：买得／不起。

《英华合璧》非常重视词语的用法，或描写其搭配，或说明其频率，或区分其用法，或比较其口气，这样的例子俯拾皆是，兹列表如下：

课文	内容
第五课	"可以"表祈使直接用祈使句比较生硬，常常通过用"可以"来调节。通常相当于 that will do, thank you 等。如：你可以去。叮以去叫他。可以不可以，可以。
第六课	注释： A 说东西很难动，不动和得动比不来和得来更合适。
第七课	问人的名字和年龄，在问句和答句中"你、我"通常都省略，用"贵、敝"来替代。有些地区没有特定方式，贵、敝都省掉，不过对一个外国人来说最好还是用上它们。 谈及一个不在场的人时，会说"姓什么什么"，不用贵。 问孩子的年龄时用几不用多少。问小孩时说"几岁"。 注释： A 表达时间时，"多"常常替代"过"，如"四点钟多十分。 B "也可以"在句尾表示满意或接受。

续表

课文	内容
第八课	用：除了主要的意思 to use，用还有两个重要的意义，可通过例句说明，第一个是需要，要求，花，表时间和东西的意思。第二个意思是做事的工具，如他用小刀切。用相当于 with，就在所用工具的名称前。
第九课	"借"既指借入，也指借出，给初学者带来一些困难。找也是如此，付余额或者收到余额都是"找"。 注释：A "不好"放在动词前，在很多地区表不可商量或事情本身很难； B 就是或就是了：加在句子后表示满意或评价，给他四十个钱就是了。
第十三课	"论"表示数量和丈量：这是论分两买的。那是论尺寸买的。那个纸是论张买的。 注释：A 长、生都可指得病，他长了病。
第二十一课	"那个"用于口语指令人讨厌或不快的人或事，但说话人不愿意明说。说一个人"太那个"意思是他"没法说"。"太那个"指一个地方时则表示坏得无法用语言形容。如果由于害怕疾病的后果，认为说明细节不吉利，也用"那个"。
第二十二课	"吃"用于容器意思是它承载的量，它的吃水深度，如：那条船吃四尺多水。"吃饭"除了通常的用法，还有靠……为生的意思：他吃船上的饭。靠山吃山，靠水吃水。 "头"在说一系列中的开头几个时常常代替"第"，如：头几章。头两天。 "张"和"李"代表两个假想的人，就像英语中的 A 和 B。 口语中"有"用于时间或事情时常常有"充足"的意思。如：好要吗，有了有了。他在那里有日子。
第二十五课	年长的兄弟叫"老大"，他的弟兄则根据排行称作老二、老三，等等。出生的次序由"行 a row"表示，如：你行几？我行四。
第二十八课	"造"和"修"都用来表建桥，"造"用来指建船舰，"砌、立"用来指建墙，"修"用来指建城墙。

这些小贴士正是学生非常容易忽略或非常容易犯错的地方，也是其用法特别之处，没有对汉语精深的研究和对学生学习汉语过程的熟悉，是不可能写出这些简明而精练实用的注释的。有些课从标题就可

看出其重视语用的倾向，如：十一课比较；十二课如何表达方位，如何表达距离，如何问路；十七课如何表示动作的结果；十八课如何表假设；二十七课如何强调等。

陆俭明、王黎（2006）指出，面向对外汉语教学的词汇语法研究跟通常的词汇语法本体研究的不同表现在四个方面：一是研究的粗细不同，面向对外汉语教学的研究更细；第二，本体研究有时可以不管词语或句法格式的实际使用，而面向对外汉语教学的研究一定得研究词语或句法格式的实际使用；第三，本体研究可以不研究的，面向对外汉语教学的研究也得去研究；第四，本体研究可以不进行汉外对比研究，面向对外汉语教学的研究需要作汉外对比研究。陆先生所提到的每一条，在《英华合璧》中都做了很多努力。而这些正是长久以来在我们的汉语教学界被忽视或无视的。

（三）重视汉字

鲍康宁对汉字的教学非常重视，每课都有书写练习，而且要求学生按照汉字的笔顺写。为了让学生掌握好汉字，他还编写了汉字教材的单行本。

概说部分是和汉字相关的非常实用的介绍：部首表，汉字，按照笔顺写字。

部首表（Tables of Radicals）里说，汉字一共214个部首。最少的只有一划，最多的十七划。常用的笔画如人、刀、口、土、女、宝盖头、犬、心、手、日、木、水、火；玉、病字头、目、示、禾；竹、丝、肉月、草头、虫、衣；言、车、走字旁；金、右耳旁；食；马；鱼、鸟。

汉字部分介绍汉字的结构，如何找到部首，如何查字典。

（1）汉字由两部分构成：形旁（Radicals），声旁（Phonetic）；油、神、驾等。

（2）形旁可能在任何部分，如"管"的形旁"竹"在上边，"监"的形旁"皿"在下边，"给"是形旁"丝"在左边，"都"的形旁在右边，"固"的形旁在外围，"周"的形旁"口"在里边，等等。

（3）汉字查找步骤

①想想汉字本身是否就是部首，如：音，香等。

②如果汉字本身不是部首，首先把它分成两部分，通常是左右结构，如：没，样等；也可能是上下结构，如：界，意，告等；或者是包围结构，如：有，道等。

③如果一半是部首一半不是，找出哪部分是部首，如"的"字中的"白"等。

④如果两部分都是部首，则：

a. 如果汉字是左右部分构成的，左边是部首，如：信，加等。例外：刀等通常在右边，在左边的通常不是部首。

b. 如果汉字是上下结构，下半部分是部首，如：思，昏等。例外：草头，四，雨等。

按照笔顺来写不仅介绍了笔顺的规律，而且把一些常见字进行笔画分解。这种做法来自反复的教学实践，简便实用，凝聚着作者大量的心血。

鲍康宁对汉字的重视不仅体现在对字形的重视，也体现在对字义的重视。他非常重视汉字和词语的关系，或者说语素和词的关系。从第一册开始陆续引入，即第一课的生词中先出现汉字，然后出现包含这个汉字的词语；第二册频繁出现，成为常规。如第一册第四课生词既有"见、在"，也有"听见、看见，在下边、在上边、在里头、在外头"，其实是重视其搭配。第二册 11 课既有"道、理"，也有"道理"。12 课既有"李、铺、收、拾"，也有"行李、收拾、铺盖"。

这种安排符合学习者的二语习得规律，也符合教学规律。按照难度等级模式，书中对汉语特有的用法非常重视。

（四）不仅重视如何教，更重视如何学

第 8 版有"教法须知"，指出教中国人和教外国人的不同，即第一语言学习和第二语言习得不同，一语字斟句酌，不教五音而五音已经习得，二语须教五音。

首先教五音：上下平，上去入。其次教唇齿喉舌。三教送气不送气。纠音要严格。要因材施教。记性有好歹。教书不能一味表扬学生。教书不可将就。读书不可拘泥：如第一课书纸笔是钱先生的，学生可以模仿"钱是我的"。即类推。

每课的俗语要讲解，要求学生记住。

第 12 版去掉了"教法须知"，加了 PHONETICS 部分，对英文和北京话的语音系统均做了详细描写。尤为难能可贵的是，总结了英语为母语的学习者说汉语时所经历的特别的困难：①学习送气辅音，汉语的送气音比英文的强；②学会不送气音 p、t、k 不要送气；……⑨不要通过你对听过的音的记忆来检验这里所讲的正确性，而是要仔细反复观察中国人和外国人。花在听你听不懂的或者不喜欢的谈话上的时间可以有助于此。这里既有作者的学习经验，也有教学经验，对于英语为母语的学习者来说非常实用，也非常有效。

第 12 版（1921）前言指出，开始没必要把所有的例子都记住，那些最常用的和杂句应该先记住。

重视语音。鲍康宁强调声调的重要性并举了下例：贵国 / 鬼国；主 / 猪。差之毫厘，谬以千里。语音部分讲解非常详尽，针对学习者的难点来设计。由于作者本身也是学习者，对汉语语音的把握非常精准。

对于语音学习，鲍康宁反复强调要模仿老师的发音。对于各种用法，要观察和练习，观察的方法无疑是听中国人怎么说，练习则是自己多说。听说读写兼顾，不同的技能不同的方法。这些理念直到今天都具有指导意义。

在"上东城是从 / 打这里走么？是从 / 打这里走。"这个例句中，作者指出回答和问题本身用语一样。这样的情况很常见，尽可能模仿说话方式对语音学习很有帮助，因为问句已经提供了需要的部分词语。

第二十四课在举了"风快 / 飞快"的例子后，作者告诫学生应该针对阅读中或跟人们交流所碰到的类似词语做笔记。

二十七课谈到钱币和兑换时，作者说：初学者首先需要了解的是兑换。（236 页）

（五）文化和语言的关系

在每课第一页都印着一句俗语，贯穿全书始终。有一些注释是文化习俗方面的，如第五课的注释："脸"包括荣誉的概念；不要脸指一个人对他的人品不在乎。

《英华合璧》中时时处处体现着汉文化，但又没有刻意为之。

如增补第七课：在中国人这么礼貌的人当中，必然有很多常用的礼貌用语。很多词外国人听起来不自然不真实，但它们是约定俗成地使用，绝不能按照英语中类似短语的字面意思来理解。它们当然是在受过教育的人当中使用更自由，因此用法需要区分。

我们无意穷尽性地列出跟年龄、出生地等有关的礼貌的表达方式，多数表达方式集中在下列词语和组合……

"贵"放在与国家、城市和住址相关的问题前，如：贵国？或贵国是那一国？敝国英国。

"令"放在父母、儿女的问题前，如：几位令爱？令堂。令尊。

"家"和"舍"在以下句子中相当于"我的"：家兄舍弟都在家。

"高寿？"对 50 岁以上的人说。

辑要里的人名常常使用谐音，而且语言也受当时受章回小说的影响，如第七课万全、白得、高手，且听下回分解；第八课辑要结尾"不晓得他说了甚么话，话里头有甚么意思？看下课就知道了……"；第九课辑要结尾"……我必须要下课再写了"。

此外，鲍康宁还非常重视社会和语言的发展变化，并在教材中及时体现。第八版前言说：中国发生了巨大的变化，旧的教育体系被废除，西式的被采纳。产生了大量的新的表达方式，外国学习者有必要掌握新的、扩充的词汇。为了满足这种新需求，本书重写，课文也重编了，在概说（Introduction）中做了详细介绍，读者可以参考。今天的中国处于剧烈的变动，社会发展日新月异，新词迭出，比 100 多年的中国应该是有过之而无不及，我们的教材如何及时反映社会生活的变化，也值得我们深思。

鲍康宁的《英华合璧》也有一些不足，如：zh, j; ch, q 不分，都是 ch，ch'；篇章中的词，有些在词表中找不到；有些解释显然是用西方语法框架硬套汉语，如对被动表达的一些描写，等等。

鲍康宁去世后，澳籍传教士马守真以《英华合璧》为蓝本编写一本教材，其中只做了一些比较小的调整，如鲍本每课的杂句只有英文翻译和注音，在马守真的教材中做了改进，加了汉语句子。语法部分则主要是分成细条，不过加入的新内容非常有限。

总之，作为一本一百多年前的汉语教材，《英华合璧》有着鲜明的特色。①系统性强：既表现在不同层级的衔接，也表现在辅助教材间的配套。②以学生为中心，针对性强：汉英对比贯穿始终，用词等则充分考虑了传教士的工作需要。③遵循着汉语作为第二语言教学的规律：鲍康宁在前言中论述了外国人学汉语和中国人学汉语的不同，认为小孩子习得母语的方法值得借鉴，即不断地重复。因此他很强调背诵，要求学生对杂句能做到背诵的程度；不同教材和《英华合璧》的配合和互见也是为了复现，加强学生的记忆。④重视语用，强调语言的得体性：读写说并进，对汉字、语音、词汇、语法都有非常细致的描写和解释。从教材的语料来看，鲍康宁希望学生学到的是比较正式的口语。对于敬语、书面语和口语的表达等都有清楚的说明。⑤教、学兼顾，要求明确：如教法指南告诉教师应该从严，而不是一味鼓励；练习要求学生能够独立完成后再核对答案或者请教老师，对于一些常用的表达方式要熟记，等等。⑥文化和语言密切结合：如每课一句俗语等。

陆俭明（2013）说：我们的汉语教学应该而且必须确立这样的一个总的指导思想，那就是：怎么让外国学生在最短的时间内能尽快学习、掌握好汉语？鲍康宁的《英华合璧》正是紧紧围绕这一目标，并一步步实现这个目标。每一课的目标是扎实掌握本课内容，长远的目标则是激发和保持学生的兴趣，用看得见的进步鼓励学生熟练掌握汉语。《英华合璧》不仅在当时独树一帜，影响深远，即使今天看来，其中的理念仍然具有某种超前性，至少可以说和现在我们推崇的一些理念不谋而合。这部教材及其作者还值得我们继续研究。

参考文献：

[1]常敬宇.汉语词汇的网络性和对外汉语词汇教学[J].暨南大学华文学院学报,2003(3).

[2]陈泽平.十九世纪以来的福州方言[M].福州:福建人民出版社,2010.

[3]胡明扬.对外汉语教学中语汇教学的若干问题[J].语言文字应用.1997(1).

[4]岳岚.《英华合璧》管窥[A].人文丛刊[M].北京:学苑出版社,2013.

[5]刘媛媛.鲍康宁与《英华合璧》[D].上海:华东师范大学硕士学位论文,2011.

[6]倪春凤.鲍康宁《日日新》研究[D].上海:上海师范大学硕士学位论文,2010.

[7]陆俭明.汉语教师应有的素质——兼谈汉语教师的培养与培训问题[J].汉语国际传播研究,2013(2).

[8]陆俭明,王黎.开展面向对外汉语教学的词汇语法研究[J].语言教学与研究,2006(2).

[9]李晓琪.关于建立词汇——语法教学模式的思考[J].语言教学与研究,2004(1).